알기 쉬운 고객 조사법

Nigel Hill, Jim Alexander 지음

송인숙, 제미경, 김경자 옮김

제3판

Σ 시그마프레스

알기 쉬운 **고객조사법**, 제3판

발행일 | 2016년 9월 20일 1쇄 발행

저자 | Nigel Hill, Jim Alexander
역자 | 송인숙, 제미경, 김경자
발행인 | 강학경
발행처 | (주)**시그마프레스**
디자인 | 조은영
편집 | 이호선

등록번호 | 제10-2642호
주소 | 서울시 영등포구 양평로 22길 21 선유도코오롱디지털타워 A401~403호
전자우편 | sigma@spress.co.kr
홈페이지 | http://www.sigmapress.co.kr
전화 | (02)323-4845, (02)2062-5184~8
팩스 | (02)323-4197

ISBN | 978-89-6866-803-6

THE HANDBOOK OF CUSTOMER SATISFACTION
AND LOYALTY MEASUREMENT, Third Edition

＊ 책값은 책 뒤표지에 있습니다.

이 도서의 국립중앙도서관 출판예정도서목록(CIP)은 서지정보유통지원시스템 홈페이지(http://seoji.nl.go.kr)와 국가자료공동목록시스템(http://www.nl.go.kr/kolisnet)에서 이용하실 수 있습니다.(CIP제어번호 : CIP2016020503)

고객만족은 지난 10여 년 전부터 모든 기업의 화두가 되어 왔다. 이는 서비스업에 종사하는 기업뿐만 아니라 제조업에 종사하는 기업, 심지어 고객이라는 개념에 대해 생각조차 하지 않았던 관공서 같은 공공기관에서도 마찬가지이다.

기업이 고객만족에 관심을 갖게 된 이유는 크게 두 가지로 나누어 생각해 볼 수 있다. 첫 번째 이유는 기술발전으로 상품의 품질이 어느 정도의 수준에 올라 핵심제품 자체의 품질만으로는 브랜드 간의 차별화가 어려워졌기 때문이다. 예를 들어, 오늘날의 보통 소비자들은 자동차나 냉장고, 휴대폰 등을 구매할 때 기능상의 차이를 구별하기가 쉽지 않다. 소비자들은 제품의 핵심품질에 대해서는 어느 정도의 수준을 당연하게 기대하고 제품기능보다는 제품의 디자인이나 기타 부가 서비스를 비교하여 제품을 선택한다.

기업이 고객만족에 관심을 갖게 된 두 번째 이유는 소비자들의 의식수준이 높아진 데 있다. 교육수준의 증가, 인터넷의 보급으로 오늘날의 소비자들은 과거에 비해 상대적으로 더 많은 정보를 손쉽게 얻을 수 있게 되었고, 그들이 가지고 있는 권리와 힘에 대해 더 잘 알고 있다. 소비자들은 시장에서 경쟁기업과 경쟁상품에 대한 정보를 수집하고 자신의 선택이 기업에 미치는 영향력을 즐기고 있다. 이런 상황에서 살아남으려는 기업은 고객만족을 기업의 모토로 삼지 않을 수 없게 된다.

그렇다면 고객만족이란 무엇인가? 고객만족을 구성하는 요소는 무엇인가? 어떤 요소가 고객들을 감동시키고 어떤 요소가 고객들을 화나게 하는가? 어떤 고객은 만족하면서도 기존에 쓰던 상표를 버리고 경쟁사 상표로 돌아서며, 어떤 고객은 불만족스러워하면서도 기존의 상표를 고수하는 이유는 무엇인가? 우리 기업에 대한 고객만족의 수준은 어느 정도인가? 고객만족수준을 높이기 위해 개선해야 할 최우선 과제는 무엇인가?

　이 책은 이런 문제들에 대한 해답을 제공하기 위한 책이다. 이 책의 결론은 기업이 성공하기 위해서는 "고객이 중요시하는 것에 최선을 다해야 한다."는 것이다. 고객이 중요시하는 것이 무엇인지, 그리고 어떻게 하는 것이 최선을 다하는 것인지를 알아내기 위해서는 고객조사가 필요하다. 이 책에서는 제대로 된 고객조사를 하기 위해 고객만족의 의미와 고객만족측정 및 분석방법, 그리고 그 분석결과를 기업경영에 활용하는 방법을 쉬우면서도 구체적으로 설명하고 있다. 고객만족조사의 궁극적인 목적은 고객유지율을 높이고 기업의 브랜드 가치를 높이는 것이다. 이러한 목적 외에 고객조사를 통해 고객과의 관계를 개선하고 기업을 홍보하며 내부직원들을 동기화시키는 부차적인 목적을 달성하는 요령까지도 설명하고 있다.

　이 책은 고객만족조사를 위해 쓰여진 책이지만 일반적인 고객조사 또는 소비자조사에 필요한 연구방법론의 거의 모든 부분을 포함하고 있다. 독자들은 고객조사 설계를 비롯하여 설문지 작성방법, 자료분석 방법, 그리고 보고서를 작성하고 프레젠테이션하는 방법에 이르는 전 과정을 구체적인 예를 보면서 배울 수 있을 것이다. 다만 원저에서 고객만족조사에 초점을 맞추느라 일반적인 고객조사를 위해 필요한 내용을 부분적으로 빠뜨린 곳이 있어 번역과정에서 몇 군데 필요한 부분을 첨가하였다. 1장의 과학적 조사에 대한 내용, 7장의 조사방법 중 뒷부분, 측정에 대해 서술한 10장의 앞부분이 그것이다.

　통계적인 분석방법에 대해 아주 전문적인 지식이 없는 사람들도 고객조사를 위해 이 책을 활용할 수 있도록 되어 있다는 것이 이 책의 큰 장점 중 하나이다. 어떤 업종에 종사하는 기업이든 이 책에 제시된 순서대로 고객조사 요령을 익히면 한두 명의 목소리 큰 고객이나 자신의 직관을 맹신하는 일부 직원 또는 경영진의 잘못된 결론에 따라 기업을 고객만족과는 먼 방향으로 이끄는 우를 범하지 않게 될 것이다.

2016년 8월

역자 일동

미국 코네티컷 주에 있는 식품점 스튜 레너드(Stew Leonard)는 최근 단위면적당 최고 판매액을 기록했다. 이 식품점의 성공은 "고객을 잘 보살피면 고객도 여러분을 잘 보살펴 줄 것이다."라는 금언을 금과옥조처럼 지킨 결과이다. 창립자인 스튜 레너드는 자신의 고객 한 사람이 10년 동안 1주일에 평균 100달러씩 사용한다고 가정하고, 고객 한 사람의 평생가치를 50,000달러로 보았다. 따라서 그는 직원들에게 고객을 단지 100달러 고객으로 대하지 말고 50,000달러 자산으로 대하도록 교육시켰다. 만일 고객의 언짢은 얼굴을 대하면 가게에서 50,000달러가 걸어 나간다고 생각해야 한다는 것이었다.

스튜 레너드는 현재 고객을 만족시킴으로써 고객의 평생가치를 현실화시켜 성공을 거두었다. 이론적으로는 가능하나 실제로 어떻게 그것을 실천할 수 있는가? 만일 그의 고객이 눈살을 찌푸린다면 그 원인은 무엇인가? 그가 토털제품을 개선하기 위해 선택할 수 있는 다양한 개선안 중에서 어떤 것이 고객을 미소짓게 할 수 있을까? 신선한 생선종류를 더 늘리는 것인가? 다양한 크기의 계란을 가져다 놓는 것인가? 아니면 어린이 놀이공간을 만드는 것인가? 계산시간을 줄이는 것인가? 가격을 낮추는 것인가? 점원들이 좀 더 상냥하게 고객을 돕는 것인가?

만일 우리가 얼굴을 찌푸린 고객에게 물어본 결과, 불만족의 원인이 갓 구운 빵의 종류가 많지 않기 때문이라는 것을 알았다고 가정해 보자. 고객의 불만족을 해결하기 위해 시간과 돈, 관리노력을 투자하였다면 과연 그 투자에 대한 이익을 얻을 수 있을 것인가? 대부분의 고객이 신선한 생선의 종류가 부족해서 불만을 느끼고 있는데, 하필 빵이 다양하지 못해 불만족을 느끼는 예외적인 고객이 조사대상이 되었다면 어떻게 되는 것인가?

공식적으로 고객만족을 측정하지 않고는 이런 문제를 알아 낼 수 없다. 고객이 느낀 주요 문제가 혼잡한 주차장 문제인데도 짐작으로 신선한 빵 종류를 더 늘리는 데 투자해야겠다는 식으로 중요한 의사결정을 '감'만으로 결정하게 될 것이다.

이 책은 고객만족을 어떻게 측정하고 측정된 정보를 이용하여 고객만족 증가에 가장 기여할 영역을 어떻게 개선할지를 설명하고 있다. 간단히 말해서, '고객이 가장 중요시하는 문제에 최선을 다함'으로써 기업의 이익을 증가시킬 수 있도록 도와줄 것이다.

이 책을 쓰는 데 여러 사람에게 많은 도움을 받았다. 가장 먼저 그리고 가장 크게 감사드릴 분들은 믿을 만한 정보와 액션 플랜을 가지고 탁월한 고객만족을 성취할 수 있음을 보여 주는 사례를 제공해 준 고객기업들이다. 출판과정 내내 아낌없이 도와주신 가우어 출판사의 직원들에게도 감사드린다. 필요할 때마다 딱 맞는 척도를 제공하면서 지원하고 격려해 준 조너선 노먼, 엄청난 양의 원고 더미를 멋진 책으로 바꾸어 내준 전문가 니키 다인스에게도 감사드린다.

마지막으로 책에 있는 그림과 그래프를 그려 주고 3판을 출판하는 데 교정과 다양한 행정업무를 담당해 준 리더십팩토 사의 루스 콜러틴에게도 감사드린다.

말할 필요도 없이 모든 의견은 나의 개인적인 견해고 혹여 실수가 있다면 모두 내 책임이다. 이 책이 독자들에게 많은 도움이 되길 바란다.

NIGEL HILL,
JIM ALEXANDER

차례

01
서론

1. 고객만족과 고객조사

1980년대 들어서부터 기업들은 그 형태와 규모를 막론하고 고객만족의 중요성에 대해 깨닫기 시작했다. 예를 들면, 기존고객을 유지하는 것이 새로운 고객을 얻는 것보다 훨씬 비용이 적게 든다는 것도 널리 알려져 있고 기업들은 고객만족과 고객유지, 기업의 이익이 서로 연관이 높다는 사실을 점차 받아들이게 되었다. 많은 공공기관에서는 고객만족 자체가 성공의 척도가 되고 있다.

고객만족은 많은 기업의 핵심 운영목표가 되었다. 기업들은 품질이나 고객서비스 같은, 고객만족에 크게 기여할 수 있는 영역을 개선하는 데 주로 투자하였다. 고객충성도 체계는 초기에 유통부문에서 급격히 발전했으나 이제 전 기업부문으로 확대되고 있다. 기업들은 고객들과 더 가까워지기 위해 '데이터베이스 마케팅', '관계관리', '고객계획'에 투자하고 있다. 공공기관들은 고객서비스에 헌신하고 있음을 나타내기 위해 고객헌장을 만들거나 고객을 만족시키고, 나아가 고객을 기쁘게 해야 한다는 내용의 '의무조항'을 두고 있다.

그러나 이런 모든 노력과 투자의 결과는 무엇인가? 고객을 기쁘게 하는 것은 차치하더라도 고객을 만족시켰는지의 여부를 어떻게 알 수 있는가? 사실 많은 기관들은 모르고 있다.

품질의 세계에서는 "측정할 수 없다면 관리할 수도 없다."라는 격언이 널리 알려져 있다. 이 원리는 고객만족에도 똑같이 적용된다. 대부분의 기업은 고객만족보다 생산부문을 훨씬 더 철저히 측정하고 관리한다. 실제로 많은 회사와 기관들은 아직도 고객만족을 전혀 측정하지 않고 있고, 또 측정하고 있다고 주장하는 회사들도 대부분 이를 제대로 측정하지 못하고 있다.

제대로 개념화하고 조사하지 않으면 관리자가 의사결정을 내릴 때 참고할 수 있는 충분히 신뢰할 만한 자료를 제공할 수 없다. 대부분의 회사는 생산라인에서 **통계적 공정 컨트롤**(statistical process control : SPC)에 대한 아마추어적인 접근방식은 받아들이려고 하지 않으면서 고객만족측정 문제에서는 생각 없이 그것을 받아들인다. 고객만족을 향상시키기 위해 대량투자를 해야 하는 데도 불구하고 고객만족을 이렇게 비전문적으로 측정하는 것은 이해할 수 없는 일이다.

이 책은 고객만족을 정확히 측정하는 방법과 중요한 의사결정을 내릴 때 근거가 될 전문적인 고객조사를 수행하는 방법을 설명하고 있다. 이 주제를 자세히 다루기 전에 먼저 고객만족의 개념 정의를 확인하는 것이 필요하다.

> 고객만족(customer satisfaction)이란 기업의 토털제품이 일련의 고객 요구를 충족시킨 정도이다.

이 정의에서 중요한 것은 기업의 성과에 대한 고객의 '인식'이다. 고객만족은 고객의 마음속에 있는 것이므로, 실제 상황과 일치할 수도 있고 일치하지 않을 수도 있다. 사람들의 태도는 빠르게 형성되지만 아주 느리게 변화된다고 알려져 있다. 로버 상표가 브리티시 레이랜드로부터 물려받은 질이 나쁘다는 편견을 극복하는 데 몇 년이 걸렸는가? 로버는 오래 전에 품질을 대폭 개선하였고 고객들도 이 회사의 자동차가 믿을 만하고 문제가 없다고 느끼고 있었다. 따라서 그 회사 제품의 품질이나 서비스가 나쁘다는 고객의 인식은 잘못된 것일지도 모른다. 그러나 매일매일 수백만의 의사결정이 이런 신뢰성 없는 인식에 기초해서 이루어진다. 따라서 고객만족측정은 고객이 공급자인 기업의 성과수준을 어떻게 인식하고 있는가를 측정해야 하는 것이다.

이는 왜 기업이 사내의 일반적인 정보에만 의존하여 고객만족을 측정할 수 없는지를 알려준다. 품질보증 부서는 결함이 전혀 없다고 보고하고 판매 지배인은 제때 제품을 100% 팔았다고 보고할지도 모르지만, 고객의 인식은 기업의 성과수준이 향상된 것만큼 좋아지지 않을 수도 있는 것이다. 연구결과를 보면, 회사 내부의 성과수준 척도는 고객만족수준을 과대평가하는 경향이 있다고 한다. 이 때문에 많은 고객조사 기관이 고객조사 결과 성과수준 자체를 개선하기보다 성과수준에 대한 고객의 인식을 바꾸기 위해 의사소통을 하도록 기업에 권고하게 되는 것이다.

2. 과학적 연구와 고객조사

고객만족에 대한 조사를 비롯하여 사람의 태도나 행동에 관한 지식을 획득하는 데는 여러 가지 방법이 있다. 몇몇 개인의 경험에 의존하는 방법부터 상식에 의존하는 방법, 사회적으로 수용된 기존 권위에 의존하는 방법, 이성적인 사유에 의존하는 방법 등이 그것이다. 그러나 이 중 어느 것보다도 타당성 있는 지식을 제공해 주는 방법은 과학적 접근방식을 취하는 것이다. 고객만족조사를 할 때에도 다른 연구 또는 조사와 마찬가지로 과학적 접근방법을 크게 벗어나지 않아야 일부 고객의 칭찬 또는 불평에 따라 기업의 행동 방향을 바꾸는 실수를 하지 않게 된다.

과학적 접근의 개념

과학적 접근이란 경험적으로 증명이 가능한 것만을 지식으로 받아들이는 태도를 말한다. 경험적으로 증명이 가능하다는 것은 어떤 대상이 경험적으로 측정 가능(testable)하며, 반복적(repeatable)이고 공개적(public)이라는 사실이 감각기관의 관찰을 거쳐 검증되는 것이다. '경험적으로 측정 가능하다.'는 것은 어떤 도구를 사용해서든 측정이 가능해야 하고 그 측정결과가 감각기관을 거쳐 확인되어야 한다는 것을 의미한다. '반복적'이라는 것은 똑같은 조건하에서 반복적으로 관찰했을 때 동일한 결과가 보고되어야 함을 의미한다. 어느 사회의 대상이 누구든, 어떤 시기에 측정하든 동일한 결과가 나올수록 그 측정결과는 더 과학적이라고 할 수 있다. 또한 '공개적'이라는 말은 누가 관찰하고 측정하더라도 동일한 결과가 보고되어야 함을 의미한다. 따라서 개인적이고 신비한 경험은 과학적 관찰의 범주에 포함되지 않는다.

과학적인 접근방식은 크게 두 가지로 나눌 수 있다. 하나는 연역적 접근이고 다른 하나는 귀납적 접근이다. **연역법**은 이미 사회적으로 받아들여진 일반적인 대전제 또는 법칙으로부터 논리적으로 특수한 원리를 도출해 내는 방법이다. 연역법의 대표적인 것으로 삼단논법을 들 수 있다. 즉, '인간은 모두 죽는다.'는 일반원리, 대전제로부터 '소크라테스는 인간이다.', '따라서 소크라테스는 죽는다.'는 특수한 사례를 추출해 내는 것이다. 현상을 설명하는 일반원리, 즉 이론이 많이 발달한 학문 분야에서는 기존 이론으로부터 특수한 현상을 설명하려는 식의 연역적 접근이 비교적 수월하다.

　귀납법은 특수한 사례들을 반복적으로 관찰하여 일반원리를 세우고자 하는 접근방식이다. 예를 들어, '인간'인 여러 개체들이 오랜 세월에 걸쳐 예외 없이 죽는다는 사실이 반복적으로 관찰되면 '인간은 모두 죽는다.'는 일반원리가 세워지는 것이다. 귀납적 접근에서 하나의 사례는 그 이전에 발생한 다른 현상과 관련지어 설명되고, 이런 설명들 중에 공통점이 발견되면 그 공통점이 발전하여 하나의 법칙 또는 일반원리가 된다. 일반적으로 고객조사는 특수한 사례들에 대한 반복적인 관찰로 어떤 일반원리를 세우고자 하는 귀납적 설명과 더 관련이 있다.

과학적 연구의 목적

과학적 연구의 목적은 현상을 구체적으로 기술하고 설명하며, 나아가 관련된 현상을 예측하고 통제하기 위한 것이다. 과학적 연구의 첫 번째 목표인 기술은 현상을 있는 그대로 상세하고 정밀하게 관찰하고 기록하는 것을 말한다. 기술연구는 최종적인 연구목적이 되기보다는 이 연구에 기초하여 더 높은 수준의 차후 연구를 계획하기 위하여 수행되는 경우가 많다. 그러나 어떤 현상에 대한 정확한 기술이 바로 연구의 최종적인 목표가 되는 경우가 있는데, 인구조사(census)나 전국 투표성향조사 같은 것들이 그 예이다. 실제로 많은 고객조사들은 기술연구 그 자체만으로도 가치가 있다. 예를 들어, 특정 상품에 대한 소비자 선호조사나 시간대별·날씨별 매출액 조사, 백화점 고객의 성별·연령별·학력별 구성비율 조사 등은 그 자체로 기업의 행동 방향 설정에 기여하는 바가 있다.

　과학적 연구의 두 번째 목표인 설명이란, 주어진 현상이 왜 발생하며 어떤 요소와 관련되어 있는가를 밝히는 것이다. 다시 말해 현상 요소들 간의 원인과 결과를 파악하는 것인데, 현실적으로 두 요소 간의 원인과 결과를 파악하는 시도는 쉽지 않다. 따라서 많은 연구들은 요소들 간의 인과관계보다는 서로 상호관계가 있다는 것을 밝히는 데 초점을 두는 경우가 많다.

어떤 요소들 간에 상관관계가 존재하고 다음 두 가지 조건을 충족시키는 경우에는 두 요소 간의 관계를 인과관계로 볼 수 있다. 이 경우 시간적으로 앞서는 요소를 원인, 뒤따르는 요소를 결과로 분류한다.

① 한 요소(A)가 다른 요소(B)보다 시간적으로 선행한다.
② 두 요소(A, B)는 제3의 요소(Z)의 공통된 결과가 아니다.

고객만족조사에서의 상관연구 또는 인과연구는 소비자들이 왜 특정 상표를 좋아하는지, 특정 고객이 왜 특정 시간에 쇼핑을 하는지 또는 왜 고객이 감소하는지 등과 같은 질문에 해답을 제공한다. 예를 들어, 어떤 백화점을 비교적 나이 많은 고객들이 많이 찾는다면 그 현상은 그 백화점의 편리한 셔틀버스 운행 시스템이나 쇼핑 중 쉴 수 있는 충분한 휴게시설 때문일 수 있다. 또한 고객감소의 원인이 해당 기업의 상품 또는 직원 때문이 아니라 경쟁기업의 약진 때문이라는 식의 설명을 도출해 낼 수 있다.

과학적 연구의 목적 중 세 번째와 네 번째인 **예측과 통제**는 어떤 현상이 일어나기 전에 미리 그것을 예상하고 그 현상을 통제하는 것을 말한다. 다시 말해 어떤 조건하에서 어떤 현상이 일어날지를 미리 예상하여 그 선행조건을 제거하거나 촉진하는 것을 말한다. 일반적으로 자연과학에서는 원인과 결과가 분명한 경우가 많고, 따라서 원인에 대한 통제가 용이한 경우가 많다. 그러나 사람의 태도와 행동을 주요 분석 대상으로 하는 사회과학 분야에서는 어떤 현상의 원인을 파악하더라도 그것을 통제하는 것이 비교적 쉽지 않다. 그러나 고객만족조사에서는 고객이 중요하게 생각하는 요인과 불만족한 요인을 파악하면 바람직하지 않은 현상을 통제할 수 있는 방안을 찾는 것이 가능한 경우가 많다. 예를 들어, 최근에 생긴 근처 레스토랑의 더 좋은 서비스 때문에 기존의 어떤 레스토랑의 고객 수가 감소하고 있다는 것이 밝혀졌다면 그 레스토랑은 고객이 중요하게 생각하는 서비스를 고객이 원하는 것 이상으로 끌어올리도록 노력할 수가 있다. 만일 고객감소가 레스토랑이 통제할 수 없는 요인, 가령 경쟁 레스토랑에서 넓은 주차장 부지를 확보했다든가 하는 것 때문이라면 레스토랑을 옮기든가 아니면 차선의 다른 개선 방안을 강구하여 고객감소를 방지할 수 있다.

3. 고객조사 설계

고객만족에 관한 과학적 조사는 어떻게 시작해야 하는가? 누구를 대상으로 하고 그 대상을 어떻게 선정해야 하는가? 무엇을 어떻게 조사해야 하는가? 고객만족조사를 수행하려면 일반적으로 먼저 조사주제를 선정하고, 조사를 위한 전반적인 청사진을 설계하며, 조사를 직접 수행하고 모아진 자료를 분석하며, 분석결과에 따라 조사주제에 대한 결론을 내리는 절차를 거쳐야 한다.

조사주제 선정

고객만족 조사연구는 어떤 주제에 대한 조사의 필요성을 인식하는 데서 출발한다. 그 필요성은 기업 경영자의 어떤 의도에서 비롯될 수도 있고 현장에서 일하는 사람의 경험으로부터 나올 수도 있다. 가령, 어떤 기업의 영업사원이 몇 달 동안 아주 빠른 속도로 고객이 감소하고 있다는 것을 느끼게 되면 무엇이 잘못되어 가고 있는가를 알기 위해 고객조사를 해야 할 필요성을 느끼게 될 것이다.

조사주제가 선정되면 조사목적은 아주 구체적인 형태로 기술되는 것이 바람직하다. 조사대상이 될 주제에 대한 여러 측면의 조사가 궁극적으로 어떻게 활용될 수 있는지에 대한 내용이 조사목적에 포함되어야 한다. '신제품 A의 생산 확장 여부를 결정하기 위해 신제품 A에 대한 고객반응을 파악한다.'와 같은 것들이 조사목적의 예가 될 수 있다.

조사의 주제를 확정하기에 앞서 그 주제가 현실적으로 측정 가능한지를 먼저 평가해 보아야 한다. 예를 들어, '도덕성'이나 '합리성' 등의 주제는 그 개념에 대한 합의를 도출하는 데 문제가 있을 수 있어 측정하기가 쉽지 않다. 그러나 '소득'이라든가 '매출액'처럼 상대적으로 객관적인 주제는 비교적 측정이 수월하다. 이러한 측정 가능성 외에 조사 대상자에 대한 접촉 가능성, 그리고 조사에 주어진 시간과 비용도 고려하여 최종적으로 현실적인 연구주제를 선정해야 한다.

조사연구 설계

조사주제가 결정되면 그 조사를 어떻게 수행할 것인지에 대한 전반적인 그림, 청사진을 그려야 한다. 이 단계에서 고려해야 할 세 요소는 ① 연구하고자 하는 개념과 변수의 구체화, ② 연구방법의 선택, ③ 표본과 표집방법의 선택이다.

개념이란 어떤 현상을 나타내는 추상적이고 관념적인 구성물이다. 개념에는 '사랑', '만족도', '도덕성', '충성도' 등 추상성이 매우 높은 것부터 '소득', '몸무게' 등 비교적 그 뜻이 명료한 것까지 여러 차원이 있을 수 있다. 연구대상이 되는 현상은 가능한 한 명확하고 객관적인 개념으로 나타낼 수 있어야 한다. 이렇게 누구나 동일한 뜻으로 인지하도록 추상적 개념을 보다 명료화하는 과정을 흔히 '조작적 정의(operational definition)'라고 한다. 예를 들어, '인간적'이라는 표현은 정의하기에 따라 '동물과는 다른 인간으로서만이 가질 수 있는 존엄한 가치 특성'을 나타낼 수도 있고 '동물과 마찬가지로 논리보다 감정적인 본능에 충실한 정도'를 나타낼 수도 있다.

변수는 조작적 정의 과정을 통해 개념을 측정 가능한 형태의 보다 명확한 진술로 바꾼 것이다. 예를 들어, '소득'이 개념이라면 '월 평균 가계 총 소득'은 변수라고 할 수 있다. 개념을 변수로 바꾸기 위해서는 대개 그 범주를 한정하거나 기간을 명시해야 할 때가 많다. 만일 어떤 가설을 경험적으로 검증하고자 하는 가설검증 연구일 때는 변수와 변수 간의 잠정적인 관계를 나타내는 가설을 먼저 설정해야 한다.

개념과 변수가 구체화되었으면 다음에는 조사방법을 결정해야 한다. 조사방법은 모집단 전체를 조사 대상자로 하는 **전수조사**(센서스)와 모집단 중 선택된 일부 표본을 조사 대상자로 하는 **표본조사**로 나뉜다. 고객조사에서 모집단 고객 전체를 대상으로 하는 것은 시간이나 비용 측면에서 어려울 때가 많기 때문에 대개 표본조사를 시행한다.

다음으로 전수조사든 표본조사든 조사자료를 모으기 위해 어떤 방법을 택할 것인가를 고민해야 한다. 자료를 모으는 방법에는 실험법, 관찰법, 문서연구법, 조사대상을 일대일이나 집단으로 대면해서 또는 전화로 면접하는 면접법, 설문지를 사용하는 설문지법 등이 있다. 이 방법들은 경우에 따라 복합적으로 사용될 수도 있다. 어떤 방법을 적용할 것인가 하는 문제는 조사의 주제와 가장 밀접한 관련이 있고 이외에 조사 대상자와의 접촉 가능성, 조사에 사용 가능한 비용과 조사에 걸리는 시간 등에 따라 달라진다. 각 방법에 대한 자세한 내용은 9장에서 다시 논의한다.

조사방법을 선택한 후에는 어떻게 조사대상을 선정하고 조사대상에 접근할 수 있는가 하는 표집의 문제와 어떤 도구를 가지고 고객의 태도와 행동을 밝혀 낼 수 있는가 하는 측정의 문제를 고려해야 한다. 표집의 종류와 절차에 대한 문제는 8장에서, 측정도구에 관한 문제는 10장에서 자세히 다룬다.

자료의 수집과 분석

연구주제가 정해지고 그 주제를 분석하기 위해 누구를 대상으로 어떻게 자료를 모을 것인 지가 결정되면 실제로 조사를 수행하고 자료를 분석한다. 자료를 수집할 때에는 연구를 설계한 사람뿐만 아니라 직접 자료를 모으는 데 투입되는 실제 조사자나 면접자들의 역할이 중요하다. 동일한 측정도구를 가지고 설문조사나 면접을 시행하더라도 조사자의 능력과 태도에 따라 조사 대상자의 반응이 달라지기 때문이다. 따라서 여러 명의 조사자 또는 면접자를 써야 할 때에는 측정도구는 물론 조사 대상자에 대한 접촉 요령부터 말투 등에 이르기까지 철저한 훈련이 필요하다.

조사자료가 모두 수집되면 자료를 분석하여야 한다. 자료분석은 간단한 경우 연구자의 주관에 따라 분류·해석될 수도 있지만, 대개 자료의 규모가 큰 경우 통계적인 분석절차를 거치는 것이 좋다. 어떤 통계방법을 적용할 것인가는 모아진 자료의 형태에 따라 달라지기 때문에 측정도구를 만들 때부터 어떤 통계방법을 써야 할 것인지를 염두에 두어야 한다.

결론

조사연구의 마지막 단계는 분석한 자료에 기초하여 애초의 조사목적에 대응하는 결론을 도출하는 것이다. 이 부분에서는 연구결과를 그대로 요약하는 것이 아니라, 그 결과에서 도출할 수 있는 시사점이나 제언이 중요한 요소가 된다. 예를 들어, 고객이 지속적으로 감소하는 요인을 찾기 위해 고객조사를 시행했다면 고객감소의 원인을 지적하고, 나아가 고객감소를 막기 위한 방안을 제시하는 것이 결론에 포함되어야 한다.

고객조사연구를 수행할 때에는 연구목적을 달성하기 위해 주제선정부터 연구설계, 자료수집 및 분석, 그리고 결론까지 일관성을 유지해야 한다. 연구 도중에 의도하지 않았던 흥미 있는 결과를 발견했다고 해도 그 결과가 연구목적과 무관한 것이라면 무시하는 것이 좋다. 그 흥미 있는 발견을 깊이 다루고 싶다면 그 주제와 관련된 별개의 다른 연구를 다시 설계하여 시행하여야 한다.

4. 이 책의 구성

이 책은 고객만족측정의 전 과정, 조사설계는 물론 조사에서 결론을 끌어내고 조사 후의 행동을 결정하는 것까지를 포괄하여 다루고 있다. 그러나 그 행동을 실행하는 방법에 관한 책은 아니다. 고객만족 실행방법과 관련된 것으로는 고객서비스, 품질, 벤치마킹 등의 제목을 단 수많은 다른 책들이 있다.

1장에서는 고객만족과 고객조사의 개념, 과학적 연구와 고객조사, 고객조사를 설계하는 방법 등을 설명한다. 2장은 고객을 성공적으로 유지하려면 '고객이 가장 중요하게 생각하는 것에 최선을 다해야 한다.'는 것과 이를 제대로 시행하는 방법은 올바른 고객조사를 하는 것이라는 점을 설명한다. 3장은 고객충성도에 대한 설명이고, 4장은 가치-수익 사슬을 통해 고객만족과 고객충성도를 통합하는 방법에 대해 다룬다.

5장은 지금까지의 수많은 고객조사가 단지 고객이 기업성과에 얼마나 만족하는가만 측정하고 무엇이 고객에게 중요한 것인지 묻지 않았기 때문에 '고객이 가장 중요하게 생각하는 것에 기업이 최선을 다하고 있는지'를 제대로 판단할 수 없었다고 지적하고, 가치 있는 고객조사가 되려면 고객에게 중요한 것이 무엇인지 그리고 그 분야에서 기업이 얼마나 잘하고 있는지 두 가지 정보를 모두 제공할 수 있어야 함을 설명한다.

6장과 7장은 고객조사 설계를 다루고 있다. 정확한 조사를 하려면 고객과 기업의 관계와 고객의 구매행동을 자세히 이해한 후에 조사설계를 해야 한다. 고객조사가 기업 자신이 중요하다고 생각하는 것보다 고객만족에 더 크게 기여할 다른 문제를 다루고 있는지 확실히 하기 위해서는 보통 탐색조사가 필요하다.

8장에서 12장까지는 의사결정을 위한 믿을 만한 자료를 얻기 위해 전문가다운 방식으로 고객조사를 수행하는 방법을 다루고 있다. 8장은 비전문가 조사와 전문가 조사의 차이를 가장 크게 하는 표집의 문제를 다룬다. 정확한 표집은 고객을 대표할 수 있는 집단을 대상으로 조사가 이루어졌다는 것을 나타내기 위해 없어서는 안 될 사항이다. 만일 표본에 대표성이 없다면 조사결과가 일반적인 고객의 의견과 만족수준을 나타냈는지 알 수 없기 때문에 무의미할 것이다. 9장은 개인면접법, 전화조사법, 자기기입식 설문지, 응답률을 높이기 위한 우편조사방법 등의 다양한 조사형태를 검토하고 있다. 10장은 자료수집에 필요한 기초지식에 해당하는 측정과 척도의 문제를, 11장은 설문지 작성방법을, 12장은 면접기술을 안내하고 있다.

고객조사를 수행하였으면 이를 분석하고 결과를 보고해야 할 것이다. 이러한 문제는 13장에서 다룬다. 아울러 기업 내의 다른 직원에게 결과를 효과적으로 제시하는 방법도 설명하고 있다.

고객이 조사에 기꺼이 참여하도록 하는 방법, 조사 후에 고객에게 피드백을 주는 방법 등 고객만족측정과 관련된 PR 측면은 14장에서 다루고 있다. 내부시장 또한 중요하기 때문에 이 장에서는 동료직원을 조사에 참여시키고 조사결과의 의미를 납득시키는 방법도 제안하고 있다.

15장과 16장은 고객충성도와 가치-수익 사슬 개념으로 다시 뒤돌아간다. 고객만족과 고객충성도에 대한 조사 결과를 가지고 어떻게 미래의 기업성과를 예측하고 관리할 수 있는지 설명할 것이다.

마지막 17장에서는 기업들이 조사에서 나타난 영역의 성과수준을 높이기 위해 고객만족측정 결과를 이용할 수 있는지를 설명하고 있다. 고객만족측정에서 최대한 성과를 얻기 위해서는 고객만족 향상에 가장 크게 기여할 부문에 자원을 집중시킬 수 있도록 조사결과를 이용하여 개선우선순위를 결정해야 한다. 또한 톰 피터스(Tom Peters)가 뛰어나고자 하는 열망이라는 책에서 이야기한 전문가다운 방식으로 고객만족측정을 하는 데서 얻을 수 있는 이점도 다루고 있다. 그는 이 책에서 미국 최고 기업들의 최상의 고객조사 방식에 대해 다음과 같이 적고 있다.

> 기업은 고객만족을 자주 측정한다. 표집 대상은 매우 광범위하다. 양적 조사(예를 들면 배달 시간)와 질적 조사(예를 들면 동등하게 대우받는다는 고객의 느낌)가 병행되며, 측정은 매우 진지하게 이루어진다. 최고 책임자가 조사결과를 끊임없이 검토한다. 그들은

고객만족측정을 예산측정이나 제품신뢰도 측정만큼 중요하게 다룬다. 고객만족측정은 모든 부서와 모든 직위에 있는 직원들에 대한 평가에 영향을 미친다.

이 책의 마지막에는 구체적인 추가정보를 제공해 줄 부록이 있다. 부록 1은 고객만족측정을 위한 설문지 예시를 제공한다. 부록 2는 SERVQUAL을 검토하고 있는데, 이는 미국 학계에서 개발한 것으로 서비스 산업에서의 고객만족측정을 위한 표준적인 방법이다. 부록 3에는 상세한 용어정의를 실어 고객만족측정 분야에서 익숙하지 않은 용어가 있으면 도움을 받을 수 있게 했다. 마지막으로 기타 참고문헌에 대한 정보를 싣고 있다.

02
고객조사를 해야 하는 이유

목표
- 과도한 고객감소의 결과를 이해한다.
- 고객감소의 원인을 분석할 수 있다.
- 고객만족, 기존고객 유지와 수익성과의 관계를 이해한다.
- 고객만족측정이 고객서비스 향상에 어떤 역할을 하는지를 이해한다.

1. 고객지능 향상

한 백화점에서 매년 3,000만 원이 넘는 매출을 올려주는 50대의 어느 여성고객에게 연말에 감사의 선물을 해야 한다고 생각해보자. 회사가 알고 있는 정보는 그녀가 50대이고 기혼자이며 남편과 아들이 있는 전업주부라는 것뿐이다. 어떤 선물이 좋을까? 아마도 가장 무난하다고 생각되는 백화점 상품권이나 여러 종류가 있어도 나쁘지 않은 실크 스카프나 50대가 많이 찾을 만한 보습크림이 후보에 오를 것이다. 그러나 만일 회사가 그녀에 대해 더 많은 정보를 알고 있다면 어떨까? 그녀가 백화점에서 산 대부분의 고가용품이 남성용 골프나 다른 운동과 관련된 용품이었다면? 식품코너에서 유기농 식품보다 다이어트 식품을 주로 샀다면? 그녀가 쇼핑을 하는 날이 주로 금요일 늦은 오후였다면? 그녀가 핑크색이나 노랑색을 질색하는 톰보이 스타일이라면? 그 여성고객에 대해 많이 알면 알수록 회사는 그 고객을 기쁘게 할 만한 더 좋은 선물을 고를 수 있을 것이다.

고객을 잘 알아야 하는 이유는 명확하다. 고객을 잘 알아야 고객을 위한 더 좋은 제품을 만들고 더 적절한 커뮤니케이션 방식을 개발하고 더 양질의 고객응대 서비스를 할 수 있기 때문이다. 특히 오늘날 더 정교한 고객조사가 필요한 구체적인 이유는 다음과 같다. 첫째, 기본적인 물질적 풍요가 해결된 오늘날의 후기 산업사회에서는 고객의 니즈가 매우 세분화되고 다양하기 때문이다. 유형의 제품(tangible goods), 특히 내구재에 대한 니즈가 해결되면 소비자들은 다음 단계로 여행이나 문화, 레저 등 서비스적인 요소가 강한 상품에 많은 돈을 소비하게 된다. 서비스에 대한 고객의 니즈는 대체로 유형적인 제품에 대한 니즈보다 훨씬 다양하다. 이에 따라 실용성이나 내구성보다 자기만의 개성에 맞는 제품을 찾는 고객이 늘어나고 기업은 이에 맞춰 **다품종소량생산**(masscustomization) 전략을 취하게 되는데, 이를 위해 고객집단을 세분화하고 각 집단의 차별적인 니즈를 찾아내는 고객조사가 매우 중요해진다.

둘째, 오늘날의 고객은 품질만큼 높은 수준의 존중과 감사를 원하는데, 이를 충족시키기 위해 다양한 방식의 고객조사가 필수적이다. 교육과 소득수준의 상승, 디지털 사회의 발달, 그리고 세계화의 진전으로 말미암아 교육 수준이 높고 다양한 새로운 정보를 접한 고객들은 예전보다 고객으로서의 기대수준이 높다. 기업은 제품에 대한 고객의 물리적 표준을 충족시켜야 할 뿐만 아니라 거래과정에서 고객의 심리적 표준(감정적 기대)까지 충족시켜야 한다. 이 과정에서 불만을 느낀 고객은 참지 않고 회사나 그 회사 제품에 대해 나쁜 소문을 내고 이 소문의 파급력은 옛날과 비교할 수 없을 정도로 크다. 존중받지 못했다고 생각하는 고객의 불평을 예방하고 문제를 조기에 해결하려면 고객의 심리적, 감정적 요소를 이해할 수 있는 방식의 고객조사가 필요하다.

고객조사를 할 때 고객의 일상적인 말과 행동 또는 성별이나 연령, 교육수준 등과 같은 피상적인 지표에 의존한다면 유용한 결과를 얻기가 어렵다. 대부분의 고객은 큰 결핍이 없는 한 자신이 진정으로 무엇을 원하는지 제대로 인식하지 못하기 때문이다. 고객이 인식한 니즈는 갤브레이스(John K. Galbraith)의 말대로 고객이 자발적으로 원하는 것이 아니라 광고와 마케팅에 의해 인위적으로 **창출된 욕구**(created wants)인 경우가 많다. 또한 고객이 원하는 것을 알고 있어도 그것을 말로 표현하는 것은 또 다른 문제이다. 커뮤니케이션에서 흔히 발생하는 의미적 오류처럼 고객이 말하는 '가벼움'과 휴대폰 회사가 말하는 '가벼움' 사이에는 무게의 차이 말고도 다른 많은 요소가 포함되어 있다. 말로 문제나 니즈를 표현할 수 있는 고객이라 하더라도 그가 솔직하게 말하는지, 상황에 따라 인식이 변하는지, 말한 대로 행동하는지는 또 다른 문제이다. 오늘날 고객조사가 필요한 이유와 더 정교한 고객조사가 필요한 이유가 여기에 있다.

고객을 잘 이해하고 있는 정도를 **고객지능**(customer intelligence)이라고 한다. 고객조사는 회사의 고객지능 수준을 높여주는 매우 좋은 방법이다. 고객지능이 높은 회사는 신상품을 기획할 때도, 만든 제품의 주요 소구점인 컨셉을 기획할 때도, 만든 컨셉을 가지고 소비자와 다양한 커뮤니케이션 방식을 통해 소통할 때도, 제품을 팔고 난 후에 소비자의 피드백을 들을 때도 성공확률이 높은 대안을 만들어낸다. 다시 말해 잘 설계된 고객조사는 고객지능을 높이고 고객을 기쁘게 할 선물을 만들어 냄으로써 기업의 발전에 기여한다.

2. 고객의 감소와 서비스 차이

매년 평균 10~30%의 고객이 기업을 떠난다. 그러나 기업은 어떤 고객이 떠났는지, 언제 떠났는지, 왜 떠났는지 또는 그것이 판매수익과 이익감소에 미치는 영향은 어느 정도인지 모르고 있다. 떠난 고객들에 대해 걱정하기는커녕 대부분의 기업은 새로운 고객을 유치하는 데에만 노력을 기울이고 있다. 이런 기업은 바닥에 구멍이 난 양동이와 같다. 고객들은 계속 빠져나가고, 회사 경영인들은 구멍을 메우려고는 하지 않고 꼭대기에서 계속 물을 더 부으려고만 애쓰고 있다(그림 2.1).

고객감소의 근본적인 원인은 당연히 고객이 만족하지 못하기 때문이다. 그러면 왜 고객이 만족하지 못하는가? 이 분야에서 많은 연구가 이루어진 결과, 서비스 차이(gap) 이론이 만들어졌다. 불만족한 고객이 가졌던 기대와 실제 경험 사이의 차이가 전체 차이를 이룬다. 구체적으로 불만족은 촉진, 이해, 과정, 행동, 인식이라는 다섯 가지 차이의 어느 하나에서 비롯된다(그림 2.2).

차이 1 : 촉진 차이(과도한 기대수준 형성)

기업의 마케팅 의사소통 내용이 문제의 원인이 될 수 있다. 기업은 제품이나 서비스를 판매하여 이익을 얻고자 하는 열망 때문에 고객의 마음에 실제 채워 주기 어려운 기대를 쉽

기업들은 1년에 평균 10~30%의
고객을 잃어버린다.

그러나 기업은 모르고 있다.
누가?
언제?
왜 떠나는지?
판매이익이 얼마나 감소하는지?

그림2.1 고객 감소

게 만들어 내곤 한다. 어느 미국 항공사는 몇 해 전에 승객이 신발을 벗고 잠든 모습을 TV 광고로 내보낸 적이 있다. 승무원이 조용히 고객의 신발을 벗겨 닦은 후에 아무 말 없이 제자리에 돌려 놓는 것이다. 이 광고는 이런 수준의 서비스를 받아 본 적이 없는 승객들에게 말도 안되는 농담으로 보였고, 새로운 고객에게는 잘못된 기대를 가지게 하여 결국에는 실

차이 1. 촉진 차이	차이 2. 이해 차이	차이 3. 과정 차이	차이 4. 행동 차이	차이 5. 인식 차이
실제 제공되는 서비스표준과 다르게 말하는 것	고객의 기대에 대한 경영자의 인식이 부정확한 것	고객이 기대하는 바가 운영절차나 시스템에 전달되지 않는 것	서비스의 구체적 절차와 다르게 직원들이 서비스를 제공하는 것	고객이 인식한 서비스수준이 실제 제공된 서비스수준과 다른 것

서비스 품질 차이
서비스에 대한 고객의 기대와 기업이 제공한
실제 서비스에 대한 고객인식의 차이

그림2.2 서비스 차이

망시켰다. 이것은 극단적인 경우이지만 이외에도 비현실적인 기대를 갖게 하는 작은 예들이 많다. 흔한 예로 판매원이 가능한지를 먼저 확인하지도 않고 주문한 제품의 배달날짜를 고객에게 약속하는 경우와 같은 것을 들 수 있다.

차이 2 : 이해 차이(고객욕구에 대한 오해)

다음으로 문제가 되는 것은 기업의 경영자가 고객의 욕구와 우선순위를 정확히 이해하지 못하는 것이다. 고객이 중요하게 여기는 것을 모르면 아무리 품질과 서비스를 강조한다 하더라도 '고객이 가장 중요시하는 것에 최선을 다하지' 못할 것이다. 고객만족을 측정하기 위해 애쓰는 많은 기업은 고객이 무엇을 중요시하는지를 명확히 조사하지 않아 이런 문제를 해결하지 못한다. 차이를 이해하는 것을 강조하는 방법을 위해서는 13장 끝부분의 '사내(社內) 보고' 절을 참조하라.

차이 3 : 과정 차이(부적절한 업무과정)

고객이 중요시하는 것이 무엇인지 충분히 안다고 가정하더라도, 고객이 기대하는 바를 적절한 운영절차나 체계로 바꾸지 못함으로써 고객만족에 실패할 수도 있다. 예를 들면, 호텔 투숙객은 체크아웃하는 데 5분 이상 걸리면 아주 짜증을 낸다는 사실을 안다 하더라도, 지배인이 오전 8~9시의 바쁜 시간에 직원을 충분히 배치시키지 않는다면 많은 고객이 오래 기다려야 하고 불만족스런 상태에서 돌아가게 될 것이다.

차이 4 : 행동 차이(직원의 훈련부족)

고객의 욕구와 우선순위에 부합되는 명확한 서비스 절차를 알고 있다 하더라도 직원이 항상 절차대로 따라하도록 충분히 훈련되지 않았으면 고객이 만족할 수 없다. 5장에서 보듯이 잘 설계된 고객만족조사는 고객의 기대와 기업의 성과수준 사이의 가장 큰 차이를 부각시켜 줄 것이다. 그러면 바로 회사의 서비스 절차가 서비스 수행의 이런 점들을 모두 적절히 포괄하고 있는지 확인한다. 만일 그렇다면 다음에는 그 서비스 절차를 직원들이 일관성 있게 따르고 있는지를 모니터해야 할 것이다.

차이 5 : 인식 차이(고객과 기업의 인식 차이)

1~4의 차이가 존재하지 않는다고 할지라도 여전히 기업이 생각하는 것보다 고객만족 수준이 낮을 수 있다. 이는 기업의 성과수준에 대한 고객의 인식이 실제와 다를 수 있기 때문이다. 과거 어느 때 제대로 도움을 받지 못해 화가 났던 적이 있는 고객은 이 경험 때문에 그 기업의 서비스에 대해 부정적인 태도를 갖게 되며, 이런 인식이 바뀌려면 상당한 시간이 필요하다. 톰 피터스는 1985년 뛰어나고자 하는 열망이라는 책에서 '고객의 인식이 바로 현실이다.'라는 사실을 처음으로 지적하였다. 고객의 태도를 바꾸는 데는 시간이 걸린다. 그래서 실제로 현재 최상의 고객서비스를 제공하는 기업에 대해서 고객은 아직도 그 기업이 고객을 잘 돌보지 않고 도와주지 않는다고 생각할지도 모른다. 그러나 그것이 바로 고객이 생각하는 바이고, 부정확할지라도 고객은 바로 이 인식을 토대로 의사결정을 내린다. 이 책은 고객만족수준이 낮은 원인이 기관의 실제 성과수준이 낮아서인지, 아니면 고객의 인식이 잘못되어서인지를 알 수 있는 방법에 대해 설명하고 있다. 만일 고객의 인식이 잘못되어서라면 이를 어떻게 고칠 수 있는지도 제시하였다.

그림 2.2에서 보여 주는 것처럼 다섯 가지 차이 중 어떤 것이라도 고객의 불만족을 야기시키는 서비스 품질 차이를 일으키게 된다. 어떤 기업도 기업이 제공한 것과 고객이 기업으로부터 받았다고 생각하는 것과의 차이를 만들고 싶어하지는 않는다. 규칙적인 고객만족측정만이 이 차이를 확인하고 좁힐 수 있도록 해 준다.

3. 고객감소의 비용

현재의 기존고객을 유지하는 데 드는 비용보다 새로운 고객을 유치하는 데 드는 비용이 훨씬 크다는 것이 여러 연구결과에서 확실하게 드러나고 있다. 새로운 고객을 유치하는 데 비용이 얼마나 드는지 계산하는 것은 비교적 간단하다(표 2.1).

예를 들면, 대부분의 영국 회사들이 고객방문 1회당 2,500파운드의 비용을 들인다고 가정해 보자. 여기에 평균 1,000파운드의 전화비용이 들고, 적어도 고객을 보통 9번은 방문해야 한다. 판매 1건당 평균 방문횟수는 새 고객으로 만들기 위해 방문해야 하는 횟수와 그 고객전환 비율의 함수이다. 가령, 첫 판매를 위해 잠재고객 1명당 평균 3번 전화를 해야

표2.1 신규고객 유치비용

신규고객 유치비용 항목	비용
1회당 방문비용(촉진, 관심고객 발굴, 전화판매)	2,500파운드
판매당 전화비용	1,000파운드
판매당 방문횟수	9회
신규고객당 판매 소요비용	9,000파운드
신규고객당 총 소요비용	11,500파운드
신규고객 손익분기점(마진율이 40%일 때)	28,750파운드

하고 3명의 예상고객 중에서 1명만 상품을 구매하게 된다면 판매당 방문횟수는 결국 9번이 된다(몇몇 기업의 판매 1건당 평균 방문횟수는 9번보다 훨씬 많다). 이 판매와 촉진비용은 새로운 고객유치의 총 비용이 될 것이다. 즉, 새로운 고객으로부터 이익을 얻을 때까지 우선 벌어야 하는 총 이익이다.

이 비용은 9번의 전화비용 9,000파운드와 방문비용 2,500파운드를 합쳐 11,500파운드쯤 될 것이다. 따라서 총 이윤율이 40%라면 28,750파운드의 판매액이 새로 유치한 고객의 손익분기점이 된다. 만일 마진율이 20%라면 57,500파운드를 팔아야 손익분기점에 도달한다. 실제로 이 모든 것은 직원봉급과 판매촉진 유지를 위한 오버헤드를 포함하고 있지 않아서 고객유치의 실제 비용을 낮게 평가하고 있는 셈이다.

좀더 복잡하고 정확한 방법을 원하면 봉급과 오버헤드를 포함한 판매촉진 비용을 계산할 수 있다. 현재 고객에게 서비스를 제공하는 데 드는 비용과 새 고객을 유치하는 데 드는 비용을 나누어 보라. 판매비의 일정 해당 비율에 판촉비의 100%를 더하고 지난해 늘어난 새 고객의 수로 이를 나누면, 각 신규고객 유치에 든 비용을 구할 수 있다. 만일 모든 관련 비용을 포함시켜 제대로 계산해 보면 신규고객의 유치비용이 놀랄 정도로 높다는 것을 알게 될 것이다.

4. 기존고객 유지의 이익

새로운 고객유치가 비용이 많이 드는 것에 비해 기존고객 유지는 수익성이 매우 높다. 1990년대에는 더 많은 기업이 이 사실을 깨닫게 되었고, 다양한 충성도 형성방안이 제시되었다.

물론 최고의 충성도 형성방안은 고객만족이다. 이는 '고객이 중요시하는 것에 최선을 다함'으로써 성취될 수 있다. 토큰이나 보너스 점수제 등 기타 충성도 형성방안은 단지 사소한 차이만을 가져온다. 고객만족을 측정해야 하는 근본적인 이유는 경영자가 고객만족을 극대화하기 위해 올바른 의사결정을 내릴 수 있는 정보를 제공하여 고객유지율을 높일 수 있기 때문이다.

고객의 생애가치 개념을 검토해 보면 고객유지율을 높임으로써 어떻게 수익성을 높일 수 있는가를 알 수 있다. 고객의 생애가치는 고객의 평균 거래액에 기업이 해당 고객을 유지하는 기간을 곱한 것의 함수이다. 따라서 만일 슈퍼마켓의 고객이 1주일에 평균 100파운드를 쓰면 1년에 5,000파운드가 되고 10년 고객이라면 50,000파운드가 그 기업에 대한 고객의 생애가치가 된다. 이 개념의 중요성은 고객충성도를 아주 조금만 증가시키더라도 얼마나 수익이 증가하는지를 봄으로써 알 수 있다. 사실 고객만족이 아주 조금이라도 향상되면 총 매상고는 매우 두드러지게 증가되고 상대적으로 비용은 거의 들지 않는다. 총 매상고 증가분은 표의 맨 아래 칸의 수익 추가분에서 확인할 수 있다.

고객만족을 정확하게 측정하지 않고서는 고객유지율을 계속 높일 수 있는 올바른 의사결정을 내릴 수 없다. 앞에서 본 것처럼 기업은 '고객이 중요시하는 것에 최선을 다함'으로써만 성공할 수 있다.

5. 동기부여와 직원참여

고객서비스가 지속적으로 개선되려면 최고 경영자부터 일선직원까지 조직원 전체가 동기화되어 참여해야 한다. 그러나 상급 관리자들은 서비스를 개선해야 한다고 생각하고 있어도 이런 생각이 아래 직원에게까지 차례로 전달되지 않는 경우가 많다. 콜린 코울슨-토마스가 브레인앤드컴퍼니사를 위해 최고 경영자와 함께 중간 관리자와 직원을 대상으로 자신의 기업이 1990년대 중요시해야 할 것이 무엇인가를 조사했다. 그림 2.3을 보면 최고 경영자의 92%, 중간 관리자의 77%, 직원의 8%가 고객서비스 개선이 최고로 우선해야 할 과제라고 믿고 있었다. 최고 경영자가 고객서비스 개선이 최우선 과제라고 직원들에게 말하지 않았거나, 말했어도 직원들이 믿지 않았거나 둘 중 하나이다. 흥미로운 것은 직원의 90%는 '목표달성'이 가장 중요한 과제라고 생각하고 있었다는 점이다.

고객만족측정을 완전하게 실행한 후 회사 내에 그 결과를 알리고(13장 참고) 조사결과를 충실하게 따른다면(17장 참고), 직원들에게 고객만족의 중요성을 알리는 것 이상의 효과가 있을 것이다. 측정 자체가 결과향상에 대한 동기를 직원에게 부여한다는 증거는 많다. 이는 부분적으로 경영자의 관심을 드러내기 때문이고, 한편으로는 사람들이 원래 가지고 있는 경쟁 의식을 강화시켜 목표달성을 부추기기 때문이다. 또한 고객조사를 하고 이에 적절히 따르는 것이 상급 관리자가 고객서비스 개선을 아주 중요시하고 있다는 것을 드러내 보이기 때문이다. 직원들은 경영자가 중요시한다고 믿으면 진지하게 여기게 될 것이다. 그러나 경영자가 단지 말로만 고객만족을 언급하고 있다고 조금이라도 의심하게 되면 직원들은 전체적으로 냉소적이 될 것이다.

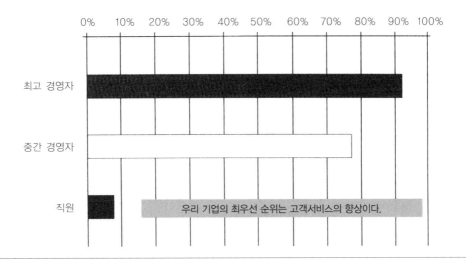

그림 2.3 **고객서비스의 중요성 인식**

6. 고객만족의 이익

기업이 무언가를 하는 가장 중요한 이유는 그로 인해 수익성이 증가할 것이기 때문이다. 고객만족을 측정하고 그 결과에 따라 적합하게 실천하면 이익이 증가할 것이다. 사적 부문이건 공적 부문이건 대부분의 기관이 성공하는 길은 '고객이 중요시하는 것에 최선을 다하는 것'이다. 기존고객 유지율이 증가하고 고객은 자신의 욕구에 부합되는 재화나 서비스를 더 구매하게 될 것이다. PIMS(Profit Impact of Marketing Strategies, 마케팅 전략의 수익률) 자료를 보면 고객서비스가 낮게 평가된 기업보다 높게 평가된 기업의 경우 평균 수익률이 9%나 높다. 또한 PIMS는 고객감소율이 50% 줄어들면 이익이 25~85% 늘어난다는 것도 밝혀 냈다. 이 개념은 다음 두 장에서 자세히 설명한다.

7. 결론

○ 너무 많은 기업에서 바닥에 구멍이 난 양동이처럼 고객이 새어 나가고 있다. 더욱 나쁜 것은 기업들이 바닥에 난 구멍을 메우려고 하기보다는 양동이에 새로운 고객을 부어넣기 위해 비용을 지출하고 있다는 것이다.

○ 기존고객 상실은 고객의 불만족 때문이다. 불만족은 고객이 기대한 바와 고객이 실제 경험한 것과의 차이 때문이고 이는 보다 구체적인 다섯 가지 차이 때문이다. 잘 설계된 고객만족측정을 통해서만 이 차이를 확인하고 메꾸어 나갈 수 있다.

○ 기존고객 상실률이 높으면 그 비용이 매우 높아지는 데 비해, 고객유지율이 높아지면 해가 갈수록 수익이 매우 커진다.

○ 연구결과 많은 기업이 고객서비스 향상의 중요성을 직원들에게 알리는 데 실패하고 있음이 밝혀지고 있다. 최고 경영자는 고객만족을 중요시하고 직원들을 동기화하여 직원들에게 인센티브를 줄 근거를 얻기 위해 고객만족수준을 측정하는 것만으로도 직원들을 원하는 수준만큼 동기화시킬 수 있다.

○ 고객만족의 향상과 기업의 이익증가는 직접적으로 관련이 있음을 뒷받침하는 연구들이 점점 늘어나고 있다.

03
고객충성도

목표
- 고객유지와 고객충성도의 차이를 이해한다.
- '고객충성도'의 진정한 의미를 이해하고 고객행동에 어떻게 적용될지 평가한다.
- 고객충성도의 다양한 유형과 수준을 인식한다.
- 고객몰입의 핵심개념을 이해한다.
- 신뢰할 수 있는 고객만족도와 고객충성도에 관한 정보를 제공하기 위해 고객조사 설계와 고객조사 가치 사이의 관계를 이해한다.
- 21세기에는 고객이 기업에 충성하는 것이 아니라 기업이 고객에게 충성해야 함을 인식한다.

새로운 고객을 유치하기보다 기존고객을 유지하는 것이 비용도 적게 들고 이익이 많다는 사실이 이제는 널리 알려져 있다. 원칙은 간단하다. 기업은 현재고객을 잘 유지해야만 한다. 그러나 어떻게 해야 하는가? 많은 기업이 고객유지전략을 위해 고객충성도 개념을 받아들였다. 그러나 정말 그 개념을 충분히 이해하고 잘 적용하고 있는지는 의문스럽다.

충성이란 주권자에게 충성을 다하는 것이 국가의 성공이나 생존에 필수불가결했던 봉건시대 시절에 유래한 단어이다. 옥스퍼드 사전에는 '충성'을 다음과 같이 정의하고 있다.

> (의무나 사랑, 책임에 대해) 진실하고 충직한 것, 확고부동한 충성, 합법적 주권 또는 자국 정부에 헌신하는 것

이런 기준으로 보면 왜 소비자가 상업적인 조직인 기업에 대해 충성해야 하는가? 기업이 어떤 합법성을 갖고 있는가? 왜 소비자가 충성심을 보일 책임이 있는가? 물론, 소비자는 그럴 필요가 없다. 교육을 많이 받을수록 소비자는 자신감과 힘을 가지게 되고 그걸 더 잘 깨닫게 된다. 21세기는 이전과는 달라진 시기다. 고객은 왕이며 공급자는 고객의 정당한 요구를 충족시키기 위해 고객과 진실되고 헌신적이며 견고한 관계를 맺어야 한다.

고객충성도를 안정적으로 유지해야 한다는 기치 아래 도입된 과도한 잘못된 전략들에 대한 책임을 져야 할 중견 관리자들(특히 이를 더 잘 이해하고 있어야 하는 바로 당사자인 마케팅전문가) 사이에는 충성도라는 개념에 대한 괴이한 오해가 자리하고 있다. 많은 사람들이 고객을 값싼 것으로 매수하려는 시도를 하고 있다. 이런 술책으로 장기적인 고객충성도를 유지했는가? 국가의 대통령이든 기업의 대표든 간에 충성도를 얻어야만 한다. 이런 문제를 교육수준이 높고 자신감 있고 점점 당당해지는 고객의 눈으로 검토해 보자. 고객이 같은 공급자와 계속 거래하는 이유는 무엇인가? 바로 그 공급자가 다른 어떤 공급자보다 자신의 욕구를 더 잘 충족시켜주기 때문이다. 1장에서 내린 정의로 돌아가 본다면 공급자가 제공한 토털제품(총 가치패키지)은 고객의 요구를 기대 이상으로 충족시켜 고객만족을 끌어내야 한다. 경쟁시장에서 고객을 유지하기 위해서는 경쟁공급자가 제공하는 어떤 것보다 더 고객의 요구에 맞는 가치 있는 제품을 제공해야 하는 것이다.

이제 고객충성도의 개념을 명확히 해서 기업과 고객과의 관계에 어떻게 적용하는지 알아야 할 때다. 이것이 3장의 목적이다.

1. 고객충성도의 유형

고객충성도에는 다양한 유형이 있다. 즉, 기업이 고객과 거래를 유지하는 데는 많은 이유가 있다. 그러나 표 3.1에서 보듯이 대부분 고객충성도라는 단어 자체가 갖는, 충성이나 헌신, 의무와 관련된 의미는 거의 없다. 독점적 충성도는 극단적 사례지만 문제의 핵심을 잘 보여 준다. 고객이 다른 대안이 없을 때는 고객의 충성도라는 것은 헌신과는 거리가 멀다. 오히려 종종 분개하곤 한다. 수천 건의 소비자만족 조사를 한 경험에 비추어 볼 때 고객들은 대안이 없을 때에는 매우 불만족스러워한다. 다른 경우, 가령 명목상으로는 경쟁 상황이고, 이론적으로는 다른 대안을 선택할 수도 있지만 무언가를 바꾸기 위해 치러야 하는 비용이 너무 커서 최후 수단으로 그냥 어떤 제품을 선택하기도 한다. 이런 경우 고객만족도가 평균보다 낮아도 고객은 기업이나 브랜드를 바꾸지 않고 그냥 지내곤 한다. 그러나 이런 경우를 고객이 충성한다고 할 수 있는가? 이 경우에는 충성이나 의무, 헌신이란 개념은 존재하지 않는다.

인센티브로 유인해 낸 고객충성도는 최근 몇 년간 가장 과장된 마케팅 전략이었을 것이다. 자신의 돈을 쓰지 않는 고객에게는 이런 전략이 약간 효과가 있었을지도 모른다. 잦은 출장으로 비행기를 자주 타면서 마일리지를 모으는 항공 승객이 좋은 사례라 할 수 있다. 그러나 미국의 사우스웨스트 항공과 영국의 이지젯의 성공사례가 이미 이런 신화를 깼다. 또 영국에서는 대부분의 사람들이 수퍼마켓, 주유소 등의 고객카드('로열티' 카드)를 가지고 있는데 1개만 가지고 있는 것이 아니고 경쟁기업 것도 같이 가지고 있다. 고객들은 고객포인트가 그 공급자를 이용하는 것이 자신들의 욕구를 더 많이 충족시킬 때 얻을 수 있는 어떤 것이라고 생각한다. 1999년 영국 수퍼마켓 아스다는 아스다 클럽카드라고 알려진 고객카드를 추적, 조사했는데 고객들이 포인트보다 낮은 가격을 선호한다는 것이 밝혀지자 카드 포인트 제도를 철회하였다. 그러나 아스다의 시장점유율은 고객충성도 체계를 잘 갖춘 경쟁사가 있는데도 불구하고 줄어들지 않았다.

습관적 고객충성도는 반복거래에서 가장 흔한 형태이다. 시간이 점점 더 부족한 자원이 되면서 많은 소비자가 오래 생각하지 않고 빠르게 해낼 수 있는 일상을 처리하는 것이 일

표3.1 고객충성도의 유형

	사례	충성도 수준
독점적 충성도	기차 통근자	낮다
전환비용회피 충성도	재무 소프트웨어	중간
인센티브 유인 충성도	출장이 잦은 항공승객	낮음~중간
습관적 충성도	주유소	낮음
몰입 충성도	풋볼 클럽	높음

상화되었다. 소비자가 매주 같은 수퍼마켓에서 식품구매를 하는 것은 편리하고 친숙하기 때문이다. 주유는 매일 출근길에 지나가는 주유소에서 한다. 늘 같은 술집에서 퇴근 후 동료들을 만난다. 기업은 이런 식으로 고객이 계속 유지되는 것을 보고 안심할지 모른다. 그러나 이런 경우 기업에 대한 고객충성도는 매우 낮기 때문에 이를 오해하고 그저 안심해서는 안 된다. 만일 더 편리하거나, 더 크거나, 더 멋지거나, 또는 더 낮은 가격의 새로운 가게가 생기면 고객유지율이 낮아지게 되고 그러면 예전의 고객유지율을 밑받침한 것은 매우 낮은 고객충성도였다는 것을 깨닫게 될 것이다.

앞의 네 가지 고객충성도 유형에서 '충성, 헌신, 의무'라는 단어를 풋볼클럽에 충성하는 고객의 그것과 대조해 보자. 그들에게 이 충성, 헌신, 의무라는 세 가지 단어는 태도(이 개념에 대해서는 6장을 참조)보다는 핵심가치(멘체스터 유나이티드는 최고라고 믿게까지 하는 가치)에 뿌리를 둔 충성도에 해당되는 것이다. 그렇지만 사업은 풋볼클럽과 다르다. 사업은 정서적인 업무가 아니고 풋볼클럽에서와 같은 비이성적 고객충성도를 강요할 수도 없다. 기업은 매순간 고객의 요구를 충족시키는 토털 패키지를 제공할 때만 고객을 계속 유지할 수 있다.

2. 고객충성도의 수준

고객충성도의 유형이나 고객과 기업 간의 관계가 어떠하든 간에 고객충성도의 수준은 다양하며 사다리나 피라미드 또는 연속체 등의 여러 형태로 표현된다. 그림 3.1은 다양한 수준의 고객충성도를 피라미드식의 그림으로 표현하고 있다.

각 고객충성도는 다음과 같이 정의된다.

- 회의고객(suspects)　시장의 모든 상품 구매자들이 포함된다. 여러분 기업의 제품을 모르거나 전혀 살 의향이 없다.
- 잠재고객(prospects)　기업에 대해 매력을 약간 느끼긴 했지만 아직 거래를 하지는 않았다.
- 일반고객(customers)　제품을 한 번 구매했지만 여러분 기업에 대한 실질적 애정은

없다.

- 단골고객(clients)　여러분 기업에 대해 긍정적 애착을 갖고 반복 구매를 한다. 그러나 구매 외에는 적극적이라기보다는 수동적인 지지를 한다.
- 옹호고객(advocates)　다른 사람에게 여러분 기업을 적극적으로 추천한다.
- 협력고객(partners)　상호 이익이 되는 협력적 파트너로 보고 있어 고객과 사업자 간의 관계가 가장 강력하다.

고객충성도는 단지 구매 여부나 반복구매라는 요소만으로 판단하는 것이 아니다. 고객충성도는 고객이 기업에 대해 얼마나 몰입하고 있는지 그 수준을 말하는 것이며 긍정적 몰입 정도에 따라 참 충성고객인지 아닌지가 구별된다.

15장에서도 보게 되겠지만, 고객몰입 정도는 고객만족 척도에서 고객집단 구분의 근거로 사용할 수 있다. 고객충성도 수준에 따라 세부집단별로 욕구나 우선순위가 다르므로 기업의 성과에 대해서도 다르게 인식할 것이다. 그러므로 각 충성도 집단별로 구별되는 전략을 세울 필요가 있다.

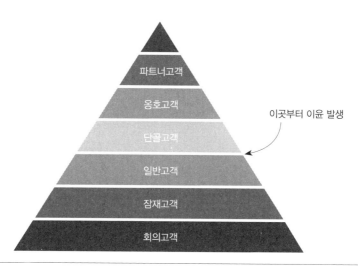

그림 3.1　고객충성도 피라미드

3. 고객몰입

기업이 최대한으로 고객을 유지하려면 충성도보다는 고객몰입(customer commitment)의 개념에 집중해야 한다. 고객몰입은 고객의 행동에 종종 반영되어 나타난다. 고객은 좋아하는 기업을 추천하고자 선택할 수도 있다. 또 더 나은 토털제품을 공급한다고 생각하면 더 멀리 가서 살 수도 있고 가격을 더 지불하기도 한다. 몰입은 고객의 태도에도 반영된다. 특정 기업에 대한 몰입수준이 높은 고객은 그 분야에서 자신이 선택한 기업이 최고라 생각한다. 연구결과에 따르면 '충성'고객 중 상당수는 자신이 현재 거래하는 기업이 다른 경쟁기업과 그 분야에서 동등하다고 생각하며, 이들은 경쟁기업의 손쉬운 타깃이 된다.

기업이 자신의 고객이 '충성'고객일 것이라고 기대하는 것은 불합리하지만 고객의 몰입수준을 높이려는 목표를 세우는 것은 가능하다. 대부분의 기업은 일부 몰입고객을 보유하고 있으나 그 수는 매우 적다. 조사에 따르면 상당히 괜찮은 기업이라도 완전한 몰입고객이라고 말할 수 있는 고객의 비율은 10% 미만이다(15장에서 측정방법이 소개되어 있다). 그렇지만 완전한 몰입고객의 가치는 굉장하다. 몰입고객은 해당기업과 더 오래 거래하고, 더 많이 사며, 더 자주 사고, 더 다양한 품목을 구입한다. 이런 이유로 더 많은 액수를 구입하게 되는데, 이는 또한 가격에 덜 민감하기 때문에도 그렇다. PIMS(Profit Impact of

---

몰입고객은 더 오래 머문다

- ⊘ 더 자주 구매한다.
- ⊘ 더 다양하게 산다.
- ⊘ 더 많이 돈을 쓴다(가격에 덜 민감하다).
- ⊘ 더 많이 추천한다.
- ⊘ 경쟁제품을 덜 고려한다.
- ⊘ 감정적으로 몰입하고 있다고 느낀다.

그림3.2 고객몰입

Marketing Strategies, 마케팅 전략의 수익률)에 따르면 몰입고객은 그렇지 않은 고객에 비해 평균 9%를 더 지불할 용의가 있다. 몰입고객은 추천도 더 많이 하고 경쟁사를 덜 생각한다. 무엇보다도 해당 기업이나 제품과의 몰입감을 느낀다. 고객에게 헌신, 의무, 애정, 충성 등을 기대하는 것은 비현실적이지만 몰입을 기대하는 것은 가능하다. 그렇지만 상당한 노력이 필요하다. 이 점은 앞서 '충성도'라는 개념은 고객보다는 기업에 해당하는 개념이라고 한 주장과 연결되어 있다. 결국 고객이 키를 쥐고 있는 것이다. 몰입고객을 대상으로 거래하는 기업은 상당한 이점이 있다. 이는 조직 전체의 철학과 운영에도 시사점을 주지만, 이 책의 관심사인 효과적인 고객만족과 충성도 측정과도 관련이 있다.

4. 고객만족과 고객충성도 측정에의 함의

지난번의 거래에 대한 만족감이 고객몰입의 주요 결정요인이라는 증거가 점점 늘어나고 있다. 그렇기 때문에 고객조사에서 고객만족과 고객충성도를 정확히 측정하고 특히 이 둘 간의 관계를 잘 밝히는 것은 아주 중요하다. 이는 고객조사가 정확한 이슈를 잘 커버할 수만 있다면 충분히 가능하나 애석하게도 많은 경우 그렇지 못하다.

1999년 영국 소비자 잡지 *Which?*에서는 철도 운영자의 고객만족 조사가 별로 쓸모가 없었다고 주장했다. 왜냐면 설문지에 고객의 주요 요구사항을 포함하지 않았기 때문이다. 어떻게 고객을 만족시켰는지, 고객이 계속 거래할 것인지 등을 정말 알고 싶다면 고객의 주요 요구사항을 설문에 포함해야 한다. 반면 기업은 자신들이 많이 투자한 영역이나 이미 개선시킨 영역에 대해 묻고 싶어 한다. 그러나 이런 영역이 고객에게 중요한 것이 아니라면 만족한 고객들이 어떻게 느끼고 있는가에는 거의 영향을 못 미칠 수도 있다. *Which?*는 기차 승객의 주요 요구사항을 조사하였는데, 그 결과 나타난 가장 중요한 요구사항 열 가지가 그림 3.3에 제시되어 있다. 철도 운영자 중 GNER이 가장 최악이었는데, 그곳은 조사항목에 위의 열 가지 주요 요구사항 중 단 한 가지만 포함시켰다. 대신 GNER은 차내 음식서비스, 직원들의 용모 등에 대해 질문했는데 이런 항목은 *Which?*조사에서는 고객 우선순위에서 가장 하위를 차지하는 항목들이었다.

고객만족에 대한 우리의 정의에 따르면 기업은 고객만족 조사항목에 무엇이 포함되어

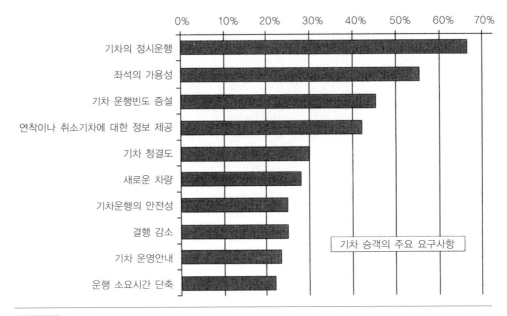

그림3.3 **기차 승객의 주요 요구사항**

야 하는지에 대해 결정권이 없다. 설문지에는 고객의 요구 충족에 기여한다고 생각하는 모든 항목이 포함되어야 한다. 이에 따라 가능한 모든 항목을 포함시키려면 너무 광범위하므로 일단은 고객에게 가장 중요한 항목들을 먼저 포함시켜야 한다. 5장에서 조사목표를 좀더 자세히 살펴보고, 7장에서 설문지에 포함해야 하는 올바른 주제들을 정하는 방법을 설명하겠다.

5. 결론

○ 고객유지와 고객충성도는 같은 것이 아니다. 고객은 충성도 없이도 습관이나 관성 때문에 남아 있을 수 있다.

○ 충성도란 과거 봉건시대로부터 유래한 개념으로 충성, 의무, 헌신을 강조한다. 고객이 기업에 대해 이런 감정을 가질 것이라고 기대한다면 이는 너무나 비현실적인 것이다.

○ 고객충성도 수준은 회의고객이나 잠재고객으로부터 옹호고객이나 협력고객에 이르기

까지 다양하다. 옹호고객이나 협력고객은 기업에 대한 긍정적 몰입정도가 높다는 점이 다르다.

○ 옹호고객이나 협력고객은 굉장한 가치가 있지만 이런 수준의 몰입고객을 얻고 유지하기 위해서는 많은 노력이 필요하다.

○ 고객의 몰입을 얻고 유지하기 위해서는 기업에 대한 고객의 충성도가 아니라 고객에 대한 기업의 충성도를 생각하는 것으로 바뀌어야 한다. 몰입고객으로부터 충분히 보상을 받으려면 고객의 요구에 완전히 헌신하고 충성을 다해야만 한다.

04
가치 - 수익 사슬

목표
- 고객만족에 대한 투자가 어떻게 수익을 증가시키는지를 이해한다.
- 소유경험의 가치와 고객가치 패키지의 가치를 이해한다.
- 고객몰입과 수익창출에 대한 직원만족의 영향력과 중요성을 이해한다.

1. 고객만족의 이익

훌륭한 고객서비스에 대한 보상이 존재하는가

기업의 역량을 측정하고 개선하기 위한 프로그램을 시작하기 전에 많은 사람이 우리에게 던지는 질문은 기업이 '고객이 진정으로 중요하게 생각하는 것에 최선을 다하고 있는가'라는 것이다. 이론상으로는 고객이 중요하게 생각하는 부분에 최선을 다하는 것이 당연하다. 좋은 대우를 받은 고객은 반복구매와 추천을 통해, 그리고 예전보다 더 많이 소비함으로써 기업에 이익을 가져다 줄 것이다. 더불어 충성도가 높은 고객은 덜 가격지향적이어서 이들에게 물건을 파는 데 드는 비용은 경쟁자로부터 새로운 고객을 끌어오는 비용보다 훨씬 적게 든다. 행복한 고객은 기업이 보유할 수 있는 가장 값싸고 효율적인 홍보수단이라고 할 수 있다. 반대로 실망한 고객은 스스로 등을 돌릴 뿐만 아니라 다른 사람들에게 나쁜 경험을 퍼뜨린다. 고객충성도를 구축하는 데는 반복적인 긍정적 경험이 필요한 데 비해 평생 갈 적을 만드는 데는 단 두 번의 부정적인 경험이면 충분하다. 또 다른 기회는 많지 않다. 고객으로서의 여러분의 경험과 행동에 대해 잠시 생각해 보라. 그러면 그것이 사업상의 경험이건 개인적인 경험이건 위에서 말한 것이 사실이라는 것을 깨닫게 될 것이다.

2장에서 이미 말한 바대로 고객의 첫 거래는 고객이 평생 하게 될 거래총액에 비해 아주 작은 부분이다. 예를 들어, 4인 가족이 어떤 레스토랑에서 처음으로 외식을 하고 50파운드를 썼다면 그 액수는 그들을 유인하기 위해 쓴 광고비용보다 적을 것이다. 그러나 그들이 첫 방문에 만족해서 앞으로 20년간 2주일에 한 번 정도 이 레스토랑을 방문한다면 그들이 쓰는 비용은 26,000파운드가 된다. 고객이 미래에 소비할 26,000파운드 중 많은 부분을 여러분에게 쓰길 원한다면 고객을 아주 잘 대우해야 할 것이다. 직원들에게 이 고객이 50파운드짜리 고객이 아니라 26,000파운드의 가치가 있는 고객임을 잘 이해시키고 고객을 만족시키기 위해 노력하도록 만들어야 한다.

첫 거래는 고객과 기업관계의 극히 일부분이다. 자동차나 가전제품, 오락도구, 컴퓨터 같은 것을 살 때 첫 번째 구매는 그 제품과의 새로운 관계 시작을 의미하지만 판매원과의 관계는 종료된다. 정기적인 서비스가 필요하거나 문제가 생기면 판매원이 아닌 수리기사와의 관계가 시작될 것이다. 자동차 구매 후 3년쯤이 지나면 자동차 서비스 부서는 고객을 사로잡기 위해 무언가를 보여 줄 여러 기회를 얻을 수 있다. 이때 제대로 대처하지 못하면 다음에 또 다른 자동차를 팔려고 할 때 판매원의 모든 노력은 소용이 없게 된다. 두 번째 자동차를 팔 때 중요한 것은 판매원이 아니라 고객이 자동차를 소유하고 있는 동안 경험했던, 바로 그 소유경험(ownership experience)이다.

성공적인 기업은 고객과의 관계를 발전시키면서, 한편으로 변화하는 고객과의 관계를 회복할 고객관리 기술을 계획한다. 판매원들은 판매 전에 집중적으로 몰입해야 하지만 판매 후에도 때때로 고객을 챙기지 않으면 안 된다. 서비스 기사들은 고객들의 소유경험을 고양시킬 수 있도록 잘 훈련받아야 하고 동기화되어야 한다.

2. 고객만족과 수익 간의 연결고리

고객만족과 기업의 성공 간의 정적관계는 오랫동안 신뢰의 문제 때문인 것으로 알려져 왔다. 최근에는 이를 지지할 더 많은 증거가 발견되고 있다. 많은 기업의 사례가 기업의 수익은 고객만족에서 비롯되고, 고객만족은 다시 직원만족에서 나온다는 사실을 보여 준다.

그림4.1 **가치-수익 사슬**

이 요소들 간의 관계는 그림 4.1에 나타나 있다.

시장점유율은 수익률을 결정하는 가장 중요한 요인으로 간주되어 왔고, 규모의 경제가 비용을 줄이고 수익을 증가시킬 거라는 희망 때문에 많은 인수와 합병이 이루어져 왔다. 물론 어느 정도는 자연스럽게 그렇게 된다. 그러나 예외적인 경우가 더 많다. 시장점유율이 최고가 아닌 기업이 더 많은 점유율을 가진 회사보다 더 큰 수익을 내는 경우도 많다. 이 경우 시장점유율보다 고객충성도가 더 중요한 영향력을 발휘한다.

3. 고객유지와 수익증대

관련 연구들에 따르면 고객충성도가 5% 증가하면 기업수익이 산업별로 25~85% 정도 상승한다고 한다. 기존 고객을 장기간 유지하는 것이 새로운 고객을 유치하는 것보다 비용이 덜 든다는 것이 알려져 있기 때문에 수익의 상당 부분은 기존고객을 위해 사용되어야 한다 (그림 4.2).

그림4.2 **고객유지와 수익과의 연결**

그림 4.3 고객몰입이 고객유지를 촉진한다

4. 몰입고객이 장기고객이 된다

3장에서 설명했던 것처럼 고객충성도를 높여 고객을 유지할 수 있다는 믿음은 사실이 아니다. 상업적 거래에서는 충성심이라는 것이 존재할 수 없기 때문에 충성도 개념은 여기에 적용할 수 없다. 상업적 시장에서는 고객으로 남아 있는 것이 고객에게 정말 좋을 것이라는 사실을 입증할 책임이 공급자에게 있다. 이는 이익으로 고객을 설득하는 것이지, 고객에게 충성을 요구하는 것이 아니다. 따라서 반복구매나 추천, 가격민감도 완화와 같은 고객유지의 이익을 만들어 내는 고객의 정서를 표현하는 데는 '충성도'라는 단어보다 '몰입'이라는 용어가 더 적절하다. 나중에 설명하겠지만 몰입 수준은 낮으면서 그저 습관적으로 반복구매를 하는 고객은 명백하게 충성스러운 고객으로 보이겠지만 사실 이 고객은 경쟁자에게는 쉬운 타깃이 된다. 반면 몰입 수준이 높은 고객은 그들이 거래하고 있는 기존 기업이 경쟁자보다 자신의 요구를 장기적으로 더 잘 충족시켜 준다는 사실을 인식하고 있기 때문에 훨씬 덜 취약하다. 따라서 고객몰입은 고객유지의 가장 좋은 지표이다(그림 4.3). 15장에서는 이를 어떻게 측정할지를 설명한다.

5. 만족한 고객이 몰입수준이 높다

은행이나 사무용품 공급자, 통신업자, 자동차 제조업자 등 다양한 기업들이 고객만족과 고객몰입이 강력한 관계가 있음을 나타내는 자료들을 보여 주고 있다. 표 4.1은 영국의 스코틀랜드 로열 은행 자료인데, 비슷한 자료를 보여 주는 다른 기업들의 자료도 많다. 고객만족과 고객몰입의 관계는 고정적인 것은 아니다. 이 관계는 시장마다 다르고 동일한 산업

표 4.1 영국 은행에서의 고객만족과 고객몰입 간의 관계

고객이 말하는 만족수준	응답 후 충성비율
아주 좋음/매우 만족	95%
좋음/만족	65%
그저 그럼/만족하지도 불만족하지도 않음	15%
나쁨/다소 불만족	2%
매우 나쁨/매우 불만족	0%

내에서도 공급자마다 다르다. 15장과 16장에서는 이들 관계를 측정하고 모델을 만드는 시도를 할 것이다. 가격인하나 특별 인센티브 제공과 같은 단기적인 마케팅 활동들은 잠시 동안 고객을 유인할 수 있겠지만 진정한 고객만족을 창출해 내지는 못한다. 다른 요소들이 동일하다면 고객이 만족할수록 기업은 고객을 더 오래 붙잡아둘 수 있음을 보여 주는 증거들이 많아지고 있다.

6. 고객을 만족시키려면 그들이 원하는 것을 충족시켜라

고객을 만족시키려면 고객이 원하는 것을 충족시켜야 한다. '고객이 가장 중요하게 생각하는 것에 최선을 다해야' 한다. 말할 필요도 없이 당연한 것처럼 들리지만 실제로 많은 기업이 그렇게 하지 않고 있다. 고객을 오래 기다리게 하거나, 깨끗하지 않은 화장실을 사용하게 만들거나, 배달이나 서비스 약속을 지키지 않거나, 심지어 고객에게 매우 무례하게 행동하는 기업들이 많다. 많은 기업이 매년 수백 개의 소비자조사를 수행하고 있음에도 불구하고 아직도 이런 일이 발생한다. 불만족스러운 고객이 충성도가 낮다는 사실은 매우 분명하게 나타난다. 행복하지 않은 소비자는 다시 돌아오지 않을 가능성이 높고, 심지어 다른 사람이 고객이 되는 것도 방해한다.

고객가치 패키지는 공급자가 소비자에게 제공하는 일련의 혜택의 조합이다. 기업이 제공하는 고객가치 패키지가 고객의 욕구를 충족시킨다면 고객은 만족할 것이고, 그 제품에

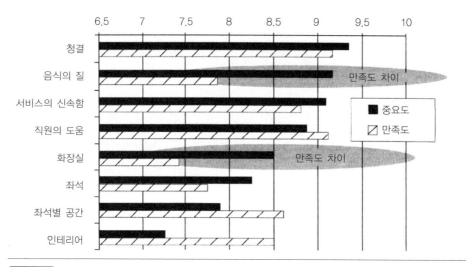

그림4.4 만족도 차이

대한 몰입 수준을 올릴 것이다. 만일 그렇지 못하다면 욕구와 성과 사이의 간격, 즉 만족도 차이(satisfaction gap)가 생기고, 고객만족수준과 고객몰입수준이 낮아질 것이다. 그림 4.4 는 고객이 중요하게 생각하는 것에 최선을 다하지 않은 기업의 사례를 보여 준다.

그러므로 고객만족조사의 기본은 고객가치 패키지를 반영해야 한다. 7장에서는 어떻게 고객조사에 이 요소들을 포함해야 하는지를 살펴볼 것이다. 2장에서 이미 설명했고 13장 에서 다시 더 자세히 살펴보겠지만, 고객의 시각으로 고객가치 패키지를 향상시키는 것은 여러 요소 중 몇 가지만 유의하게 개선함으로써 달성할 수도 있다. 이는 소비자의 욕구가 아직 충족되지 않은 중요한 분야로 개선우선순위(priorities for improvement : PFIs)라 부른 다. 이 책에 나온대로 고객만족측정에 대한 안내를 따라가다 보면 원하는 이익을 얻기 위 해 개선우선순위별로 얼마나 고객만족을 향상시킬 필요가 있는지를 결정할 수 있게 될 것 이다. 이에 대해서는 16장에서 자세하게 설명한다.

7. 고객가치 패키지를 실행하는 것은 직원이다

이 시점에서는 고객서비스를 실행할 사람들에 대해 언급하는 것이 필요하다. 어떤 기업은 직원을 채용할 때 특별한 지식이나 기술보다 고객지향성을 더 중요하게 생각한다. 이는 어

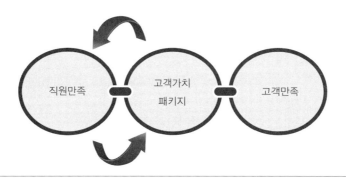

그림 4.5 고객가치 패키지는 직원만족과 연결되어 있다

떤 사람의 태도를 변화시키는 것보다 특정 기술을 훈련시키는 것이 더 빠르다고 생각하기 때문이다. 소비자중심적 접근을 수용해 온 조직들 내에서는 고객지향적 직원을 채용해 고객만족뿐만 아니라 업무효율성도 증대시켰다는 결과를 보여 주는 사례가 많다. 고객만족에 대한 동기를 가진 직원은 업무에서 보다 융통성을 발휘하고 실수를 덜 하며 좀 더 솔선수범하는 경향이 있다.

직원대체의 비용은 대개 채용과 훈련비용을 가지고 측정하지만 서비스업의 경우 생산성 감소와 고객만족수준 감소라는 비용이 더 큰 비중을 차지한다. 고객들은 그들이 잘 알고 있고 믿을 수 있는 사람, 업무에 전문적이고 잘 도와줄 만한 사람과 거래하는 것을 중요하게 생각한다. 때때로 고객들은 별로인 서비스를 감수하면서 돈을 절약하기보다는 믿을 만한 서비스를 받기 위해 더 많은 돈을 지불할 준비를 하곤 한다. 소비자의 입장에서 보면 거래하던 직원이 다른 부서로 가버리면, 여전히 같은 기업에서 일한다고 해도 어떤 문제가 생겼을 때 기존의 신뢰관계가 깨졌다고 느낄 것이다. 직원이동을 제한하는 것은 또 다른 문제를 발생시키기 때문에 어쩔 수 없이 이동이 이루어진 경우 고객의 좌절을 최소화하기 위해 기술이나 주요 지식을 체계적으로 확실하게 인계하도록 해야 한다.

직원만족은 종종 직원들의 업무역량과 관계가 있다. 회사의 절차나 비효율이 고객가치 패키지를 실행하기 어렵게 만든다고 직원들이 느끼게 되면 직원만족은 감소한다. 마찬가지로 동료나 다른 부서 때문에 고객가치 패키지의 가치가 감소한다고 느끼게 되면 직원들은 잘해 보고자 하는 동기를 잃어버릴 것이다. 고객가치 패키지 요소 사슬별로 내부고객을 만족시킬 수 있는 기업의 능력은 직원만족, 나아가 고객만족을 유지함으로써 성공을 거두는 데 있어 매우 중요한 요소이다(그림 4.5).

8. 결론

○ 고객만족에 대한 투자는 수익성을 향상시킨다.

○ 고객은 단 한 번의 구매액이 아니라 그들이 장기적으로 소비하게 될 총 구매액의 가치에 근거해 평가받아야 한다.

○ 마케팅 전략과 예산은 한 번의 매출을 증가시키기보다 고객이 기업과 좋은 관계를 맺도록 만드는 데 초점을 맞추어 집행해야 한다.

○ 재구매에 더 큰 영향을 미치는 것은 구매경험이 아니라 소유경험이다.

○ 고객만족이 고객몰입을 높이고 고객몰입이 수익성을 높인다.

○ 고객만족은 직원 충성도 및 직원동기화와 강한 관계가 있고, 이는 다시 직원만족으로 연결된다.

○ 내부고객에 대한 서비스 및 권한위임을 위한 조직의 철학은 직원만족에 큰 영향을 미친다.

05
고객조사의 목표

목표
- 확실하고 현실적인 고객만족조사의 목표를 정할 수 있다.
- 고객인식조사와 시장현황조사의 차이점을 이해한다.
- 어떤 고객인식조사나 시장현황조사가 비용면에서 가장 효과적인지를 결정할 수 있다.
- 고객만족측정 연구에 대한 계획을 세우고 일정을 계획할 수 있다.

고객만족측정의 목적을 생각하기 전에 먼저 해야 할 일은 우리가 측정하고자 하는 것이 무엇인지를 결정하는 것이다.

1. 무엇을 측정하는가

무엇을 측정하는가를 결정하기 위해 원래의 고객만족의 정의를 약간 바꾸어 보면, '고객만족은 일련의 고객들의 기대에 비해 해당 기업의 토털제품 성과수준이 어떠한지를 재는 척도'라고 할 수 있다. 이때, 두 가지 문제가 제기된다. 첫째는 '무엇이 토털제품인가?' 하는 것이고, 둘째는 '누가 그것을 정의해야 하는가?'이다.

고객가치 패키지

첫 번째 대답은 쉽다. 토털제품(total product)이란 고객의 인식에 기여하는 것은 무엇이든

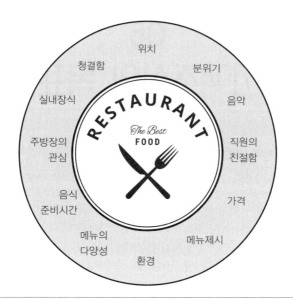

그림5.1 고객가치 패키지

지 포함하는 것이다. 기업의 이미지와 고객만족은 핵심제품(판매하고 있는 제품 자체) 외에도 다른 광범위한 요소들에 의해 영향을 받는다. 예를 들어, 레스토랑의 고객가치 패키지를 생각해 보자(그림 5.1). 레스토랑의 핵심제품은 분명히 음식이며, 사업 성공에 기여하는 주된 요인이다. 따라서 음식이 좋지 않다면 더 이상 생각할 필요도 없다. 고객만족과 재구매율이 낮을 것이고 얼마 안 되어 그곳에서 식사해 보지 않은 사람들에게조차 레스토랑에 대한 평판이 형편 없어질 것이다. 한편, 음식이 아주 맛있으면 그것만으로도 좋은 구전 효과로 레스토랑 토털제품의 다른 요인과 상관 없이 사업 성공을 보장할 만큼의 재구매가 이루어질 것이다.

그러나 극소수의 기업만이 이 극단적인 두 가지 경우에 해당된다. 고객만족의 전체적인 수준과 그로 인한 사업 성공은 대부분 많은 추가요인에 의한 것이어서 음식의 질만이 가장 중요한 요소는 아니다. 식사를 하는 고객들은 레스토랑의 실내장식이나 분위기, 직원의 상냥함, 서비스의 질과 효율성 등에 의해 영향을 받을 것이 분명하다. 아마도 주방장은 식사하는 고객들과 음식에 대해 이야기를 나눔으로써 음식의 가치를 더 높일 수 있을 것이다. 식단을 어떻게 제시하고 묘사하는가, 식단의 인쇄나 그래픽디자인의 질도 한몫을 할 것이다. 일부 식사고객에게는 레스토랑의 분위기나 이미지가 그 레스토랑을 '갈 만한 곳'으로 여기게 하는 중요한 요인이 될 수 있다. 따라서 토털제품이란 아주 다양한 형태로 나타난 다. 그러므로 고객만족측정이 의미를 가지려면 그림 5.2에서 나타난 것처럼 이 모든 요소 를 다 포함하여야 한다.

고객가치 패키지의 정의

두 번째 문제, 누가 토털제품을 정의해야 하는가는 간단히 대답하면 직원과 고객이 함께 해야 한다. 실제 방법은 보다 복잡하지만 7장에서 자세히 설명하고, 이 단계에서는 고객이 토털제품의 요소를 정의하는 데 반드시 참여해야 한다는 원칙을 세우는 것으로 충분하다. 결국, 기업 혼자 측정하려고 하면 고객이 기대하는 바와 어긋나게 될 것이다.

고객가치 패키지 대안들

몇몇 기업은 CSM의 기초로서 고객가치 패키지를 활용하지 않고 다른 세 가지 대안적 전 략을 사용한다. 우선 몇몇 기업은 그림 5.3에서와 같이 서비스 품질에 집중한다. 서비스 품 질이나 서비스 실천을 측정하는 것은 분명 중요한 일이다. 그러나 그 측정은 있는 그대로

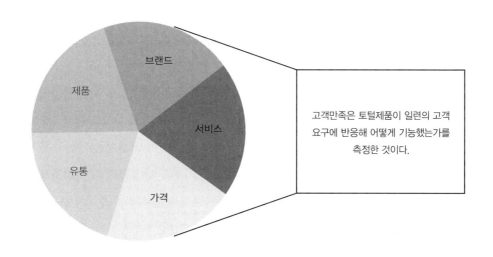

그림5.2 고객만족과 토털제품

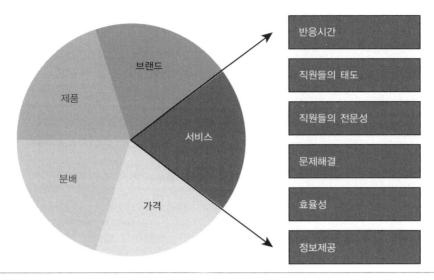

그림 5.3 서비스 품질 측정

의 것, 즉 서비스의 품질을 측정해야지 고객만족을 측정해서는 안 된다. 서비스 품질과 고객만족을 혼동하면 안 되는 것이다. 그 둘은 분명히 다른 것이다. 가령 매우 늦게 도착해 기차에 앉을 수도 없었던 승객은 만족스럽지는 않을 것이다. 그러나 기차역과 승무원에게서 받은 서비스에 대해서는 좋았다고 느낄 수도 있다.

　왜 기업들이 서비스 만족보다 서비스 품질을 측정하려고 할까? 그 이유 중 하나는 표 5.1에서 보듯이 고객가치 풀패키지는 기업이 통제할 수 없는 요소가 많지만 서비스 품질은 통제가 가능하다고 생각하기 때문이다.

　또 어떤 사람들은 통제 가능한 것만 측정해야 한다고 주장한다. 만일 직원들이 자신들이 통제할 수 없는 수퍼마켓 위치나 금융시장의 이자율 같은 것 때문에 고객이 불만족스러워한다고 느낀다면 동기화될 수 없을 것이라는 것이다. 게다가 기후처럼 완전히 통제 불가능한 요소라면 어떤가? 가령 CSM 연구에서 보듯이 기후와 강설량은 스키 리조트 고객의 만족도와 재방문 의도에 가장 결정적인 요인이지만 직원들은 기후를 통제할 수 없다. 그러나 안 좋은 기후 여건 때문에 고객이 불만족하고 이로 인해 고객을 잃게 된다면 적어도 회사는 그 사실을 알고는 있어야 한다. 그래야 안 좋은 기후 여건으로 인해 야기된 문제를 경감할 전략을 세울 수 있을 것이고, 나아가 더 좋은 기후 조건을 가진 또 다른 리조트에 대

표5.1 통제 가능한 요소 대 통제 불가능한 요소

통제 가능한 요소	통제 불가능한 요소
직원의 차림새 직원의 도움 정도 서비스의 신속성	위치의 편리함 화장실 설비 이자율 기후

표5.2 당연적 요소 또는 차별적 요소

당연적 요소	차별적 요소
안전성 청결 편리한 위치 적절한 주차시설 정시배달 품질의 일관성	서비스 효율성 직원의 친절성 직원의 도움 문제해결과정 기술적 서비스 현장판매 지원

항할 경쟁력을 개발할 수 있기 때문이다. 고객만족과 충성도를 완전하게 이해하려면 통제 가능한 요소뿐만 아니라 통제 불가능한 요소들도 모두 조사하고 이해할 수 있어야 한다.

세 번째 전략은 당연적 요소보다 차별적 요소에 집중하는 것이다. 표 5.2에서와 같이 항공서비스업에서 당연적 요소는 비행기의 안전이다. 그러나 비행기 안전은 고객들에게 당연히 중요한 문제지만 차별적 요소는 아니다. 항공사별로 안전에 대한 성과가 비슷하다고 인식되고 있기 때문이다. 비행기 안전이라는 요소는 항공사업을 하기 위해 그냥 필요한 필수 요소이지 차별화 요소가 아니다.

몇몇 사람들은 경쟁사들의 성과가 점점 차이가 나는 부분이 차별화 영역이기 때문에 당연적 요소는 아예 설문조사 항목에서 빼버려야 한다고까지 주장한다. 관리적 의사결정에서 더 중요한 요소는 차별적 요소이므로 설문조사도 거기에 초점을 맞춰야 한다는 것이다. 이 주장은 이론적으로는 그럴 듯하지만 실제로 실행하기는 쉽지 않다. 표 5.2에 있는 것처럼 많은 요소는 실제 당연적 요소에 대해서도 완벽한 성과를 내지 못하고 있기 때문이다. 많은 설문조사가 청결이나 품질의 일관성 같은 기본적인 요소에서조차 잘하지 못하는 기

업들이 많다는 증거들을 보여 주고 있다. 잘하고 있지 못하다면 그 사실을 반드시 알고 있어야 한다. 예를 들어, 항공사의 멋진 화장실은 새로운 고객을 끌어들이는 차별적 요소는 아니다. 그렇다고 화장실을 지저분하게 관리하면 고객을 잃게 된다. 더구나 고객의 인식은 종종 실제와 다르다. 가령 비행기 안전 같은 당연적 요소에서조차도 지나가버린 과거의 문제나 재앙이 항공기가 안전하지 않다는 인식으로 귀결된다. 그러한 오해가 있다면 그것은 반드시 알고 있어야 한다. 그러므로 고객조사는 당연적 요소와 차별적 요소를 모두 포함해야 하는 것이다. 어떤 고객의 요구가 가장 중요한 차별화 요소인지를 찾아내 줄 통계기법에 대해서는 13장에서 설명한다.

2. 고객조사의 일반적 목표

고객조사는 다음을 확인할 수 있어야 한다.

- 고객의 우선순위
- 고객의 인내범위
- 기업의 성과수준
- 고객의 우선순위와 비교한 성과수준
- 경쟁기업과 비교한 성과수준
- 개선우선순위

이를 보다 자세히 설명하면 다음과 같다.

고객의 우선순위

시장에서 성공하는 것은 고객의 욕구를 만족시키는 것이며 고객이 원하는 것을 제공하는 것이다. 그러나 6장에서 보게 되는 바와 같이 고객들의 욕구나 기대는 서로 같지 않아서 어떤 것은 특정 고객에게 훨씬 더 중요하다.

예를 들어 기차 여행을 하고 있다고 하면 정시 출발은 '대단히 중요'하고 여행 기간 내내 앉을 좌석이 있어야 하는 것은 '매우 중요'하며 가벼운 음료를 마실 수 있는가는 '대체로 중요'하지만 술을 마실 수 있는가는 전혀 중요하지 않을 수 있는 것이다. 만일 대부분의 여행객의 우선순위가 이 고객과 비슷하다면 기차 관리자는 제공되는 음식의 선택범위를 다양하게 하는 문제보다 기차가 제시간에 정확히 출발하고 도착하는 데 돈을 투자하는 것이 확실히 더 중요할 것이다.

물론 유사한 시장에서도 고객의 우선순위는 서로 상당히 다르다. 예를 들면, 장거리 비행에서는 위에서 예로 든 기차여행보다 음식이나 음료의 질과 다양성이 훨씬 중요할 것이다.

따라서 어떤 고객조사라도 고객만족 구성요소의 상대적 중요성을 반드시 확인해야 한다. 이를 모르면 기업이 '고객이 중요시하는 것에 최선을 다하기' 위한 의사결정을 내리기 어렵다.

고객의 인내범위

고객만족의 각 구성요소마다 고객이 인내할 수 있는 범위가 있다. 이것은 고객요구의 중요성과 직접적으로 관련이 있을 수도 있고 없을 수도 있다. 고객의 인내범위에 대한 연구는 고객이 이상적으로 생각하는 성과수준, 일상적인 기대수준, 도저히 받아들일 수 없는 수준 등을 모두 확인해야 한다.

기차이용의 예로 돌아가 보자. 어떤 고객의 가장 중요한 우선순위는 기차가 정시에 도착하는 것이고, 두 번째는 여행 내내 자리 확보가 가능해야 한다는 것이다. 보다 상세히 묻는다면, 이상적으로 생각하는 수준은 모든 기차가 정시에 도착하는 것이지만, 일상적인 기대수준은 이보다 낮아 아마 기차의 1/3은 몇 분 늦을 것이고, 그중의 일부는 상당히 늦을 것이라고 생각할 것이다. 아마도 10% 정도 늦는 것(2시간 여행 중 12분)은 받아들일 만한 수준이나 20%(24분) 늦는 것은 받아들일 수 없는 수준일 것이다. 좌석으로 말할 것 같으면 이상적인 수준은 예약하지 않았더라도 언제나 이용 가능한 것이고, 기대수준은 거의 항상 자리가 있는 것이다. 기대수준에서 10% 정도의 차이가 있다면 10번 여행 중 1번은 여행하는 2시간 내내 서 있어야 한다든가, 아니면 대부분의 여행 동안 12분간은 서 있어야 한다는 것을 의미하기 때문에 받아들이기 어려울 것이다.

따라서 고객우선순위의 상대적 중요성만으로 모든 것을 알 수는 없다. 기업의 성과수준에 대한 고객만족은 고객의 기대에 따라 영향을 받는다. 예를 들면, 점심시간에 슈퍼마켓에서 5분간 줄을 서서 기다리는 것은 받아들일 만한 수준이지만 은행에서 5분간 줄을 서서 기다리는 것은 받아들이기 어려울 것이다.

기업의 성과수준

고객조사의 가장 중요한 목적은 고객이 인식한 기업의 성과수준을 측정하는 것이다. 그러나 회사나 제품, 서비스 성과수준에 대해 고객에게 묻는 간단한 조사만으로 알아낸 것을 믿으면 안 된다.

엽서나 작은 용지에 고객이 직접 적어 넣는 조사유형이 이러한 속기 쉬운 함정에 속한다. 판매시점에서 자주 발견되는 것으로, 예를 들어 호텔에서 친절함, 신속성, 효율성, 음식의 질, 서비스 속도, 레스토랑 분위기 등을 '뛰어나다.', '좋다.', '그저 그렇다.', '나쁘다.' 등의 등급으로 표시하도록 고객에게 요구했다고 하자. 자, 만일 어떤 손님이 모든 성과수준에 대해 좋다고 표시했다면 이는 호텔관리에 대해 무엇을 뜻하는 것인가? 이는 단지 문제가 없다는 것으로 고객의 다음 번 구매에 핵심적인 역할을 할 결정요인에 대해서는 아무것도 알 수 없다. 첫째, 호텔의 성과수준이 어떻든 간에 고객의 기대나 우선순위와 비교해서 어떻다는 것인가? 둘째, 다른 비슷한 호텔의 성과수준과 비교해서 어떻다는 것인가? 손님은 다음에 호텔을 선정할 때 이 두 가지를 고려할 것이다.

자기 회사의 성과수준을 측정하는 것이 고객조사 대부분의 핵심목표일 것이다. 그러므로 조사설계는 고객의 우선순위와 경쟁기업의 성과수준을 함께 확인해야만 한다.

고객의 우선순위와 비교한 성과수준

모든 면에서 최고가 되기는 어렵다. 그리고 고객은 구매결정 시 어떤 점은 다른 점보다 더 중요하다고 생각하는 우선순위를 가지고 있다. 기업의 우선적인 목표는 '고객이 중요시하는 것에 최선을 다하는 것'이므로 고객조사는 이 목표를 찾아 내어 기업의 성공을 확인해야만 한다. 이렇게 하려면 조사설계에 두 가지 근본적인 요인을 포함시켜야 한다.

첫째, 조사설계 시 고객이 구매결정을 할 때 무엇을 중시하는가를 대답할 기회를 주어야 한다. 일반화된 성과수준을 판단할 수 있는 기준영역이 무엇이고, 그것이 고객에게 얼마나 중요한지를 알 수 있어야 하는데, 이 조사의 구성요소는 고객이 끌어내야만 한다.

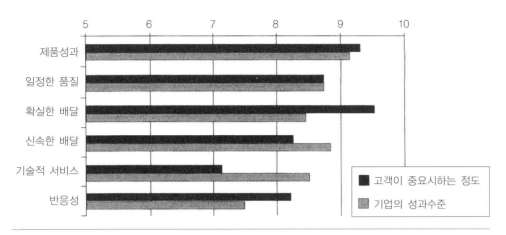

둘째, 고객들에게 이 각각의 기준영역이 얼마나 중요한지, 또 각 기준영역에서 이 회사의 성과수준이 어느 정도인지를 물어야 한다. 동일한 평가척도(11장 참조)를 이용하여 고객이 중요시하는 것과 기업의 성과수준을 비교할 수 있다. 이는 기업이 '고객이 중요시하는 것에 최선을 다하고 있는지 아닌지'를 확실히 알 수 있도록 해 줄 것이다.

그림 5.4의 6개 기준영역은 고객이 중시하는 것에 최선을 다하지 않는 기업을 보여 주고 있다. 고객의 최고 우선순위는 확실한 배달(배달 약속을 지키는 것)로, 10점 만점에 9.5점인데, 기업의 성과수준은 10점 만점에 8.4점으로 이는 6개 영역 중 두 번째로 낮은 점수이다. 따라서 이 기업은 고객이 중요시하는 것에 최선을 다하고 있지 않음을 알 수 있다. 이 기업은 신속한 배달에 더 자원을 사용하고 있음이 틀림없다. 그러나 이렇게 배달을 빨리 하려고 쥐어짜면 배달 스케줄이 복잡해질 것이고, 아마도 배달을 재촉하지 않는 대다수의 조용한 고객을 희생시키게 될 것이다. 이 고객은 고객조사에서 자신의 감정을 확실하게 정리할 수 있을 것인데, 배달 약속이 지켜지기만 하면 배달이 좀 늦더라도 좋다고 생각할 것이다.

경쟁기업과 비교한 성과수준

고객만족측정에서 확실한 것을 얻어 내려면 기업과 가장 경쟁적인 관계에 있는 다른 기업의 성과수준과 해당 기업의 성과수준을 비교할 수 있어야 한다. 기업은 24시간 내에 서비

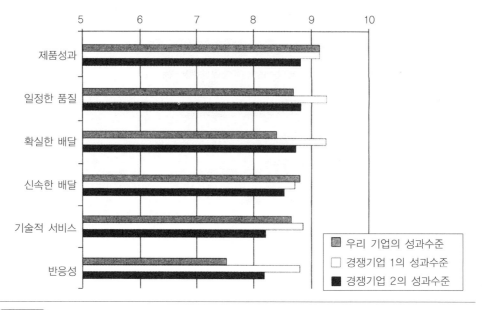

그림 5.5 경쟁기업과의 비교

스 요청전화에 응대할 수 있는 능력이 있다는 것에 진정 만족하고 이를 달성하기 위해 많은 노력을 기울였을지도 모른다. 그러나 고객은 경쟁업체로부터 똑같이 하루 안에 서비스를 받을 수 있으면 이런 점을 그리 높게 평가하지 않을 것이다.

한 업체의 고객만족은 다른 업체가 무엇을 제공하느냐에 따라 영향을 받는다. 한 지역의 어떤 음식점에는 어른들이 야외 탁자에서 마시고 있을 동안 어린이들이 이용할 수 있는 그네와 미끄럼틀이 있는 넓은 풀밭이 있다. 여러 해 동안 부모들은 이런 시설에 아주 만족해 왔다. 그런데 최근 같은 지역의 음식점 하나가 실내 가족실은 물론 더 넓은 어린이 놀이방을 만들었다. 그 결과 부모들의 기대수준이 높아지게 되었고, 그 음식점이 예전과 같은 성과수준을 유지하는데도 그것을 더 이상 높이 평가하지 않게 되었다. 그림 5.5는 한 기업의 성과수준을 다른 기업과 비교한 것이다. 물론, 모든 업체의 성과수준은 동일한 성과판단 기준영역에 의해 동일한 척도로 측정되어야 한다. 이 예는 10점 만점으로 측정한 결과이다.

개선우선순위

지금까지 설명한 다섯 가지 조사목적은 고객조사를 통해 경영의사결정을 내리는 데 필요한 믿을 만한 근거를 얻기 위한 것이었다. 여섯 번째 목표는 이러한 의사결정을 내리고 행동을 취하는 것과 관련된 것이다.

만일 고객만족측정이 학문적 관심 이상의 것이고 행동으로 연결되어야 한다면 그것은 어떤 행동인가? 기업이 고객만족을 향상시키기 위해 받아들인 방법이 제한된 자원과 시간을 가장 잘 사용하는 방법이라는 것을 어떻게 확인할 수 있는가? 제대로 설계되지 못한 조사로는 성과수준이 가장 낮게 평가된 영역을 향상시키려고 할 것이고, 이것이 사실 맞는 일일 수도 있다. 그러나 이 장에서 설명한 모든 조사목표를 포함한 잘 설계된 조사는 완전히 다른 개선우선순위(priorities for improvement : PFIs)를 확인할 수 있도록 해 준다.

개선우선순위를 자세히 보기 위해 그림 5.6을 검토해 보자. 이 그림은 그림 5.4와 그림 5.5를 합성한 것이다. 성과수준이 가장 낮은 것은 '반응성'이다. 따라서 이 영역의 고객만족도가 가장 낮을 것으로 생각하고 이 영역의 서비스 개선에 최우선 순위를 둘 것이다. 그

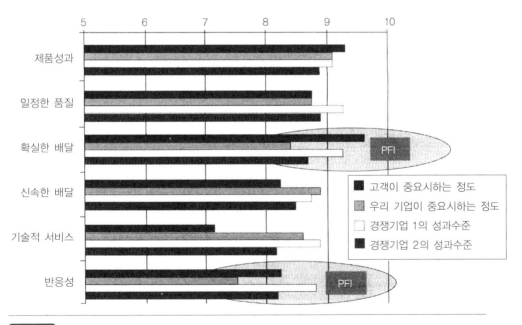

그림5.6 개선우선순위

러나 좀 더 자세히 들여다보면 첫 번째 개선우선순위는 '확실한 배달'이다. 이 영역은 고객의 기대수준이 가장 낮고 경쟁업체와 가장 차이가 있는 영역이다. 이런 단순히 숫자화된 평가척도를 사용하여 그 결과를 그림으로 나타내면 성과수준이 낮은 부문과 높은 부문을 한눈에 쉽게 알 수 있다. 기술적 서비스와 신속한 배달(이 중 어느 것도 고객이 중요시하지 않는다)에 과잉투자하고 배달 약속을 지키는 데에는 충분히 노력하지 않았다는 것이 확실하다. 또한 경쟁기업 1은 '고객이 중요시하는 것에 최선'을 다하는 성공적인 기업이며, 아마 그 결과 시장점유율이 가장 높을 것이다.

3. 고객인식조사 또는 시장현황조사

기업이 직면한 공통적인 어려움은 '고객의 인식조사'를 현재 고객에게만 간단히 실시할 것인지, 아니면 보다 복잡하게 시장현황조사를 실행할 것인지를 결정하는 것이다. 후자의 경우는 경쟁기업의 성과수준까지 평가하기 위해 시장에서 모든 구매자의 표본이 필요하다(그림 5.7).

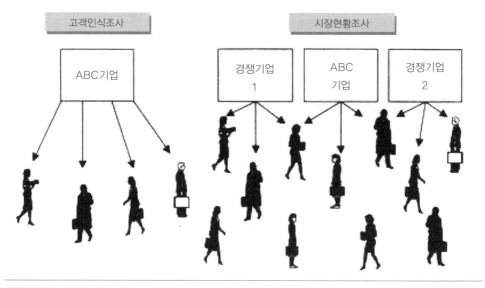

그림 5.7 고객인식조사 또는 시장현황조사

고객인식조사

고객인식조사는 현재 고객의 만족을 유지함으로써 목표를 달성할 수 있는 기업들에 가장 바람직하다. 고객인식조사는 경쟁대상이 거의 없는 공공부문 기관에 적합하고, 사실 전문 서비스를 제공하면서 기존고객의 반복구매에 크게 의존하는 사기업 부문의 많은 서비스 영역에도 적합하다. 만약 치과의사나 사무 변호사가 고객만족측정을 정말 고려하고 있다면 (그러나 대체로 이들은 이를 고려하고 있지 않다) 고객인식조사를 수행하도록 권하고 싶다. 고객만족이 판매나 소비 시점에서 측정되는 경우, 고객의 가장 최근 거래에 초점을 맞추는 고객인식조사가 폭넓게 이용된다.

기업의 어떤 관리자는 시장현황조사보다 고객인식조사에 더 관심을 가질 수도 있다. 좋은 품질과 좋은 서비스를 제공하는 능력을 모니터링하는 데 관심 있는 품질 관리자와 고객 서비스 관리자는 기존고객 조사를 통해 자기 기업의 성과수준을 적절히 검토할 수 있다. 사실, 많은 ISO 9000 평가단은 등록된 기업에 품질관리 시스템이 정말 잘 작동되고 있는지 알기 위해 고객만족측정을 하도록 격려하고 있다. 고객인식조사는 이런 목적에 적합하다.

그림 5.4에서 보듯이 개선우선순위는 고객의 우선순위와 기업의 성과수준을 비교하여 확인할 수 있고, 그 자료는 오랜 기간에 걸쳐 벤치마킹 근거로 종종 사용되곤 한다. 만약 개선우선순위에 대해 효과적인 행동이 취해진다면 고객유지율이 높아지고 기업의 이익도 증가할 것이다. 고객인식조사의 또 다른 장점은 시장현황조사보다 훨씬 쉽고 때로 자기기입식 설문지로 할 수 있다는 것이다. 따라서 기업이 직접 고객조사를 실시하려고 하면 고객인식조사를 하는 것이 좋다.

고객인식조사는 다음과 같은 데 이용할 수 있다.

- 토털제품에 대한 고객만족측정
- 고객의 기대와 비교한 기업의 성과수준 측정
- 개선우선순위 확인
- 벤치마킹 개선자료 제공
- 고객유지율 향상
- 고객의 평균 구매액 산출

- ISO 9000 평가단을 위한 측정

   그러나 고객인식조사의 단점 중 하나는 기업이 택한 자신의 기존고객에게만 설문조사를 한다는 것이다. 고객이 그 기업을 선택했다는 것은 다른 곳에서 얻을 수 있었던 서비스보다 그 기업의 서비스를 선호했다는 것을 의미한다. 따라서 대부분의 다른 고객에게 기업이 어떻게 보여지는지를 알기는 어렵다. 이런 내용은 시장현황조사를 통해서만 얻을 수 있다.

시장현황조사

시장현황조사는 고객만족측정에 두 가지 차원을 더한다. 첫째, 제품과 서비스의 모든 구매자(사용자)를 대표하는 표본을 포함한다. 따라서 그 기업이 어떻게 인식되고 있는지를 보다 객관적으로 보여 준다. 둘째, 고객이 그 기업을 어떻게 인식하고 있는지뿐만 아니라 경쟁기업을 어떻게 인식하고 있는지도 알 수 있다. 대부분의 기업의 경우는 시장현황조사를 해야만 시장에서 그 기업이 어떻게 해 나가고 있는지를 알 수 있게 될 것이다.

   사실 훌륭한 시장현황조사는 고객이 정의한 경쟁업체의 전체 성과수준을 나타내는 해당 산업의 '리그테이블'을 만들 수 있다. 전체 '리그테이블'을 만들 수 있을 뿐 아니라 고객만족의 개별요소를 보고 경쟁기업보다 더 잘 하는지 못 하는지도 알 수 있다. 또 간단한 통계를 이용하여 경쟁기업의 성과수준을 업체규모별, 최종 사용자 산업별, 소재지별, 의사결정단위별(6장 참조) 등 각 하위단위별로도 확인할 수 있다. 이런 기술은 집단 대 집단에 기초하여 마케팅 전략을 정교하게 맞추어 나가는 데 필요한 방대한 자료를 제공한다. 시장현황조사는 기업의 이미지를 경쟁기업의 이미지와 비교하는 데 유리하지만 그 궁극적인 목표는 시장점유율을 증가시키는 데 이용하기 위한 것이다. 이는 판매·마케팅 관리자 대부분과 일반적인 경영책임을 맡고 있는 사람들이 가장 관심을 두고 있는 일일 것이다.

   시장현황조사는 다음과 같은 데 이용될 수 있다.

- 고객인식조사의 모든 목적달성
- 경쟁기업의 성과수준 순위 매김
- 구체적인 고객요구에 대한 성과수준 비교

- 다른 세분시장에서의 공급자의 성과를 평가
- 여러 기업 간의 이미지 비교
- 시장점유율 증진

시장현황조사가 가진 큰 단점은 조사설계가 복잡하고 시간이 걸리며 어느 정도의 연구수행 능력이 필요하다는 것이다. 만일 해당 기관이 이런 능력을 가지고 있지 못하다면 외부기관에 의뢰해야 하고 비용이 들게 된다. 이제 외부기관에 맡길 것인지에 대한 문제를 생각해 보고, 또 그와 함께 시장현황조사를 수행하기 전에 조사가 어떤 기업을 위해 행해지고 있는지를 응답자에게 알려야 할지 말아야 할지에 대한 결정을 해야 한다.

시장현황조사는 대체로 외부 조사기관을 통해서만 제대로 수행될 수 있다.

외부 조사기관의 이용

시장현황조사가 외부 독립조사기관에 의해 가장 잘 수행될 수 있는 이유는 두 가지이다. 첫째, 독립적이고 훈련된 면접자가 훨씬 객관적인 결과를 도출해 낸다. 그러나 해당 회사 직원은 아무리 객관적이려고 노력한다 해도 판매자와 구매자 사이의 면접을 왜곡시킬 수밖에 없다. 특히 가격 같은 민감한 문제에 대해서는 더욱 그렇다. 둘째, 많은 고객은 한 기업의 성과수준을 다른 기업과 이야기하고 싶어하지 않지만, 대부분의 고객은 자신의 의견이나 평가가 독립기관을 통해 새어 나가지 않는다고 일단 믿으면 훨씬 더 솔직하게 독립적인 조사기관의 조사에 응한다. 그 결과, 독립적인 조사기관은 기업 내부직원보다 확실히 더 많은 정보를 확보할 수 있다.

외부기관을 이용하려면 물론 상당한 비용을 부담해야 한다. 따라서 단순히 예산제약 때문에 외부기관의 서비스를 이용할 수 없어 회사직원을 써야 할 때에는 고객인식조사에만 이용하라. 이런 경우에 정기적으로 고객을 방문한다는 이유로 판매원들에게 고객조사를 시키는 경향이 있다. 실제 판매원들은 고객과 지나치게 가깝고 현재 판매관계를 떠날 수가 없으므로 객관적인 결과를 얻어 내기 가장 어려운 사람들이다. 따라서 스스로 조사를 수행하는 경우에는 자기기입식 설문지(9장 참조)를 이용하고, 직접면접이나 전화면접을 할 경우에는 일상업무 중 고객과 별로 직접적인 접촉을 하지 않는 직원을 이용하는 것이 바람직

표 5.3 내부직원을 이용할 것인가, 외부기관을 이용할 것인가?

구분	내부직원 이용	외부기관 이용
비용	적게 든다. 이것이 내부직원을 이용하는 가장 큰 이유이다.	고객만족측정 연구를 제대로 수행하려면 상당한 비용이 필요하다.
객관성	결과의 객관성 문제가 내부직원 이용방법의 가장 큰 단점이다.	가장 객관적인 결과를 얻을 수 있고, 특히 시장현황조사의 경우에 그렇다.
조사 전문가	시장조사 전문가를 고용하지 않는다면 적합하지 않을 것이다.	최신 연구방법이 적용될 것이다.
포커스그룹	숙련된 운영자가 없으면 포커스그룹을 진행하는 것은 현명하지 못하다.	포커스그룹 모집과 진행에 경험이 있다.
면접	기본적인 훈련을 하면 자체 직원을 이용할 수 있다.	필요하면 면접을 빨리 할 수 있는 자원이 있다.
분석과 보고	적합한 스프레드시트 사용능력이 있으면 내부직원으로 가능하다.	결과분석과 제시에 전문 소프트웨어와 기술을 이용한다.
제품지식	기업 내부에 풍부하며 고도로 복잡한 제품에는 필수적이다.	복잡한 제품은 높은 비용의 학습곡선
표집	8장에 있는 조언을 제대로 따른다면 내부에서 가능하다.	외부 데이터베이스를 이용하려면 기관에 의뢰해야 할 것이다.
설문지 설계	적절한 전문적 능력이 내부에 없을 수도 있다.	설문지 타당성을 확실히 하는 데 도움을 받을 것인데, 이는 자기기입식 설문지 응답을 극대화하고 SIMALTO 척도 같은 고급기술을 사용할 때는 필수적이다.
신뢰성	특히 자체 직원으로는 신뢰성이 결여될 수 있다.	신뢰성 있는 외부 조사결과로 내부변화를 끌어낼 수 있고 마케팅 커뮤니케이션에 이용될 수 있다.

하다. 많은 회사들이 이런 방법으로 고객인식조사를 거의 완전히 해내고 있다.

전문적인 조사방법을 이용하면 고객만족측정의 모든 면을 얻을 수 있다. 이런 점은 포커스그룹(7장 참조)에서 확실한데, 이 방법은 반드시 숙련된 운영자가 진행해야 하고 정확한 표집(8장 참조)과 설문지 설계, 분석 등도 전문가가 해야 한다.

한정된 예산을 가진 기업이 선택할 수 있는 다른 방법 중 하나는 포커스그룹이나 면접 시에 부분적으로 외부 전문가를 이용하는 것이다. 또 다른 하나는 직원을 고객만족측정에 관한 전문적 훈련과정이나 워크숍에 참여시켜 기술을 향상시키고, 설문지 설계나 개선우선순위를 정하는 등의 핵심영역에는 비용을 내고 자문을 얻는 것이다. 표 5.3에는 내부직원 등을 이용하는 것과 외부기관을 이용하는 것의 장단점이 제시되어 있다.

어떤 기업은 조사규모와 조사과제의 복잡성 정도에 따라 내·외부 조사를 적절히 혼합해서 사용한다. 예를 들면, 퍼스트 다이렉트 은행은 1년에 4번 고객만족조사를 한다. 처음 3회는 우편으로 기존고객을 대상으로 조사하는데, 자체 내에서 수행한다. 4회째는 시장현황조사로 외부기관에 의해 수행된다. 이는 고객의 우선순위를 다시 벤치마크하기 위한 것이다. 조사결과와 고객 코멘트는 은행의 광고나 다른 판매촉진 활동에 사용된다.

조사자 공개

고객인식조사는 한 기업만 관련되어 있기 때문에 응답자는 물론 어떤 기업이 조사를 하고 있는지 알게 된다. 이 점은 기업이 스스로 조사를 하든 외부기관에 의뢰하든 마찬가지이다. 한편, 시장현황조사에서 조사의뢰 기업의 이름을 응답자에게 알리는 것은 장단점이 있다.

조사의뢰 기업의 이름을 알리지 않는 것의 가장 큰 장점은 객관적인 결과가 보장된다는 것이다. 실제, 1980년대에는 조사의뢰 기관이 익명일 때에만 의미 있는 시장현황조사가 가능하다고 알려져 있었다. 여러 해가 지나 고객만족측정에 대한 경험이 쌓이면서 그러한 생각은 변하고 있다.

조사의뢰 기업의 이름을 알리지 않는 경우 두 가지 중요한 단점이 있다. 첫째, 모든 시장을 거의 다 포괄하는 조사를 수행하면서 조사 크기가 커지면 응답자의 참여의사를 얻기가 점점 더 어려워진다는 것이다. 익명으로 조사를 할 경우 협조를 얻기 위해 시간과 노력을 더 들여야 한다. 그런데 이것보다 더 중요한 것은 응답 거절자가 상당히 많아져 표집의 정확성을 잃을 위험이 있다는 것이다. 8장에서 보게 되는 것처럼 정확한 표집은 의미 있는 고객만족측정 실행에 필수적인 요소의 하나이다. 조사의뢰 기업의 이름을 알리지 않고 조사하는 경우의 두 번째 문제는 이름을 알리지 않고 계속 반복측정하기가 어렵다는 점이다. 특히 많은 기업이 있는 시장에서는 비밀을 유지하기가 쉽지 않아 더욱 그렇다. 사실상 매년 수행하는 시장현황조사는 동일 산업시장 내에서 익명성을 유지하기가 거의 불가능하다. 익명을 유지할 수 있는 유일한 방법은 시장규모나 추세조사 등과 같이 무역협회의 도움을 받아 산업 공동조사를 개발하는 것이다. 이런 접근법의 단점은 물론 경쟁업체가 동일한 자료를 받게 된다는 것이다.

그러므로 완전히 타당성 있는 시장현황조사는 조사의뢰 기업을 공개하고 제3의 기관에 의해 수행될 때 가능하다고 말할 수 있다. 대부분의 고객은 자신의 응답내용에 대해 비밀을 지킨다고 확실하게 말하는 객관적이고 전문적인 면접자에게 여러 업체에 대한 자신의 인식을 기꺼이 말할 준비가 되어 있다.

4. 고객조사 프로젝트 설계

모든 프로젝트와 같이 고객만족측정 연구에서도 간단히 요약된 목표와 목표달성에 의한 계획이 세워져야 한다. 이 계획은 고객만족에 대한 정보수집 방법을 한 가지 이상 포함할 수 있다(9장의 고객만족의 지속적 측정과 정기적 측정에 대한 논의 참조). 표 5.4는 어떤 회사의 훈련부서를 위한 계획의 예이다(계획의 구성요소에 관해서는 나중에 더 자세히 논의한다).

또한 고객들이 조사에 자주 참여하도록 조사 전후에 조사진행 상황에 대한 중간 보고서를 보내야 하며, 연말에는 완성된 보고서를 보내도록 한다. 이것은 고객만족에 관한 또 하나의 원칙 — 고객이 기업의 개선사항을 이미 알고 있으리라고 가정하지 마라. 고객에게 직접 이야기하라! — 에 따른 것이다.

5. 결론

○ 고객만족의 구성요소를 정하는 데 고객을 참여시켜라.
○ 고객만족측정이 제대로 이루어지려면 다음 사항을 확인할 수 있어야 한다.
  - 고객의 우선순위
  - 고객의 인내범위
  - 고객이 인식하는 기업의 성과수준
  - 고객의 우선순위와 비교한 기업의 성과수준

표5.4 고객만족측정 프로젝트 계획

리더십 요소			
2006년 고객만족측정			
목표	1. 고객의 지속적인 만족을 추적 2. 문제를 진단하고 신속하게 해결 3. 고객의 우선순위를 확인 4. 자사기업 성과에 대한 고객인식 확인 5. 개선우선순위를 결정하고 실행		
과제	**핵심사항**	**날짜**	**실행**
탐색적 조사	심층면접 주제 선정 12명 심층면접(대상자 선정 및 면접 시행)	3월	NH/GR
탐색적 결과	짧은 보고서 작성	4월	GR
설문지 설계	고객의 우선순위, 성과인식, 고객충성도, 고객코멘트	4월	GR
표집	회사규모와 매출액, 담당업무에 따른 층화표집	4월	NH
면접자 선정	면접을 시행할 제3자 선정 및 일정 약속	4월	NH
고객초청	편지 보내기 : 조사목표와 내용설명	4월	JN
고객조사 시행	전화조사로 시행	5월	외부기관
내부조사	직원들을 대상으로 자기기입식 설문조사	5월	GR
분석	SPSS	6월	JW
내부보고	보고서 작성, 프레젠테이션, 워크숍	6월	GR
차후 행동 개발	개선우선순위 실천 행동 개발	6월	GR/JN/JW
고객에 대한 피드백	감사인사 및 짧은 결과보고	6월	GR
내부고객 리뷰	개선우선순위 실행 여부와 진행경과 리뷰	매월	GR/JN/JW
고객 업데이트	고객을 위한 개선결과 리포트	12월	GR
지속적 추적	개선결과와 과정을 확인할 지속적인 연간 조사	2007년 5월	GR

- 경쟁기업과 비교한 성과수준

- 개선우선순위(PFIs)

○ 고객인식조사는 한 기업만 관여하여 해당 회사고객만을 대상으로 만족을 측정하는 것이다. 이 방법은 경쟁이 심하지 않은 산업환경에 적합하고 기업이 자체 수행하는 경우가 많다.

○ 시장현황조사는 고객인식조사보다 경쟁적인 시장에서 좀더 의미 있는 조사방법이다. 대표성 있는 고객표본을 뽑아 해당 시장에서 여러 기업의 성과수준과 이미지에 대한 인식자료를 모으는 것이다. 이 방법은 외부기관을 활용할 필요가 있는데, 최소한 시장현황조사의 면접부문은 외부기관에 의뢰해야 한다.

○ 고객만족측정 연구가 효과적으로 이루어지려면 세심한 계획과 정밀한 스케줄이 필요하다.

06
고객행동의 이해

목표
- 개인고객과 기관고객의 구매행동의 차이점을 이해한다.
- 고객만족을 측정하기 전에 구매행동을 상세히 이해하는 것이 중요하다는 것을 깨닫는다.
- 구매행동의 차이에 따라 고객만족측정 방법이 어떻게 달라져야 하는지 이해한다.

2장에서 본 바와 같이 제품과 서비스에 대한 고객만족의 상당 부분은 소비하기 전에 이미 결정된다. 제품과 서비스에서 얻을 수 있는 이익에 대한 고객의 기대는 구매 전에, 때로는 구매 중에 형성된다. 그리고 제품 성과수준은 이 기대에 비추어 항상 구매 후에 판단된다. 고객만족측정에 참여하는 사람은 누구나 고객의 구매의사결정 과정과 평가과정을 상세히 이해해야 한다.

이 의사결정 과정은 개인구매인지 기관구매인지에 따라, 또 의사결정의 복잡성 정도에 따라 다르다. 고객만족측정이 성공하려면 구매결정에 관여하는 여러 사람들에 관한 정확한 정보를 얻어야 한다. 기관구매의 어떤 경우는 소위 의사결정단위가 굉장히 크기 때문에 고객조사에서 의사결정자들의 견해를 수용하는 것이 꼭 필요하다.

1. 개인고객의 구매행동

개인이 구매의사결정을 내릴 때 취하는 단계는 단순하게 보이지만 이 과정에는 여러 가지

단계가 포함되어 있다(그림 6.1). 이 과정을 각 단계별로 좀 더 자세히 검토해 보자.

욕구인식

매일매일의 일상생활에서 사람들은 따뜻함과 음식(생물학적 욕구), 직업만족이나 사회적 지위(심리적 욕구) 등에 대한 여러 가지 욕구를 느끼고 있다. 소비자는 구매의사결정 이전에 먼저 이런 욕구의 존재를 인식해야만 한다. 이 단계는 때로 '문제인식'이라고 불린다. 일단 소비자가 이 욕구를 느끼면 이 욕구의 만족을 위해 동기화된다.

욕구는 내부 또는 외부자극에 의해 환기될 수 있다. 예를 들면, 배고픔은 식사 후 오랜 시간이 경과하면 순수히 내적 원인으로 발생되지만 빵집을 지나면서 외부자극에 의해 느껴지기도 한다.

상품 판매자는 광고와 같은 수단을 통해 욕구를 자극하려고 노력한다. 1970년대 후반에 광고에서 비디오 레코더의 존재와 그 이점을 알리기 전까지 소비자는 그 상품에 대한 필요성을 느끼지 못했다. 일단 욕구를 인식하면 이를 충족시키려는 강한 힘을 느끼게 되는데,

그림6.1 **개인 구매자의 의사결정 과정**

이것이 소위 **추동**(drive)이라는 것이다. 따라서 기업이나 기관들은 경쟁업체 제품보다 자기들의 제품을 선택하게 된 고객들의 추동이 무엇인지를 이해해야만 한다. 자동차 구매를 예로 들면 사람들은 운송수단에 대한 욕구, 지위에 대한 욕구, 자극에 대한 욕구 등을 충족시키고자 자동차를 구매할 것이다. 기업들은 시장에서 자신들의 제품과 서비스를 판매하기 위해 잠재적인 고객을 끌 수 있는 방법으로 이러한 판매촉진 기술을 이용한다.

정보탐색

일단 욕구나 문제를 인식하면 이를 해결하고자 할 것이다. 배고픔을 느낄 때 비스킷을 먹는 것처럼 문제가 바로 해결되는 때도 있다. 어떤 때는 문제가 보다 복잡하여 문제해결을 위해 정보를 탐색하기도 한다(그림 6.2).

　정보를 탐색하려고 할 때 첫 번째 정보원은 기억창고이다. 만일 자동차에 새로운 배기장치를 구입하려는 욕구가 있으면 첫 번째 떠오르는 생각은 대부분 지난번과 같은 방법으로 문제를 해결하려는 것일 것이다. 어디에서 새로운 배기장치를 설치했었는가? 그때 한

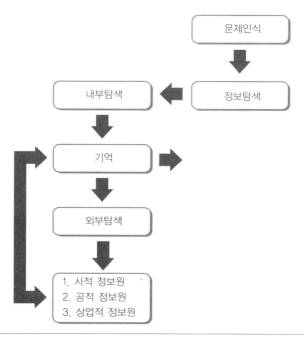

그림6.2　문제해결 : 정보탐색

것이 잘 되었는가? 서비스는 효율적이었는가? 가격은 합당했는가? 기억내용이 괜찮다면 그것으로 끝난다. 평가단계를 건너뛰고 지난번과 같은 업체에 의뢰하기로 결정할 것이다.

여기에 고객만족측정을 위한 중요한 의미가 있다. 개인의 기억은 종종 실제 무슨 일이 있었는지에 대해 믿을 만한 지침이 되지 못하고 어떤 일에 대한 주관적 인식은 보통 사실을 확인할 필요를 그리 크게 느끼지 않는다. 우리는 종종 기억하기로 선택한 것들만을 기억한다. 특히, 좋은 경험보다 나쁜 경험을 더 생생하게 더 오래 기억하는 경향이 있다.

그러나 개인고객은 이 모든 것에 만족할 것이다. 사건에 대한 고객의 인식이 바로 현실이고 그 개인에게 재화나 서비스를 팔고자 하는 판매자에게도 현실이 된다. 그러나 때로는 정보탐색 과정이 보다 길어질 수 있다. 기억 속에 저장된 정보가 자동차 배기장치에 대한 의사결정을 내리기에 충분하지 않을 수도 있다. 이런 경우라면 외적 정보원에게 눈을 돌릴 것이다. 두세 업체에 가격을 물을지도 모른다.

그러나 전에 배기장치를 바꾼 적이 없으면 어떻게 되는가? 한 가지 대답은 외적 정보원을 찾는 것이다. 세 가지 정보원을 생각해 보자. 사적 정보원을 이용할 수 있는데, 친구나 옆집 사람 중 이런 종류의 구매에 경험을 가진 사람이라면 좋은 조언을 해 줄 수 있다. 또는 직업별 전화번호부를 참고할 수도 있다. 어떤 제품은 *Which?* 같은 소비자 잡지가 좋은 정보원이 될 수도 있다. 이러한 정보원은 다양한 제품에 대한 좋은 비교자료를 제공한다. 마지막으로 상업적 정보원을 이용할 수 있다. 이 경우 지역신문의 배기장치센터 광고에 주로 의존하게 될 것이다. 이 중 몇 곳에 전화를 걸어 서비스 내용과 배기장치의 종류, 보증기간과 가격 등을 물어볼 수 있다.

새로운 배기장치의 구매는 정보탐색 시간이 아주 제한되는 긴급한 사안이 아닐 수 있다. 그러나 어떤 상품은 구매자에게 아주 중요한 것일 수도 있다. 고객은 바른 결정을 내리기 위해 정보탐색 단계에 상당한 시간을 소비할지도 모른다. 탐색기간 내내 적극적인 탐색을 하는 것은 아니지만 관심이 고조된 상태일 것이다. 다시 말하면, 광고든 신문기사든 일상대화든 욕구와 관련된 어떤 정보라도 주의 깊게 들을 것이다.

대안평가

지금까지 욕구충족을 위한 많은 대안이 있음을 확인했을 것이다. 이제 이러한 대안들을 평

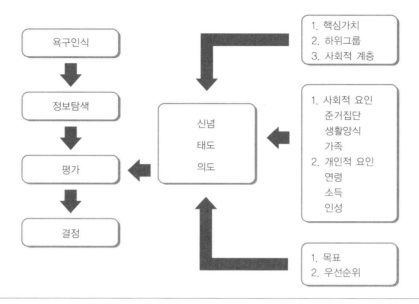

그림6.3 대안평가

가해야 하는데(그림 6.3), 이 평가과정에는 각 대안이 얼마나 욕구를 잘 충족시킬 수 있을 지 결정하는 것을 포함한다. 이 과정은 각 대안의 장단점을 다른 대안과 비교하는 매우 객관적인 과정일 것이며, 어떤 사람은 평가에 도움이 되는 자료를 모으기도 한다. 그러나 개인이 아무리 객관적이려고 하여도 주관적인 요인이 평가과정에 영향을 미친다. 이 일련의 주관적인 요인은 보통 평가단계에서 신념, 태도, 의도 등에 의해 영향을 받는다.

신념 신념은 강하게 확립된 견해로 종종 개인이 속한 국가나 인종 같은 하위그룹과 사회적 계층의 가치관에 근거하고 있다. 신념은 많은 의사결정 행동의 기초를 형성하며 보통 표현하기 어렵다. 신념은 물론 사회적, 정치적, 종교적인 것이지만 상업적인 예를 하나 들면, '잘 알려지지 않은 상표의 제품보다 유명상표 제품의 품질이 더 좋다.'와 같은 것이 있다.

태도 개인에게 내재되어 있는 신념은 구체적 사건이나 제품, 서비스 등에 대한 태도를 형성한다. 이러한 태도는 신념보다 변하기 쉽고 가족, 사회적 준거집단, 생활양식, 연령, 소득 등에 큰 영향을 받는다. 상업적인 용어를 다시 생각해 보면 특정 커피상표에 대한 개인의 구매력, 친구가 좋아하는 커피향 또는 앞서 예로 든 '잘 알려지지 않은 상표의 제품보다 유명상표 제품이 더 품질이 좋다.'와 같은 신념에 의해 영향을 받을 수 있다. 예를 들면, 골드 브랜드 커피가 값이 더 싼 다른 제품보다 값어치가 있다고 믿고 그 제품에 대해 호의적인 태도를 가질 수 있다.

의도 개인은 또한 추구하고자 하는 목표, 우선순위, 열망 등을 가지고 있고 이러한 것은 구매 의사결정에 종종 영향을 미치게 되는데, 특히 자동차나 의복과 같은 남의 눈에 띄는 구매에서 더욱 그러하다. 가령, 어떤 사람이 골드 브랜드 커피를 선택하는 이유 중의 하나는 좋은 커피를 이용하고 있다는 것을 다른 사람에게 보이기 위해서일 수도 있다.

고객만족을 이해하기 위해서는 고객평가 과정의 이 세 요소를 모두 잘 알고 있어야 한다. 단지 고객만족을 측정하는 것만이 아니라 고객의 인식을 이해하고자 한다면 이 점은 탐색조사와 표집에도 시사하는 바가 있다.

결정 : 대안의 선택

대안에 대한 평가를 했으면 결정이 이루어진다. 아직도 의사결정이 단지 '사고자 하는 의도'에서 약간 더 나아간 정도일 수도 있다. 구매자가 상점에서 현금을 건네 주거나 전화로 주문을 하지 않더라도 구매의사결정은 보통 구매 이전의 한 단계이다. 사실, 값비싼 품목의 구매를 고려할 경우에는 오랜 기간 아마도 몇 개월 동안 실제 구매를 하기 전에 대안들 중 하나를 선택하고 구매하는 결정을 하게 된다.

이 단계에서 고려해야 할 또 하나의 요인은 소비자가 구매와 관련하여 느끼는 위험수준이다. 제품에 대한 지식이 적으면서 고가의 제품을 구매해야 할 때에는 구매 위험수준이 높다고 느끼게 되고, 따라서 이때에는 대안평가도 어렵게 된다. 남의 눈에 띄는 구매일 경우 역시 구매위험이 높다. 물론 사람에 따라 어떤 사람은 다른 사람보다 더 확신을 못하는 경우가 있으나 모든 사람은 기본적으로 어떤 구매에도 100% 확신을 하지 못한다.

결과 : 만족 또는 불만족

자신의 의도를 구매로 실현한 의사결정자 가운데 일부는 제품에 대해 완전히 만족하고 일

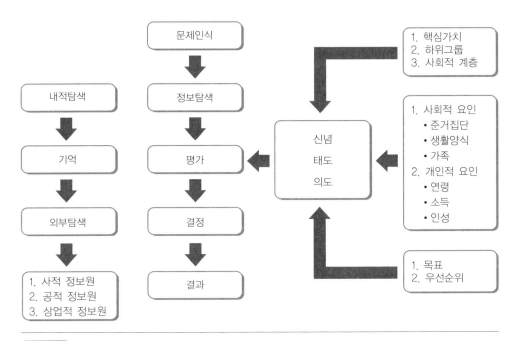

그림6.4　개인구매 의사결정 단계

부는 덜 만족할 것이다. 결과가 어떻든 구매자는 이 만족수준을 기억하려는 경향이 있고 이 기억은 비슷한 의사결정 상황에서 영향을 미치게 된다. 특히, 비싸고 중요한 품목의 구매에서 상당한 양의 재평가가 일어나는 경향이 있다.

레온 페스팅거(Leon Festinger)는 이러한 두 번째 평가를 묘사하기 위해 인지부조화라는 단어를 썼다. 소비자는 자신이 선택하지 않은 대안이 바람직한 특성을 가졌다는 것을 알게 될 때 자신이 올바른 선택을 한 것인지에 대해 의심하게 되며, 그런 경우 구매 후에 해당 제품에 대한 관심이 더 고조된다. 판매촉진 자료들이 눈에 띄고 다른 경쟁상품을 계속 관찰하게 되며 자신이 구매한 것에 의문을 갖는다. 이는 구매자가 결정을 잘 내렸다고 자신에게 확신시키기 위해 노력을 기울이는 과정의 일부이다.

이 경우에 회사는 고객이 자신의 선택에 자신감을 가지도록 모든 노력을 기울이는 것이 현명하다. 자동차와 같이 본래 구매위험이 높은 제품에 대한 어떤 광고는 최근의 구매자를 겨냥하여 새 차를 산 소비자가 만족하는 광고를 보여 주고 있다. 지지적 의사소통은 구매 후에 전화를 하여 확신을 줌으로써 이루어질 수도 있다. 이런 경우에는 거래 후 고객만족 측정이 가장 유리하다. 고객만족측정을 하는 사람들은 인지부조화의 가능성을 항상 염두에 두어야 한다. 특히, 아무리 적은 고객불만족이라도 그것을 해결하기 위해 행동을 취하는 것이 중요하다. 여기서 말해 둘 것은 거래 후 고객조사는 익명으로 해서는 안 된다는 점이다(그림 6.4는 완전한 개인구매 의사결정 단계를 나타낸다).

2. 구매의 복잡성 : 개인구매

앞에서 제시한 바와 같이 모든 구매에서 의사결정 과정이 동일한 것은 아니다. 간단히 말하면, 어떤 구매는 다른 구매보다 훨씬 더 중요하여 의사결정이 복잡한 정도에 따라 구매 범위를 묶을 수 있다. 이 중 몇 가지를 소개해 본다.

고관여 구매

가장 어려운 형태의 구매는 고관여 구매이다. 고관여 구매가 되는 핵심요인은 소비자가 인지한 구매 위험수준이다. 잘못된 의사결정을 했거나 그럴 경향이 높아짐에 따라 의사결정에의 '관여도'가 같이 증가된다. 지식이나 경험이 거의 없는 제품종류에서 잘못된 의사결정을 내릴 가능성은 높아진다. 이 가능성은 소비자가 제품의 대안을 평가할 자신의 능력에 대해 자신감이 있으면 감소된다. 의사결정을 잘못 내리면 심각한 결과가 초래될 때에도 고관여 의사결정이 이루어진다. 잘못된 의사결정에 대한 결과에는 개인적 실망도 포함되는데, 예를 들면 휴가계획을 잘못 세웠다든가, 어떤 영화를 볼지 결정한다든가 하는 경우에도 일어날 수 있다. 또 다른 심각한 결과는 다른 사람들로부터의 평가가 낮아진다거나(적절하지 못한 의류구매) 잘못된 의사결정 후에 이를 고치려고 비용과 시간을 들이는 것이 될 수도 있다.

　잘못된 의사결정 결과의 심각성은 제품사용 시간이 길수록 증가한다. 주택구매 같은 경우는 가장 확실한 예이다. 이때, 고령의 소비자들은 의사결정을 일종의 평생구매로 간주하는 경향이 있다. 이는 '확장된 문제해결' 상태라고 하는데, 구매자의 의사결정을 도와줄 수 있는 기업이 판매기회를 만들 수 있다는 것이 확실하다. 가령 제품군에 대한 소비자 교육은 소비자가 제품특성과 이점을 더 쉽게 배울 수 있도록 도와준다. 또 자신의 기업제품이

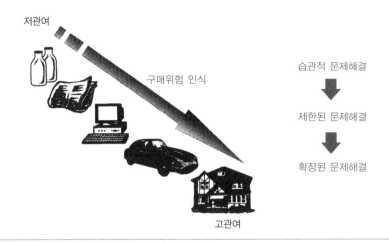

저관여

구매위험 인식

고관여

습관적 문제해결

⬇

제한된 문제해결

⬇

확장된 문제해결

그림6.5 의사결정 범주 : 개인구매

동일 제품군 중에서 뛰어나다는 점을 강조하여 구매자가 느끼는 불확실성을 감소시킬 수 있다. 이것은 인지부조화를 감소시켜야 하는 구매 후 단계에서도 중요하다.

저관여 구매

사람들은 어떤 경우 거의 무의식적으로 구매결정을 내리게 된다. 대부분의 습관적인 구매가 이 범주에 속한다. 출근하면서 신문을 산다든가 담배를 사는 경우가 그 예이다. 이런 가장 간단한 구매행동은 습관화된 반응이라고 한다. 이때는 구매의사결정 과정의 모든 단계가 생략될 수 있다. 소비자는 늘 보던 신문이 떨어졌다든가 하는 무슨 일이 있기 전에는 욕구를 느끼면 아무 생각 없이 바로 구매할 것이다.

대부분의 구매행동은 이런 극단적인 범주(그림 6.5)에 속하지 않는다. 대부분의 구매대상은 약간은 친숙한 제품이지만 완전히 아는 것은 아니며, 또 계속 새로운 제품이 나오기 때문에 어느 정도의 정보탐색을 하고 평가하는 과정을 포함하게 된다. 이는 '제한된 문제해결'이라고 한다. 즉, 구매자는 구매의사결정의 모든 단계를 거치지만 그 과정은 아주 빨리 이루어진다.

3. 기관고객의 구매

전형적인 개인 구매의사결정과 기관 구매의사결정 사이에 몇 가지 핵심적인 차이가 있다.

첫째, 가장 확실한 차이는 구매과정에 관여하는 인원수에서 나타난다. 개인구매자는 의사결정을 내릴 때 다른 사람에게 영향을 받거나 조언을 구할 수 있으나, 기관구매는 의사결정에 거의 항상 여러 명이 참여하고 이 사람들이 서로 다른 우선순위를 가지기도 한다. 몇 명이 함께 하는 의사결정은 소비재시장에서도 일어날 수 있다. 예를 들면, 서로 다른 우선순위를 가진 가족 구성원들이 함께 휴가선택을 하는 경우이다. 그러나 소비재시장에서 대부분의 구매 의사결정단위는 이런 형태가 아니다.

두 번째 차이점은 기관구매가 더 공식적이라는 것이다. 이때에는 관여하는 모든 사람에게 정보를 알리고 그 사람들이 폭넓게 받아들일 수 있는 의사결정을 내리려는 경향이 있다.

세 번째 차이는 기관구매는 개인구매보다 더 합리적인 경향이 있고 충동적이거나 감정적일 여지가 적다는 것이다. 기관구매의 경우, 그 상대적인 형식성과 합리성 때문에 고객만족측정을 할 때 고객이 무엇을 더 중시하는지를 확인하기가 쉽다.

개인구매와 기관구매의 가장 두드러진 차이점은 기관구매는 구매할 때 개인의 돈을 사용하는 것이 아니라는 점이다(소규모 자영업에서의 구매는 기관구매보다 개인구매와 더 닮았다는 견해가 보편적이다). 따라서 기관구매에서는 기관을 위해 최대의 가치를 얻어 내려는 마음이 가장 앞선다. 습관과 충성도는 기관구매 과정에서 덜 두드러지게 나타나기 때문에 고객만족측정의 중요성이 더 크다. 구매자는 기관에 더 도움이 된다고 믿기만 하면 쉽게 업체를 바꾼다.

이 장의 남은 부분에서는 기관구매 과정의 핵심적인 측면을 검토하고 고객만족측정이 함축하는 바를 생각해 보고자 한다.

4. 의사결정단위

기업체나 기관이 아무리 크더라도 조사하고, 협상하고, 주문하는 것은 결국 사람이다. 따라서 우리는 많은 개인이 구매의사결정에 관여한다고 가정할 수 있고(표 6.1), 이들을 모두 모아 집합적으로 의사결정단위(decision-making unit : DMU)라고 한다.

표6.1	기관의 평균 DMU 크기(직원 수는 구매결정에 영향을 미친다)

직원 수	DMU 크기
200명 이하	3.43명
201~400명	4.85명
401~1,000명	5.81명
1,000명 이상	6.50명

물론, 기관이 더 크면 의사결정의 단위에 들어가는 인원수가 더 많은 경향이 있다. 구매 과정에 한 사람만 관여하는 경우는 매우 드물다. 확실한 것은 몇 사람이 항상 개입된다는 것이다(그림 6.6).

의사결정의 단위는 공식적인 위원회일 수도 있으나 보통 구매결정에 몰입정도가 다른 사람들로 형성된 비공식적 집합인 경우가 많다. 의사결정단위의 정확한 구성은 예측하기 어렵다. 사람들이 하는 역할은 매우 다양하지만 아주 작은 업체를 제외하고는 일반적으로 구매의 모든 행정적 책임을 맡는 구매자나 구매 관리자가 있다. 또한 전문가가 포함되는 경향이 있다. 공장의 장비를 사는 경우 생산 관리자가 영향력이 있게 되고, 새로운 컴퓨터

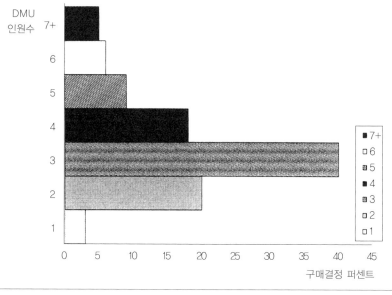

그림6.6	DMU에 관여하는 인원수

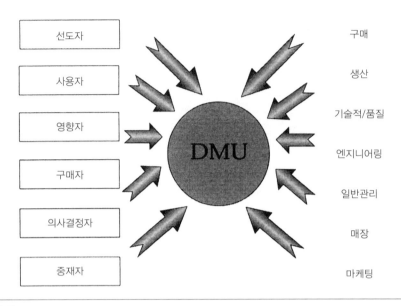

그림6.7 의사결정단위(DMU)

를 사는 경우에는 자료처리 담당자가 중요한 역할을 한다. 관리자는 구매장비를 이용할 자기 부서의 사람을 선택하여 의사결정단위에 포함시키기도 한다. 지불기한이 되면 회계부서에도 문의해야 하고 금액이 크면 동의를 구해야 한다. 중요한 구매에는 상급 관리자가 개입되기도 한다.

의사결정단위의 구성원

의사결정의 단위에 개입된 사람들과 그들이 수행하는 역할을 좀 더 자세히 살펴보자(그림 6.7).

선도자 모든 구매는 어디론가부터 시작된다. 기관이 욕구를 느끼는 상태는 비슷하지만 (예를 들면, 규칙적으로 구매하는 물자의 재고가 조금밖에 없는 경우 등) 대부분의 중요한 구매는 누군가의 제안으로 제기된다. 이런 제안을 하는 선도자는 효율을 더 향상시킬 가능성을 느낀 직원이 될 수도 있고 상급 관리자가 될 수도 있으며, 상담자와 같은 기업 외부의 사람이 되기도 한다.

사용자 사용자는 구매장비나 물자, 서비스 등을 사용하는 기관 내 사람이다. 이 사용자는 어떤 직급의 사람이라도 될 수 있고 몰입정도는 직급에 따라 또는 의사결정 과정에 직원이 참여하는 데 대한 기관의 태도에 따라 달라진다. 가장 흔한 경우는 사용자의 지위는 상대적으로 낮으나 그들이 가진 영향력은 일부 기관의 어떤 단계에서 결정적인 경우이다. 예를 들면, 플라스틱 몰딩공장의 숙련공은 새 재료가 현재 사용하고 있는 재료보다 일하기 더 힘들고 잘 만들어지지 않는다고 주장할 수 있다. 이런 주장은 상급 관리자가 그 재료의 구매를 고려하지 않을 만큼 충분히 영향력이 있다. 고객만족측정에서는 사용 관리자(플라스틱 몰딩의 경우 생산 관리자)가 사용자 부서의 대표자로 여겨지지만 탐색조사에서는 실제 사용자를 조사에 포함시키면서 이들의 역할을 확인해야 한다.

영향자 영향자는 대안에 대한 평가정보를 제공함으로써 구매의사결정에 영향을 미친다. 엔지니어나 화학자, 컴퓨터 전문가 같은 기술직원이 상급 관리자는 가지고 있지 않은 자신의 전문적 지식을 통해 구매의사결정에 중요한 영향력을 행사한다. 이들은 판매를 중단시킬 수도 있고 의사결정자를 자기가 선호하는 선택안으로 이끌 수 있을 만큼 충분한 영향력이 있다. 좀더 비싼 것을 구매할 때에는 회계부서에서 비슷한 수준의 영향력을 행사한다.

구매자 구매자는 보통 업체를 선정하고 주문을 하기까지의 모든 절차를 수행할 공식적인 지위를 가진 사람이다. 그러나 어떤 경우 구매자는 의사결정자는 그만 두고라도 영향자도 아니면서 단지 구매와 관련된 단순한 행정적인 일만 하기도 한다. 고객만족측정을 할 경우에는 구매 관리자의 역할과 우선순위를 알아야 한다. 그러나 구매자가 가장 중요한 사람이라고 가정하는 실수는 절대 하지 말아야 한다.

의사결정자 구매결정에 가장 영향력이 있는 사람은 의사결정자라고 할 수 있다. 이는 한 개인일 수도 있고 위원회일 수도 있다. 중요한 의사결정에는 상급 관리자가 개입되겠지만 최종 의사결정자를 확인하는 일은 고객조사를 하려는 기업이 해결해야 하는 가장 어려운 일이다. 고객만족을 측정하는 목적을 위해서는 특정 의사결정자에 대한 생각을 털어 버리는 것이 현명하다. 왜냐하면 이 역할이 기관에 따라 매우 다양하기 때문이다. 조사표본이 의사결정단위의 전 범위를 포괄하여 대표성을 갖도록 하는 것이 바람직하다(8장 참조).

중재자 다른 모든 사람의 행동을 사실상 통제하는 일 없이 중재하는 역할을 하는 사람이다. 예를 들면, 품질 관리자나 환경 관리자이다. 이런 위치는 여러 기관에서 점차 일반화되고 있고 이들은 고객만족조사에 거의 일정한 관련을 맺고 있다.

의사결정단위는 기관에 따라 그 구성에 차이가 있는 복잡한 것이다. 그러나 이상의 구매과정의 각 역할은 연구자가 고객만족조사에 포함시켜야 할 사람들이 누구인가를 알려주고 있다. 이 주제는 다음 장에서 탐색조사를 검토할 때 더 자세히 다루게 된다.

5. 기관고객의 구매의사결정 과정

개인구매처럼 기관구매도 어떤 단계를 거친다. 그러나 개인구매에서는 보통 이 단계가 개인구매자의 마음에서 일어나지만 기관 구매의사결정의 과정은 서로 다른 의사결정단위 구성원 사이의 토론을 거친다. 이러한 토론은 보통 공식적이고 위원회나 회의록, 기록자료, 구매주문 등과 같은 것을 포함하기도 한다.

기관 구매의사결정에는 다음의 6단계가 있을 수 있다(그림 6.8).

욕구인식

개인구매와 마찬가지로 기관구매의 첫 단계는 욕구를 인식하는 것이다. 이러한 상태는 기계가 고장나거나 정기적인 물자주문 같은 내부적인 사건의 결과일 수 있다. 한편, 기관의 성과수준을 개선할 기회를 설명하는 외부 상담원이나 업체의 마케팅 의사소통의 제안 같은 외부자극의 결과로 욕구가 인식될 수도 있다.

제품사양 결정

욕구를 인식하면 보통 문제해결에 대한 대안을 찾을 목적으로 내부논의가 있게 된다. 중요한 구매의 경우에는 아주 소수의 사람들이 이 단계에 참여할 수 있다. 이러한 심사숙고 끝에 의사결정단위는 최선의 진행방법에 대한 합의에 도달하게 된다. 그러면 적합한 자격을 갖춘 사람이 필요한 제품이나 서비스에 대한 상세한 사양을 찾아 낼 것이다.

그림6.8 **기관 구매의사결정 과정**

정보탐색

다음 단계는 가능성 있는 공급업체를 확인하고 교섭을 시작하는 것이다. 어떤 구매자는 납품업체를 확인하는 공식적인 절차를 갖기도 하지만 대부분의 경우 찾기 쉽거나 가장 뛰어나서 머리에 딱 떠오르는 업체에 연락을 할 것이다. 가능성 있는 납품업체가 아주 많다면 자기들이 가지고 있는 자료에만 근거하여 간단한 초기평가를 한 후 3~4개 정도로 줄인 업체목록을 만들 것이다.

납품업체 평가

이 단계에서는 소수의 납품 가능업자를 대상으로 제품과 서비스의 상대적 이점에 대한 정보를 얻어 좀 더 광범위한 논의가 이루어질 것이다. 그리고 납품업체에 공식적인 견적서를 제출하도록 요구할 것이다. 평가는 업체가 제출한 견적서와 객관적인 분석, 업체의 성과수준에 대한 주관적인 느낌 등에 의해 이루어질 것이다(이미 전에 납품업체와 거래를 한 적이 있으면 주관적 느낌은 실제 성과수준에 근거하여 보다 객관적이 될 것이다). 이런 다양한 요인에 의해 구매결정이 내려지고 업체가 선정된다.

구매협상

납품업체가 선정되면 배달일자, 지불방법, 계약위반 조항 등을 구체적으로 정한다. 구매주문을 하기 전에 자세한 협상이 이루어진다.

제품과 납품업체 성과수준 평가

많은 기관은 납품업체를 평가하는 공식적인 절차를 정해 놓고 있다. 성과수준 평가가 업체 선정에 가장 중요한 요인이 되는데, 업체평가 시스템을 이용하는 것에서 해당 관리자의 기억에 의존하는 것까지 다양한 평가를 할 수 있다. 또한 자세한 기록에 의한 정확한 평가부터 순수한 주관적인 인식에 의한 평가가 있을 수 있다. 성과에 대한 평가기준이 무엇이든 간에 고객이 인식하고 있는 것이 바로 사실이 되어 고객이 의사결정을 내리는 근거가 된다.

6. 구매의 복잡성 : 기관고객의 구매

기관시장에도 고관여와 저관여 구매가 있으나 이는 크게 '신규구매'와 '반복적 재구매'로 나뉜다(표 6.2). 그러나 실제로 기관구매는 세 가지 유형으로 나누는 것이 일반적이다. 이에 대해 간단히 살펴보자.

신규구매

신규구매 과제는 구매자의 과거 경험이 없는 상황이어서 구매결과에 대한 구매자의 불확실성이 가장 높다. 이 단계에서는 확장된 문제해결 능력이 필요하므로 의사결정 전에 많은 정보를 모아야 한다. 이러한 상황에서 의사결정단위 크기가 가장 크고 의사결정 과정도 최대한 길어지며 마지막 의사결정자는 상급 관리자가 되는 경향이 있다.

비록 커다란 자본 재구매와 연관되어 있더라도 새로운 구매과제는 전에 경험하지 않은 재화나 서비스 구매로 정의할 수 있다. 예를 들면, 처음으로 컴퓨터를 사는 것이 회사의 새로운 과제상황이라고 하자. 10만 파운드짜리 복합 시스템을 살 것인가, 1,000파운드짜리 개인 컴퓨터를 살 것인가와 같은 것을 결정해야 할 것이다. 마찬가지로 새로운 재료(플라스틱 대신 강철을 사용하는 것과 같은)를 이용하는 회사도 새로운 과제에 부딪히게 된다. 이러한 구매 시 고객만족측정에서 중요한 것은 조사시점 설정과 모든 의사결정단위 구성원을 조사에 다 포함시키는 것이다.

고객만족수준을 확인하기 위한 새로운 구매과제에 대한 거래 후 조사는 구매·설치 과정이 생생하게 마음에 남아 있는 동안 이루어지는 것이 좋다. 따라서 고객만족측정은 1년에 한 번과 같이 정기적인 조사를 하기보다는 거래 후 바로 측정해야 한다.

성과수준을 추적하기 위해서는 모든 측정결과를 모으고 평균의 변화를 주시해야 한다. 훈련이나 서비스와 같이 고객과 사업자 간에 오랜 기간 동안 거래가 이루어지는 경우에 고객만족은 대표성 있는 고객표본을 대상으로 정기적인 조사를 하는 것이 일반적이다.

수정된 재구매

수정된 재구매는 구매자의 경험이 완전한 것도 아니고 전혀 없는 것도 아닌 상태에서 일어난다. 이런 상황에서 의사결정단위 구성원은 새로운 정보를 얻고 재평가함으로써 상당한 이익을 얻을 수 있을 것이다.

수정된 재구매는 제한된 문제해결로 가장 잘 묘사될 수 있다. 의사결정단위 구성원은 이 종류의 제품구매에 상당한 경험이 있으나 공급환경이 약간 변화(기술적인 변화나 마케

표6.2 기관구매의 의사결정 범주

의사결정 범주	문제의 새로움	정보요구	대안고려
신규구매	높다	최대	항상
수정된 재구매	중간	중간	대개
반복적 재구매	낮다	최소	정기적

팅 수단 등)하여 어떤 업체가 가장 좋을지 확신을 하지 못한다. 정확하게 정보를 탐색하고 납품업체를 평가하면 비교적 빠른 결정을 할 수 있다.

반복적 재구매

반복적 재구매 상황에서는 제품과 서비스에 대한 구매자의 구매경험이 충분할 것이다. 관련제품의 시장에 대한 상당한 지식이 있고 대부분의 납품업체와 그들이 제공하는 물건에 대한 정보를 이미 가지고 있다. 이러한 반복적인 구매결정은 대부분 구매 담당부서에서 다루고 다른 부서는 거의 관여하지 않는다. 의사결정단위는 아주 작고 의사결정은 빠르게 이루어진다. 과거의 제품구매에 만족하는 한 새로운 정보탐색도 필요 없고 필요할 때마다 동일한 업자에게 간단히 재주문을 낸다. 어떤 회사의 반복적 재구매는 매우 체계적이어서 제품재고가 미리 정해 놓은 어떤 수준으로 줄어들면 자동적으로 재주문이 이루어진다.

수정된 재구매나 반복적 재구매의 경우에는 대표성 있는 고객표본을 대상으로 하여 정기적으로 간단한 조사를 하는 것이 적합하다.

7. 결론

○ 고객의 구매 전 기대와 구매경험은 최종 만족수준에 상당한 영향을 미칠 수 있다. 따라서 기업은 고객이 구매의사결정을 하는 방식을 이해하고 이러한 내용이 고객만족연구에 대하여 어떤 의미를 가지는지를 고려해야 한다.

○ 개인의 구매과정은 고객이 공급자의 성과수준에 대한 잘못된 견해를 가지고 결론을 내린다는 점에서 좀 더 주관적인 경향이 있다. 그러나 구매결정은 바로 이 고객의 인식에 기초하기 때문에 고객의 인식 자체가 현실인 것이다.

○ 개인구매와 기관구매의 가장 중요한 차이점은 기관구매의 경우 의사결정단위(DMU)가 개입된다는 것이다. 어떤 고객만족측정을 실시하는 경우라도 대표성 있는 표본을 조사하려면 의사결정 과정에 참여하는 사람들과 그들의 역할을 확인해야 한다.

○ 구매의 복잡성은 습관적인 반복구매부터 구매위험이 높은 고관여의 거래에 이르기까지 다양하다. 소비재시장이든 산업재시장이든 간에 고관여적 구매나 신규구매의 고객만족은 거래 후 계속적인 조사를 통하여 가장 잘 측정될 수 있다.

07
탐색적 연구

목표
- 의미 있는 조사를 설계하는 데 탐색연구가 어떤 역할을 하는지를 이해한다.
- 심층면접을 설계하고 실행한다.
- 고객의 숨겨진 태도와 인식을 찾아내기 위해 포커스그룹과 투사기법을 이용하는 방법을 알아낸다.

어떤 연구 프로젝트든 탐색연구의 목적은 연구자가 정확한 표본을 뽑고 적절한 설문지를 설계하기 위해 목표집단의 구성과 태도를 충분히 알아내는 것이다. 다른 말로 하면 탐색연구의 목적은 다음 사항을 확인하는 것이다.

- 질문내용
- 질문방식
- 조사대상

1. 탐색적 연구의 역할

성공적인 탐색연구를 위해 중요한 것은 고객과 기업 간의 모든 면을 아주 세밀히 조사하여 고객의 선택과 만족에 영향을 미치는 요인을 밝히는 연구자의 능력이다. 이 조사의 성공은 고객이 정확하게 표현하기 어려운 태도나 신념을 표현할 수 있도록 도와주고 생각을 자극할 수 있는 연구자의 능력에 달려 있다.

이 장의 후반부에서 고객의 강한 신념을 알아 내기 위해 심층면접과 포커스그룹을 어떻게 이용하는지를 생각해 볼 것이다. 그러나 먼저 탐색조사의 두 가지 구체적인 목표를 확실히 정해야 한다. 첫째는 고객조사 모집단을 구성하는 것이고, 또 하나는 고객만족의 구성요소를 알아 내는 것이다. 이 두 가지를 좀 더 자세히 살펴보자.

조사 모집단의 구성

가장 간단한 고객인식조사라도 조사 모집단의 구성요소는 간단하지 않다. 앞장에서 본 바와 같이 고객이 무엇을 누구로부터 살지에 대한 구매의사결정과 그 구매에서 형성된 기대, 만족감 등은 다른 사람에게 자주 영향을 받는다. 고객과 기업 간의 관계를 정말 잘 이해하기 위해서는 병원을 예로 들면, 탐색조사에서 환자뿐만 아니라 환자 친척들도 면접해야 한다.

기관구매에서는 의사결정과정과 의사결정단위가 거의 항상 복잡하다. 따라서 탐색조사는 의사결정단위의 구성, 그 구성원의 역할, 고객만족수준에 대한 각 구성원의 상대적 영향력을 반드시 조사해야 한다. 예를 들면, 품질 관리자는 정기적으로 각 납품업체를 평가하여 그들의 성과수준을 공식적으로 기록해야 할 책임이 있을 것이다. 그러나 다른 동료(생산 관리자 같은)가 현재 납품업체를 그대로 유지할지, 새로운 납품업체로 바꿀지와 고객만족수준을 결정하는 데 더 영향력이 있을지도 모른다.

그렇기 때문에 탐색조사는 어떻게 구매결정을 내리고 그 결과를 평가했는지에 대해 어느 정도 깊이 있는 질문을 반드시 해야 한다. 또 의사결정에 누가 참여하는지, 그리고 그들의 상대적인 영향력이 어떤지를 알아내야만 한다. 고객의 구매행동을 아주 자세히 이해하지 않고는 표집된 조사대상이 정말 고객 전체를 대표하는지 확신하기 어렵다.

고객만족의 구성요소

고객만족수준을 측정하기로 계획을 세웠다면 기업이 측정하려고 하는 바가 무엇인지를 정확히 결정해야만 한다.

4, 5장에서 언급했듯이, 고객가치 패키지로서 고객만족수준을 형성하는 요인은 매우 다양하다. 탐색조사는 이 요인들이 무엇인지를 알아내고 다양한 구성요소의 상대적인 중요

성을 명확히 해야 한다. 이 상대적인 중요성을 알아내는 점은 자주 간과되는데, 긴 설문지를 사용할 수 없을 때 특히 중요하다. 그런 경우에는 포함시킬 수 있는 고객만족 구성요소의 수가 제한되므로 전체 고객만족수준에 가장 기여하는 요소들이 전부 포함되었다는 점을 확신할 수 있어야 한다.

탐색조사는 고객이 기업과의 관계에서 일어난 일을 설명할 수 있는 기회도 주어야 한다. 만일 경쟁우위를 확보하는 길이 '고객이 중요시하는 것에 최선을 다하는 데' 있다면 고객이 가장 문제시하는 것을 스스로 정하도록 하는 것이 매우 중요하다. 너무 많은 고객만족조사 연구들이 고객에게 묻지도 않고 연구자들 스스로 성과수준의 평가영역을 정하고 있다. 이렇게 하면 관리자가 고객의 우선순위를 정확히 파악할 수 없고 이러한 우선순위의 상대적 중요성도 당연히 모르게 되기 때문에 조사가 아주 잘못될 수 있다.

따라서 이 탐색단계의 목적은 고객의 관점에서 고객과 기업 간의 관계를 충분히 이해하기 위해 고객의 우선순위, 태도, 신념을 조사하는 것이다. 첫째, 고객이 어떻게 구매결정을 하고 평가하는지 그리고 이 과정에 누가 참여하는지를 이해해야 하고, 둘째로는 고객만족의 구성요소는 무엇이며 이 요인의 상대적인 중요성은 어떠한지를 알아야 한다.

이 장의 나머지는 고객조사에서 흔히 사용되는 두 가지 탐색적 연구방법, 심층면접과 포커스 그룹에 대해 설명한다.

2. 심층면접

심층면접은 일대일 면접이다. 산업재시장에서는 보통 응답자가 근무하고 있는 건물에서 이루어지며, 소비재시장에서는 집에서 이루어진다. 면접은 보통 최소 1시간에서 2시간 정도 걸린다. 심층면접은 산업재시장에서 탐색조사가 수행될 때 보통 이용되는 방법인데, 이때 고려할 점이 두 가지 있다.

첫째, 조사목표는 고객과 기업 간의 관계를 광범위하게 이해하기 위한 것이므로 응답자는 가능한 한 폭넓은 의견을 대표해야 한다. 따라서 누구를 심층면접 대상자로 선정해야 할지 검토해야 한다. 둘째, 면접 대상자로부터 유익한 것을 가능한 한 많이 얻어 내려면 어떻게 면접을 구성해야 할지 생각해야 한다. 면접자는 응답자가 표현하기 어려운 태도나 신념까지도 알아내야 하기 때문에 잘 훈련된 면접기술이 필요하다.

심층면접이 어떻게 이루어져야 하는지를 살펴보자.

심층면접의 응답자

심층면접을 하려면 고객, 외부 전문가와 영향자, 표집을 고려해야 한다.

고객 고객들마다 태도와 우선순위가 상당히 다를 수 있기 때문에 면접 대상자에 모든 고객유형이 다 포함되는지를 확실히 해야 한다. 소비재시장에서는 다음과 같은 요인에 따른 집단을 고려해야 할 필요가 있다.

- 연령
- 성별
- 소득이나 사회경제적 요인
- 가족생활주기
- 라이프스타일
- 제품용도

여기에 열거된 모든 기준에 따라 고객을 전부 세분화할 필요는 없으나 고객만족 구성요소의 차이가 가장 클 만한 요인이 어떤 것인가는 알아야 한다. 예를 들면, 레스토랑의 경우 고객만족의 결정요인으로 가장 중요한 두 가지는 연령과 가족생활주기일 것이다. 젊은 고객은 생동감 있는 분위기와 음악, 많은 양의 음식, 특별한 메뉴 등을 좋아할 것이고, 나이든 고객은 조용한 분위기, 안락한 가구, 맛있는 음식, 친숙한 메뉴를 선호할 것이며, 아이들과 함께 오는 가족은 환영적인 태도, 어린이에게 허용적인 분위기, 놀이시설, 적절한 메뉴, 키 높은 어린이용 의자 등을 중요시할 것이다. 훨씬 더 평화로운 분위기를 찾는 노인부부가 원하는 것은 이런 내용과는 또 다를 것이다.

다른 산업분야에서는 다른 세분화 기준변수가 더 중요할 것이다. 가령, 스포츠나 야외복, 스포츠 장비를 만드는 공장 운영자는 아마 제품용도가 더 중요하다는 점을 알게 될 것이다. 등산이나 마라톤 시험장비 용도로 구매하는 사람과 스포츠에 가볍게 참여하는 사람은 서로 다른 고객만족요인을 가지고 있을 것이다. 그리고 단지 패션 액세서리로 그 물건을 구매하는 사람과도 우선순위가 다를 것이다.

산업재시장의 기업도 이와 똑같은 원리를 적용할 필요가 있으나 고객만족에 영향을 미치는 변수의 전 범위에 걸쳐 서로 다른 세분집단을 모두 포함시키도록 해야 한다. 이때의 집단세분화를 위해서는 다음 요인을 포함시켜야 한다.

- 기업의 규모(소규모 기업, 대규모 기업)
- 사용빈도나 사용량
- 사용용도
- 기업의 소속 산업분야
- 지리적인 위치
- 공급체인(직접구매 또는 판매자를 통한 구매)
- 의사결정단위 구성원들의 개인적 직위나 역할

예를 들면, 봉투 제조업자는 판매를 위해 다양한 봉투를 자주 구매하는 상거래 고객과 자기 자신의 소비를 위해 봉투를 구매하는 최종 소비자는 우선순위에 큰 차이가 있다는 것을 알게 될 것이다. 서로 다른 산업의 최종 소비자들이라도 서로 다른 판단기준에 의거하여 만족을 느끼게 된다. 생명보험회사는 봉투의 품질과 이미지에 더 관심을 가지는 반면, 지역 전기회사는 봉투의 단위가격과 고도로 기계처리되는 발송에 적합한 봉투인지를 중시할 것이다.

어떤 방식으로 기업을 세분화하더라도 면접 대상자는 기업이 아니라 개인임을 잊지 말아야 한다. 의사결정단위 변수를 적절히 포함하고 있는지를 확인하라. 보통 구매 관리자의 우선순위와 관점은 생산 관리자의 것과 다를 것이다. 심층면접 목적의 하나는 의사결정단위의 구성과 구성원의 역할 및 우선순위를 이해하는 것이다. 즉, 탐색조사에서는 알려진 의사결정단위 변수를 전부 포함시키도록 최선의 노력을 해야 하는 반면, 심층면접에서는 본조사에 포함시켜야 하는 추가적인 의사결정단위 구성원을 알 수 있어야 된다.

외부 전문가와 영향자 심층면접자를 모집할 때 고객 이외의 사람을 넣으면 이해의 폭이 훨씬 더 넓어진다. 여러 종류의 시장에 대한 상당한 지식을 가지고 있고 고객의 기대나 구매결정에 자주 영향을 미치는 전문가가 많다. 관련분야 잡지의 편집자나 저널리스트, 산업협회의 직원, 해당 산업의 상담자, 그 외 그 분야의 전문가 등이 여기에 포함될 수 있다. 의료 레이저 장비를 만드는 회사의 경우 대학교수, 야외복과 장비를 위한 제조센터의 경우 전문 등산가나 직원 등 다양한 사람들이 전문가에 포함될 수 있다.

표집 이상적으로 탐색조사는 고객의 의사결정 과정에 대해 생각할 수 있는 모든 요소를 포함시키고 외부의 전문가도 포함시켜야 한다. 물론 현실에서는 항상 비용을 고려하여 포함시킬 표본의 수와 타협해야만 한다. 타협이란 시간과 비용이 제한된 속에서 가능한 한 최대한 대표성 있는 표본을 끌어내는 것이다. 표집은 8장에서 자세히 다룰 것인데, 탐색조사보다 본조사에서 훨씬 더 중요하다. 이 단계에서는 판단표집이 이용된다. 판단표집은 시장의 서로 다른 세분집단을 통계적으로 표집하는 것이 아니므로 완전히 객관적이지 않을 수 있다. 그러나 조사에 할당된 심층면접자들로부터 가능한 한 광범위한 의견을 얻을 수 있도록 해 준다.

심층면접의 수는 고객집단의 규모와 다양성에 의해 정해진다. 고객 수가 적은 성숙한

표7.1 심층면접을 위한 표집계획

구 분	고객의 제품	사용 규모별	DMU의 응답자의 역할
면접 1	티슈	대규모 구매자	구매자
면접 2	티슈	중규모 구매자	기술 관리자
면접 3	마닐라지	대규모 구매자	일반 관리자
면접 4	마닐라지	소규모 구매자	기술 관리자
면접 5	보드	중규모 구매자	일반 관리자
면접 6	보드	소규모 구매자	생산 관리자
면접 7	화이트 복사지	대규모 구매자	생산 관리자
면접 8	화이트 복사지	중규모 구매자	구매자

산업재시장에서는 응답자가 잘 선정된다면 탐색자료로 6~10명의 심층면접을 하면 충분하다. 가능한 한 고객의 변수를 모두 포함하는지를 확인하기 위해 표 7.1과 같은 매트릭스를 사용할 수 있다.

제지산업에 공급되는 원재료에 대한 조사인 이 예에서 주요변수는 고객의 업무과정(각 고객이 만드는 종이유형), 사용량으로 표시한 고객의 크기, 회사의 의사결정단위 내에서의 각 개인 응답자의 역할이다. 8명의 고객을 면접해서 본조사에 필요한 표본 수와 설문설계에 필요한 충분한 정보를 얻어내야 한다. 산업재(예 : 사무실 장비)시장이든 소비재(예 : 호텔)시장이든 대량시장에서의 고객만족조사는 모든 관련변수를 충분히 포함시키기 위해 심층면접을 많이 할수록 더 복잡해진다. 예를 들면, 호텔은 다음 사항을 고려해야만 한다.

- 연령
- 성별
- 용도별
  - 개인사업용
  - 단체산업용
  - 개인사용
  - 가족사용
  - 휴가용
- 사용 빈도별
- 국적
- 기타 특별 그룹(예 : 레저시설 이용자)

목록이 길고 고객만족 변수가 복잡할수록 6~8명의 고객이 함께 견해를 토론하는 포커스그룹을 통해 탐색조사를 하는 것이 비용면에서 더 효과적이다(포커스그룹은 이 장 후반부에서 다루어질 것이다). 앞의 호텔의 예에서는 대규모의 면접조사보다 포커스그룹을 이용하도록 권하고 싶다.

심층면접의 실행

응답자 모집 기업이 첫 번째로 해야 할 일은 응답자를 모집하는 것이다. 본조사를 위한 응답자 모집문제는 14장에서 자세히 다루어지는데, 접근방법은 심층면접의 경우에도 매우 비슷하다. 큰 차이점은 심층면접이 시간이 더 걸린다는 것이다. 면접시간은 적어도 30분, 바람직하게는 1시간이며 접근을 할 때 확실하게 시간을 말해 주어야 한다. 면접은 검토하고자 하는 주제목록과 광범위한 토론에 대한 양식을 가지고 시작해야 한다. 응답자에게는 먼저 문제를 생각할 기회를 주어야 할 뿐 아니라, 이 면접이 어떤 내용으로 이루어질 것인지도 알려 주어야 한다.

심층면접의 접근방식 심층면접은 상대적으로 구조화되지 않은 상태에서 기록을 많이 해야 하기 때문에 녹음을 할 것인지, 동시에 손으로 받아 적을 것인지를 미리 결정해야 한다. 면접원은 알아 볼 수 있게 상세히 받아 적는 동시에 토론을 이끌기도 하고 또 참여하기도 해야 하는데, 이는 쉬운 일이 아니다. 따라서 면접내용을 녹음하면 면접내용을 놓치지 않을 수 있어 유리하다. 그러나 녹음을 하면 면접이 끝나고 나서 상당한 추가작업을 해야 한다. 녹음내용을 받아 적고 면접원이 면접의 주요내용을 요약하기 위해 검토하고 읽는 방법을 취할 수도 있으며, 아니면 면접원이 테이프를 들으면서 요약노트를 만들 수 있으나 시간이 더 걸린다.

물론 어떤 면접 대상자들은, 특히 관리자들은 민감한 정보가 누출될까 봐 걱정하여 녹음을 하지 못하도록 하는 경우도 있다. 시장조사에서는 면접내용을 녹음하는 것이 일반적이고 응답자가 이를 예상하고 있으므로 사람들은 면접할 때 당연한 기대사항처럼 녹음기를 볼 수 있도록 작동시키고 있다. 그러나 소비자 면접에서 녹음기를 사용하는 것은 아무 문제가 없지만 기업 대 기업의 시장에서는 사용하지 않는 것이 좋다. 시간 소모가 되더라도 면접 중에 간단히 메모식으로 적어 내려가고 면접이 끝난 직후에 필요한 내용을 더 메꾸면서 상세하게 보충하면 충분히 만족스럽다. 만일 같은 장소에서 여러 면접을 하는 경우라면 적은 내용을 검토하기 위해 면접과 면접 사이에 시간 간격을 두어야 한다.

기업체 조사 대상자를 면접할 때 녹음기를 사용하지 않는다고 가정해 보자. 먼저 기업 자신을 소개하여야 하고 앞으로 다룰 주제를 다시 상기시킨다. 또한 구조화되지 않은 면접임을 설명하고(편지로 미리 알린 내용이라 하더라도) 그에 따라 면접시간이 어느 정도 걸릴지를 미리 알려 주어야 한다. 그리고 나서 응답자가 쉽게 말할 수 있는 주제부터 시작하여 점점 더 복잡한 문제를 다루어 나가도록 한다.

응답자에게 자사제품과 서비스 사용에 대해 질문하기 전에 먼저 그 업체의 사업현황과 시장상황 등에 대해 질문한 후 어디에 사용하는지, 언제 사용하는지, 얼마나 사용하는지 등과 같은 다루기 쉬운 문제부터 시작한다. 응답자와 상호 신뢰감을 잘 형성한 후에는 기업의 탐색조사 목적을 달성할 수 있는 좀 더 중요한 주제로 옮겨 갈 수 있다.

심층면접의 주제

심층면접에서는 면접목적에 따라 수많은 주제를 다룰 수 있다. 다음의 일곱 가지가 대표적인 면접목표로 선정될 수 있다.

1. **구매의사결정과 의사결정단위 파악**　첫 번째 중요한 논의주제는 구매결정을 탐색하도록 고안되어야 한다. 이는 보통 응답자에게 그 기관에서 이전에 구매해 본 경험이 없는 제품을 구매하는 과제를 어떻게 해결하는지를 물어봄으로써 알 수 있다. 면접원은 의사결정단위의 모든 구성원을 확인하고 처음 구매를 선도하는 것부터 주문을 내는 것까지 구매의사결정 전 과정을 조사할 수 있다.

만일 응답자가 의사결정과정의 어느 단계나 어떤 사람을 지나치는 경우에 면접자는 '… 은 어땠습니까?' 식의 질문을 하여 원하는 답을 끌어낼 수 있다. 예를 들어, '납품업체의 품질을 검토하는 것은요? 귀하께서 하는 일이 있습니까? 어떻게 이루어지나요? 누가 참여하게 됩니까?' 등으로 질문할 수 있다.

2. **납품업체 평가**　다음에 새 납품업체의 평가에 대한 다음 질문으로 옮겨 간다. 이 질문으로 의사결정단위 구성원을 최종 확인하고 고객의 기대와 우선순위를 탐색하기 시작한다.

3. **구매기준 파악**　자사제품과 비슷한 제품을 고르거나 평가할 때 고객이 중요시하는 것이 무엇인지를 충분히 조사해야만 한다. 응답자는 때로 품질이나 배달, 서비스 등과 같은 일반적인 용어로 답한다. 그러나 좀 더 자세히 '서비스가 중요하다고 말씀하셨는데,

서비스에서 높은 평가를 받으려면 기업이 어떻게 해 주어야 한다고 보십니까?' 또는 '배달이 제대로 안 되면 어떤 문제가 일어날까요?'와 같은 질문을 할 수 있다. 면접을 진행하면서 고객이 중요시하고 있는 구매기준 목록을 작성한다. 그 기준은 고객을 만족시키기 위해 기업이 꼭 해야 할 것을 나타낸다.

4. **우선순위 확인**   고객에게 있어서 중요한 요인들을 찾아 냈으면 가장 중요한 것이 무엇인지를 확인해야 한다. 어떤 응답자는 모든 것이 다 중요하다고 말하는 경향이 있다. 그러나 아마 어떤 것은 다른 것보다 더 중요할 것이므로 면접자는 이를 밝혀 내야 한다. 이는 처음부터 선택을 강요함으로써 알아낼 수 있다. 예를 들면, '신속한 배달과 확실한 배달이 모두 중요하겠지만, 만일 귀하께서 요청한 것보다 약간 배달시간이 더 걸릴 것을 처음부터 제안한 경우와 신속한 배달을 약속했지만 그 시간보다 약간 배달이 늦은 경우를 비교하면 어떤 것이 더 문제를 일으키겠습니까?'와 같이 질문할 수 있다.

이런 방식으로 고객에게 가장 중요한 요인을 확인하기 위해 수많은 선택을 하게 할 수 있다. 그리고 나서 응답자에게 각 요인의 중요성을 10점 만점으로 평가하도록 요청할 수 있다. 이상적으로는 중요한 순서대로 고객의 우선순위 목록을 작성할 수 있다.

대부분의 응답자들은 이 단계에서 20개 정도의 목록을 만들 수 있을 것이고 이 목록은 고객이 마음에 두고 있는 이슈들이라고 생각해도 무방하다. 여기에 내부적인 조사를 통해 중요한 항목이나 요소를 추가하는 것이 가능할 것이다. 가령 직원에게 '당신이 보기에 고객들이 무엇을 중요하게 생각하는 것 같은가?'라고 묻거나 고객 클레임 자료를 뒤져 고객이 문제를 삼는 제품이나 서비스가 무엇인지 확인해 볼 수 있다. 이런 목록은 조사를 시작하기 전에 미리 만들어 놓아야 한다. 그래야 미리 보기를 보지 않고 고객이 말한 요소들과 아울러 필요한 모든 항목을 체크할 수 있다.

이런 목록들은 고객과 공급자 사이에 일어나는 모든 범위의 문제를 포함할 수 있도록 논리적인 순서대로 나열되는 게 가장 좋다. 예를 들어 정보탐색과정과 관련된 질문을 먼저 하고 그다음에 제품특징, 납품주문, 주문에 대한 만족도, 대금청구, 의사소통, 직원훈련, 서비스지원, 회사 이미지, 직원들의 태도 등의 순으로 나열할 수 있다.

준비한 목록은 최대 6개 섹션, 분량으로는 A4용지 세 장을 넘지 않아야 한다. 미리 준비한 목록에 없는 것이라도 응답자가 먼저 말한 요소라면 조사 전에 그것을 더해 목록을 완성해야 한다.

준비한 목록을 응답자에게 주고 각 요소의 중요성을 평가하기 전에 모든 요소들을 한 번 훑어보라고 요청하라. 이해하기 어렵거나 더 더하고 싶은 것이 있는지 물어보라. 그리고 가장 중요하다고 생각하는 요소를 하나 선택하게 하고 그 중요성이 10점 만점에 몇 점 정도인지 체크하게 한다. 그리고 비슷하게 중요한 요소들을 몇 개만 더 선택하게 하라. 이렇게 하는 이유는 고객이 중요하다고 생각하는 요소의 수를 제한하고 싶지도 않지만 그렇다고 목록의 절반 이상이 다 중요하다고 표시해 요소 간의 중요성 순위를 파악하기 힘들게 되는 비현실적인 상황을 피하기 위한 것이다. 10점 만점으로 점수를 매기게 하는 이유도 마찬가지이다. 숫자 자체가 큰 의미가 있어서가 아니라 요소 간의 중요성 순위를 알기 위한 것이다. 본조사 단계에서는 최종적으로 선택된 모든 요소에 중요성 정도를 표시하게 할 것이다.

응답자들이 5~12개 정도의 요소에 10점을 주었다면 9점을 받을 요소들도 많다는 의미이다. 이 요소들은 10점을 받은 요소들만큼 중요한 것으로 간주되어야 한다. 응답자들이 스스로 점수를 매기게 하고 그동안 면접자는 응답자들이 만점을 주는 이유나 기타 코멘트 등을 기록해야 한다. 이유가 명확하지 않은 경우에는 그 근거를 찾아내도록 적극적인 질문을 하라. 중요하지 않거나 자신과 무관하다고 생각하는 요소에 대해서는 점수를 매기려 하지 않는 사람들도 있을 것이다. 이럴 때 면접자가 원하는 것은 각 요소에 대한 응답자의 주관적인 인식이라는 점을 설명하면 평가를 하게 만들 수 있다. 가능한 한 무응답을 최소화하라.

어떤 응답자들은 자신의 니즈를 잘 모르기도 하고 또 공급자와의 사이에서 겪은 불편한 문제들을 잘 얘기하지 않으려 한다. 이런 사람들에게는 면접 후기에는 공급자들의 좋은 점에 대해서도 이야기할 것임을 확신시키고 지금 필요한 것은 공급자가 누구이든 간에 목록에 있는 각 요소가 응답자에게 얼마나 중요한지를 알아내는 것임을 상기시키라.

8점을 받은 항목들에 대해서도 같은 과정을 반복한다. 다음에는 중요도가 낮은 요소들을 찾아내게 하고 1~4점을 받은 요소들에 대해 이야기한다. 이런 방식은 처음부터 모든 요소에 대해 1~10점 사이의 점수를 주게 하는 방식보다 더 낫다. 왜냐하면 중요도 측면에서 비슷한 요소들이 무엇인가를 알아낼 수 있기 때문이다.

이때쯤 되면 응답자들은 목록에 있는 요소들을 여러 번 훑어보았을 것이고 거기에 익숙해졌을 것이다. 그러니 나머지 항목들에 대해 5~7점 정도의 점수를 매기게 하면 된다.

모든 요소에 중요도 점수를 매기게 한 뒤에는 평가가 확실히 응답자의 인식을 반영한 것인지 확인하기 위해 혹시 점수를 바꾸고 싶은 것이 있는지를 마지막으로 한 번 더 물어보도록 한다. 이 단계에서 점수를 바꾸는 응답자는 거의 없다. 그러나 결과의 타당성을 높이기 위해 응답자에게 이런 시간을 주는 것이 좋다.

이 과정은 약 15분 정도 걸릴 것이다. 아직 끝난 게 아니다. 본조사 설문지를 구성하는 데 필요한 자료를 얻는 목적은 달성했지만 응답자들은 공급자에 대해 그들이 얼마나 만족하는지 이야기할 기회를 얻고 싶어 할 것이다. 본조사에서 발견할 이슈들에 대한 정보를 미리 얻을 수 있는 좋은 기회이니 가능한 한 좋은 PR시간이 되도록 하라.

5. **공급자의 성과평가**   공급자에 대한 이야기를 나누더라도 목록에 있는 모든 요소들에 대해 만족도 점수를 매기게 하는 것은 꼭 필요한 것도 아니고 바람직하지도 않다. 응답자들은 관심도 없는 모든 양적 요소에 대해 점수를 매기는 과정을 지루해할 것이다. 이 단계에서는 질적 데이터를 얻는 게 주목적이므로 양적 분석을 하지 않는다. 응답자에게 만족도 점수를 매기게 하는 대신 공급자에 대해 가장 덜 만족하는 부분이 무엇인지 또는 어떤 요소가 어떻게 개선되어야 하는지를 묻는 게 낫다. 이 과정에서 항상 기록한 것에 대해 '왜?'를 묻고 논의를 더 진행시키는 것이 필요하다.

6. **타기업 대비 성과수준 평가**   고객만족측정의 목적은 기업의 성과수준을 평가하고 고객만족수준을 향상시키기 위해 개선이 필요한 영역을 알아내는 것이다. 그러나 오늘날처럼 고객서비스를 향상시키는 기업이 많고 급속히 변화하는 사회에서 해당 회사의 성과만을 평가하는 것은 매우 위험하다.

고객의 인식과 기대는 다른 기업이 제공하는 것에 의해 영향을 받는다. 따라서 어떤 기업이 미래에 얼마나 잘해 나갈지를 예측하고 싶다면 다른 경쟁업체와 비교하여 그 기업의 성과를 확인해야만 한다.

면접시간이 길면 다른 경쟁업체와 비교하여 자신의 기업에 대해 어떻게 생각하고 있는지 잘 알아볼 수 있도록 여러 가지 기술을 이용해 볼 수 있다. 우선 자신의 기업을 평가하기 위해 썼던 평가기준이나 평가방식과 똑같은 것으로 경쟁업체를 평가하도록 질문을 할 수 있다. 이런 직접적인 접근법은 경쟁업체와 의미 있는 비교를 하기 위해 본조사에서 사용되는 방법이다. 그러나 이 탐색단계에서는 질적 접근법을 이용하는 것이 낫다. 왜냐하면 그것이 고객의 생각에 대한 통찰력을 제공하고, 또 소수에 불과한 양적 자료의 결과를 일반화시키지 않게 해 줄 것이기 때문이다.

두 가지 질적 접근법이 있는데, 두 가지 모두 1시간 정도의 시간을 써야 할 것이다. 첫째, 가장 잘하는 기업과 자신의 기업을 비교하도록 응답자에게 요청하라. 응답자에게 가장 뛰어난 경쟁업체의 이름을 말하도록 부탁하고, 그 회사 이름을 찾아서(만일 응답자가 회사 이름을 말하기 꺼려하면) 좋은 기업의 특성을 말해 달라고 부탁하라. 그런 후 가장 뛰어난 모델과 자신의 기업을 비교하도록 응답자에게 요청하라. 이 모델은 기업이 도달해야 할 표준이며 언젠가는 도달해야 하는 것이다.

가장 뛰어난 기업이 경쟁업체가 아니고 자신의 기업이라고 인식되는 경우라도 경쟁업체와 자신의 성과수준(고객이 인식한)에 대한 정보를 수집해야만 할 것이다. 또한 탐색단계에서 해야 할 일은 자신의 기업과 경쟁업체가 가지고 있는 이미지를 알아내는 것이다. 그러나 많은 응답자는 이런 질문을 받으면 희미한 일반적 개념밖에 말하지 않기 때문에 아주 어렵다.

그렇기 때문에 소위 투사기법이라는 두 번째 접근법을 알아야 한다. 이 기법은 포커스 그룹에서 더 자주 사용되는 방법으로 다음 절에서 더 자세히 설명할 것이다. 아주 간단히 말하면, 투사기법은 간접적 질문원리에 기초하여 대답을 점차 응답자의 태도를 그리는 데 사용하는 것이다. 일대일 면접에서 잘 쓰이는 투사기법은 '의인화 기법'이다. 이 경우에 그 기법을 사용하려면 응답자로 하여금 자기 기업과 경쟁업체 모두를 유명한 운동선수나 연예인이라고 상상하도록 한다. 그렇게 하면 그들은 누가 될 것인가? 선택할 수 있는 인물 유형을 주는 것이 중요하다. 어떤 사람은 연예인보다 운동선수를 더 쉽게 떠올리고, 어떤 사람은 연예인을 더 쉽게 떠올린다. 실제 우리의 경험에 따르면 어느 쪽이든 별 문제가 없다.

이 대답으로 정말 설명이 가능하다. 한 면접에서 응답자는 화학업종의 두 대기업을 토니 블레어와 고든 브라운으로 이름 붙였다. 응답자가 그렇게 한 이유는 두 업체가 모두 최고 수준의 품질이고 매우 전문적이며 잘 하고 있는데, '토니 블레어' 회사는 더 호감이 가고 가까이하고 싶은 회사였던 반면, '고든 브라운'은 거만하고 덜 고객 지향적이며 관계를 맺기가 더 어려운 업체였기 때문이다. 물론, 실제 '토니 블레어'가 더 호감이 가는 사람인가 아닌가, '고든 브라운'이 거만한가 아닌가는 관계 없다. 중요한 것은 응답자가 왜 두 인물을 택했는가 하는 것이다. 응답자에게 직접 물었으면 답하지 않았을 방식으로 응답자들은 두 화학기업의 이미지를 묘사했다.

이런 설명은 경쟁업체의 이미지 그림을 그리는 데 굉장한 가치가 있다. 특히, 매우 비슷한 기업이고 둘 다 성과도 좋으며 차별화되지 않은 제품을 제공하는 경우에는 더욱 그렇다.

7. **미래에 대한 전망** 비록 고객만족측정에만 관련되는 것은 아니지만 심층면접은 미래를 내다보고 기업이나 산업분야에 어떤 변화가 있을지 생각해 보는 기회를 제공한다. 심층면접에서 이에 대한 질문은 기업이 앞으로 고객만족을 유지하기 위해 어떤 변화가 필요한지를 알 수 있게 하는 정보를 제공한다.

인터뷰를 마친 후에는 항상 미처 다루지 못한 문제가 있는지 물어보고 이 결과를 가지고 짧은 설문지를 만들어 더 많은 사람들에게 의견을 묻게 될 것임을 설명해 준다. 피면접자의 생각은 최종 보고서의 일부로 포함될 것이라는 것도 설명해 준다. 조사가 끝나면 최종결과가 어떤지, 고객만족 제고를 위해 어떤 후속조치가 취해졌는지 설명하는 습관을 들이는 게 좋다. 마지막으로 시간을 내준 응답자에게 감사인사를 한다.

3. 포커스그룹

산업재시장보다 소비재시장에서 더 일반적으로 사용되는 포커스그룹은 6~8명의 고객이 경험 있는 운영자의 인도로 토론에 참여한다. 토론은 2시간 정도 지속되고, 호텔이나 전문가 작업실 같은 장소에서 이루어지며, 보통 녹음되거나 녹화된다. 포커스그룹의 목적은 심층면접과 똑같이 고객과 공급자 관계의 모든 측면을 알고자 하는 것이다. 따라서 다루어야 하는 주제는 매우 비슷하다(표 7.2). 심층면접에 비해 포커스그룹을 사용할 때는 그룹모집과 장소선정, 그룹진행 등의 측면에서 주의할 필요가 있다는 점이 다르다.

포커스그룹 모집

산업재시장에서는 특히 진행장소까지 왔다갔다 할 시간까지 고려하면 응답자에게 요청해야 할 시간이 길기 때문에 포커스그룹 참여는 시간과 노력이 많이 소모된다. 산업재시장 사람들, 특히 상급 관리자에게는 다른 회사의 연구를 돕기 위해 그렇게 많은 시간을 내달라고 설득하기가 더 어렵다. 이 문제를 해결할 수 있는 한 가지 방법은 포커스그룹을 스포츠 행사가 있는 날 같은 때에 끼워 넣는 것이다. 이것은 외부모임을 위한 시간을 가능하게 만든다. 포커스그룹을 하기 위해 근처 호텔이나 해당 장소에 행사시간보다 좀 더 일찍 오도록 요청하는 것은 큰 문제가 되지 않는다.

어떤 격려를 통해 소비자를 모집하면 더 쉽다. 적절한 대가, 즉 약간의 사례를 하거나 좀 더 값나가는 사은품을 줄 수 있다. 만일 자기 제품이나 서비스가 소비자에게 관심 있는 것

표7.2 심층면접과 포커스그룹의 비교

심층면접	포커스그룹
• 일대일 면접	• 6~8명의 집단토론
• 기업 응답자의 경우 더 편리함	• 소비자들이 더 관심을 가짐
• 보통 응답자의 집에서 열림	• 호텔이나 특정한 장소에서 열림
• 응답자에게 보수 없음	• 참가자에게 인센티브를 줌
• 면접에 시간 소모가 많음	• 참가자 모집에 비용이 듬
• 중간 정도의 기술이 필요함	• 숙련된 운영자가 필수적임
• 응답자가 많지 않음	• 처음에 거부하는 사람도 있음
• 60~120분 정도 걸림	• 120~180분 정도 걸림
• 약간의 투사기법 적용 가능	• 투사기법에 아주 적합
• 면접자가 주로 이끔	• 그룹의 역동성에 의해 이끌어짐
• 녹음될 수 있음	• 비디오로 녹화될 수 있음

이라면 그 자체로 사은품이 될 수 있다. 이는 기업의 비용을 낮추는 반면, 응답자에게는 가장 가치가 높은 사은품이 된다.

적절한 소비자 유형을 모집하기 위해서는 기업 내 고객 데이터베이스를 이용하여 반송 카드를 동봉한 초청편지를 보내거나 전화로 연락할 수 있다. 정확히 표적의 집단을 찾아내기 위해 선별이 필요하다면 직접 고객을 찾아 나서 섭외하는 방법도 이용할 수 있다. 또 다른 대안으로는 표적집단에 정확하게 이를 수 있는 전문잡지에 광고를 내는 것도 가능하다. 단 이 경우 어떤 자기주도적 집단 때문에 특별한 주제로만 인터뷰가 치우치게 될 위험성이 있다.

항상 응답자를 초대하기 전에 허락을 받아라. 특히, 기업 자신의 데이터베이스를 이용한 것이 아닐 때는 더욱 그렇다.

주어진 제품이나 서비스를 사용한 경험이 없는 소비자는 가치 있는 기여를 할 수 없다는 것을 명심하라. 포커스그룹을 더욱 의미 있게 하기 위해 이름을 붙이는 것도 좋다. '고객조언 토론회'나 '고객위원회', '고객 싱크탱크' 같은 이름은 그 자체로 좋은 선전이 될 뿐 아니라, 기업을 위해 참여자의 기여가 중요하다는 인식을 갖게 해 줄 수 있다.

표집은 서로 다른 여러 고객집단을 대표할 수 있기 위해 심층면접에서 고려하였던 것과 마찬가지 방법을 따라야 한다. 모으기 쉽다는 이유로 친구나 친한 기업 사람에게 참여를 요청하는 것 같은 편의표집의 단점을 피하는 것이 중요하다. 또한 집단으로 모여서는 자기 의견을 말하려고 하지 않거나 말할 수 없는 사람은 조사에 아무 도움이 되지 않기 때문에 참여자를 선택할 때 신중하게 판단해야 한다. 산업재시장에서 참여자는 보통 개인적 판단으로 걸러질 수 있으나 소비재시장은 자격심사를 해야 한다. 이 일은 응답자에게 포커스그룹에서 하는 일을 설명하고 참여의사를 확실히 함으로써 가능하다.

또한 특히 소비재시장에서는 효과를 극대화하기 위해 포커스그룹을 세분화할 필요가 있다. 참여자의 태도와 우선순위가 서로 다를 경우, 긍정적인 브레인스토밍이 되기보다 부정적 토론으로 가는 경우가 많다. 여러 개의 포커스그룹을 운영하려고 한다면 모집을 할 때 할당표집을 사용할 수 있다(할당표집을 포함한 표집의 모든 내용에 대해서는 8장 참조).

포커스그룹은 취소와 불참이 많기 때문에 어려움을 겪게 될 수 있다. 이 때문에 필요한 수의 두세 배에 해당하는 인원을 모집해 놓아야 한다. 응답률을 조정하기 위해 숫자에 어느 정도 융통성이 있어야 한다. 만약 참여자 8명을 원하면 12명을 초청하라. 50%의 참여율이라면 6명이 참여하게 된다. 예상했던 것보다 참여율이 높다면 토론그룹을 최대 12명까지 늘릴 수 있다. 참석을 확인하기 위해 하루 전에 응답자들에게 전화를 하는 것이 좋다. 이렇게 하면 참여자가 너무 적을 경우 예비명단에서 참여자를 더 선정할 시간을 가지게 된다. 상당히 과잉모집했을 때는 과잉참석으로 문제가 생길 수 있는데, 이 경우는 일부 응답자를 연기하여 다음 포커스그룹의 예비명단에 넣을 수 있다.

산업재시장에서도 역시 마지막에 취소하는 문제, 과잉모집되는 문제가 있을 수 있다. 그러나 바쁜 관리자들에게 귀하가 필요하지 않다고 마지막에 말하기는 어렵기 때문에 과잉참석을 다룰 때는 좀 더 사업적으로 해결해야 한다. 산업재시장의 경우, 가장 안전한 전략은 동시에 2개의 포커스그룹을 운영하는 것이다. 만일 외부기관을 이용하는 경우에는 경력 있는 운영자 2명을 이용하는 데 문제가 없을 것이다. 두 그룹을 운영하기로 계획했을 때 좋은 것은 만일 참여자가 너무 적으면 간단히 한 그룹만 운영하면 되고 고객들은 참석자가 적다는 것을 전혀 모른다는 점이다.

마지막으로 포커스그룹 모집 시 응답자의 이름과 주소, 전화번호를 가지고 있다가 다음 연구에 참여할 의사가 있는지를 물어 두면 다음 번에는 일을 쉽게 할 수 있다. 특히 그 기업만의 고객명단을 알아내거나 얻기가 어려울 때 유용하다.

모임장소 준비

모임장소는 중립적인 곳이어야 한다. 참가자들이 가고 싶어하는 매력적인 장소이고 포커스그룹을 진행하기에 좋은 안락하고 편안한 환경이어야 한다. 호텔이 가장 많이 이용된다. 도착하면 음료를 내는 것이 분위기를 푸는 데 도움이 된다. 어떤 호텔은 포커스그룹을 진행하기에 너무 엄숙하기 때문에 사전에 반드시 장소를 점검해야 한다. 목적에 맞는 작업실을 빌리는 것도 가능하다. 이런 곳은 편안히 앉을 수 있는 방 분위기여야 하고 녹음이나 녹화시설이 준비되어 있어야 한다. 또 원하면 회사직원이 볼 수 있도록 일방경을 설치하는 것도 좋다. 모임장소는 참석률을 높이기 위해 참여자에게 편리한 거리여야 한다. 즉, 기업 사람들은 30분 이내의 운전거리, 소비자에게는 15~20분 이내의 거리여야 한다. 자동차를 이용하지 않는 그룹에게는 대중교통이 쉽게 연결되는 곳이라야 한다.

포커스그룹 실행

심층면접과 같이 시작 전에 참여자에게 간단히 내용을 전달한다. 참여자가 문제를 생각해 볼 수 있도록 인쇄물을 나누어 줄 수도 있다. 모임은 뷔페로 시작해서 여러 사람이 가벼운 음료를 마시면서 간단한 이야기를 나눌 수 있게 한다. 운영자는 참여자에게 공식적인 환영 인사를 한다. 회의내용을 요약해 주고 어떤 내용을 기대하는지에 대해서도 알려 준다(솔직 하고, 바보같이 여겨지는 생각도 모두 다 말하게 함). 비디오 녹화 등 사용되는 기술도 모 두 알려 준다. 운영자는 포커스그룹이 왜 열리는지 설명해 주고 참여자들이 어떤 피드백을 받게 될지, 그리고 어떤 사은품을 받게 될지도 알려 준다.

개인적 질문에 답할 회사 담당자가 모임이 끝날 때 올 것이라고도 알려 준다. 이렇게 하 지 않으면 일부 응답자는 개인적 불만이나 경험을 이야기하는 데 상당한 시간을 소모하여 금방 1시간 정도가 지나가 버리기도 한다. 모임이 끝나면 회사대표가 올 것이라고 언급함 으로써 이런 빗나감을 최소화할 수 있다. 그런데 회사대표가 포커스그룹을 진행하는 동안 에는 오지 않아야 응답자들이 신랄한 지적을 자유롭게 할 수 있게 된다.

어떤 연구를 수행하거나 처음에는 쉬운 주제를 다루어 모든 사람이 뚜렷한 견해를 갖게 하고 시작하는 것이 가장 좋다. 이렇게 하면 그룹 내의 토론을 자극하게 될 것이며, 운영자 는 뒤에 앉아서 다음 주제로 넘어갈 시간까지 가능한 한 개입을 줄이고 그룹의 역동적인 토론을 끌어낼 수 있다. 소기업 경영자 모임의 포커스그룹에서 회계 서비스에 대한 만족도 를 토론하는 경우라면, '회계 담당자의 가장 마음에 드는 점은 무엇이고 가장 마음에 들지 않는 점은 무엇입니까?'라는 질문으로 시작할 수 있다. 모임을 두 부분으로 나누어 앞의 모임에서는 모임을 의뢰한 기업을 알리지 않는 것이 도움이 된다. 이렇게 하면 특별한 기 업을 염두에 두지 않고 일반적인 문제를 먼저 논의하는 것이 가능하다.

고객에게 중요한 고객만족 요소와 이런 요소들의 상대적인 중요성에 관한 논의도 포함 시킨다. 기업에 기대하는 성과수준과 앞으로 바뀔 거라고 생각하는 성과수준도 알아본다. 참여자에게 해당 시장에서의 놀랄 만한 또는 끔찍한 자신의 경험을 이야기할 준비를 하고 오도록 미리 브리핑 단계에서 말해 주면 그들의 생각을 끌어내는 데 도움이 될 것이다. 고 객의 경험과 우선순위를 확인했으면 기업을 비교하는 문제로 넘어간다. 모임을 마련한 기 업의 이름을 아직 밝히지 않았다면 더욱 객관적이 될 것이다. 마지막으로 회사이름을 밝히고 이 회사에 대한 참여자들의 견해와 경험을 말하게 하는 데 초점을 맞춘다.

포커스그룹의 가장 큰 장점은 투사기법을 사용하기에 적합하다는 것이다. 참여자의 태도를 가장 잘 끌어내는 방법은 직접 묻는 것이 아니라 간접적으로 문제에 접근하는 것이다. 자의식이 많이 표현되지 않는 방법으로 자신들의 견해를 표현하게 해야 한다. 이 기법은 초기단계에서는 '다정한 마틴(friendly Martin)'법으로 불리기도 한다. 그룹이나 개인에게 '다정한 마틴(물론 이 문제에 대해 아무것도 모르는 사람)'에게 난방을 가장 잘하는 방법에 대해 어떤 조언을 하겠느냐고 묻는다. 그러면 응답자들은 근본적인 문제로 돌아가서 마틴에게 문제를 어떻게 다루어야 하는지 자신의 신념과 태도에 따라 과정을 설명한다. '주택난방을 위한 가장 좋은 방법은 무엇인가?'라는 직접적인 질문을 받았다면 응답자는 훨씬 더 공식적이고 솔직하지 않은 평가를 하게 된다. 최근에 '다정한 마틴원리'를 사용한 많은 기법들이 개발되었다. 다음에 몇 가지를 소개한다.

그림 그리기　주제통각검사(thematic apperception test : TAT) 방법은 사람들이 책보다 그림으로 자신의 실제 감정을 더 쉽고 정확하게 묘사한다는 가정에 근거한 것이다. 로이 랭메이드(Roy Langmaid)와 웬디 고든(Wendy Gordon)은 그들의 책 질적 시장조사(*Qualitative Market Research*)에서 50명의 응답자에게 4개의 영국 TV 회사를 사람으로 묘사해 보라고 하였다. BBC 1은 약간 위엄 있는 나이 든 숙녀로, BBC 2는 진지하고 학구적인 골덴자켓을 입은 중년남자로, ITV는 돈을 긁어모으는 시끄럽고 버릇없는 사람으로, 채널 4는 분열된 인성의 소유자, 즉 워크맨을 가지고 한쪽 귀로는 오페라를, 다른 쪽 귀로는 록 뮤직을 듣는 사람으로 묘사되었다.

TV의 이미지를 직접 물어본 경우보다 이런 식의 묘사로 더 명확한 대답을 얻을 수 있다. 이는 도메스토스 표백제에 대한 상표 이미지를 알고자 했던 연구에서 더 확실하게 드러난다. 응답자에게 도메스토스를 사람으로 묘사해 보도록 요청했더니 한 사람은 빛나는 갑옷을 입은 기사로, 다른 한 사람은 대처 수상으로 묘사했다. 이 결과는 도메스토스 상표 이미지의 정확성을 다시 확인해 주는 것이었다.

이런 비슷한 연구에서 마케팅 고위 책임자를 항상 만족시키는 결과만 나오는 것은 아니다. 한 조사에서는 루코제이드라는 상표의 제품이 아파서 침대에 누워 있는 아이로 묘사되었다. 그 회사는 그 후 상표 이미지를 강화하고 시장을 넓히기 위해 루코제이드 광고의 주인공으로 올림픽 10종 경기 우승자인 델리 톰슨을 쓰기 시작했다.

의인화 기법 그림 그리기와 아주 비슷하게 회사나 상표명을 인성화하여 쉽게 알 수 있는 사람이나 사물과 연결시키는 것이다. 앞에서 언급한 스포츠나 TV 인물로 의인화하는 기법과 비슷한 것으로 매우 성공적인 고객인식 방법인데 서로 다른 회사나 제품을 의인화시키거나 자동차와 같은 사물로 묘사하도록 할 수도 있다.

이 방법을 최근에 들어온 일본 경쟁업체와 경쟁에 직면하게 된 영국의 유명한 대기업의 시장현황조사에 사용한 기억이 있다. 영국 회사는 볼보로 묘사되었는데, 자동차 도로에서 안쪽 주행선을 돌며 제한속도 내에서 안전하고 믿을 만하며 흥분하거나 혁신적이지 않은 모습이었다. 일본 회사는 BMW인데 품질이 아주 좋고 모양도 좋으며 매우 공격적이다. 자동차 도로의 바깥쪽에서 날아 들어왔는데 볼보를 거의 따라잡으려 하고 있다. 단 한 가지 문제점은 BMW가 계속 달려 목적지에 닿을 수 있을지 확신할 수 없다는 것이었다. 이것이 의미하는 바는 일본 회사가 계속적인 공급을 할 수 있을지 고객이 우려하고 있다는 것을 나타낸다.

심리극 '역할극'이나 '환상의 상태'로 불리는 심리극은 응답자에게 자신이 제품이라고 상상하도록 요청한다. 자신이 제품으로 사용되거나 이용되는 과정에서 느끼는 감정을 말하게 한다.

심리극 실행의 한 예로, 전형적인 진통제 소비자 그룹에게 진통제로 두통을 치료하고 나오는 과정을 묘사하도록 요청하였다. 세 사람으로 구성된 각 그룹에서 한 사람은 아픈 사람, 다른 사람은 통증, 세 번째 사람은 진통제의 역할을 맡는다. 어떻게 할지를 간단히 설명한 뒤, 대부분의 그룹은 통증이 아픈 사람을 거칠게 지배하고 있는 것을 보여 주고 진통제가 갑자기 그 장면에 나와서 통증과 거칠게 싸워 이긴 후 다시 아픈 사람이 웃음을 되찾는 것을 보여 준다. 어떤 그룹은 다르게 하는데, 통증이 역시 아픈 사람을 지배하고 있다가 진통제가 나와 단호하지만 부드럽게 통증을 가라앉히는 것이다. 이 연극이 끝난 후 집단토론에서 응답자들에게 두 가지 연극이 보여 준 내용을 상징하는 진통제의 이름을 대게 하였다.

투쟁적인 진통제의 경우는 아무 문제 없이 유명한 많은 상표를 제시했다. 그런데 부드러운 진통제는 적절한 상표명을 찾는 데 어려움이 많았지만 부드러운 진통제의 지지자가 많았다. 조사를 한 사람들은 이 결과를 통해 소비자의 충족되지 못한 욕구를 발견했는가? 그렇다. 이에 따라 뉴로펜은 두통을 부드럽게 감소시키는 진통제로 자리매김하였다.

심리극은 고객만족측정의 탐색연구에서 매우 효과적으로 이용될 수 있다. 특히 대기업 공급자가 소비재시장에 참여하고 있을 때 그렇다. 건강 서비스의 경우를 예로 들면 한 참가자는 대형 병원, 다른 참가자는 환자, 세 번째, 네 번째 참가자는 환자와 작은 개인병원으로 관계를 맺도록 할 수 있다. 그리고 고객이 역할극을 통해 느낀 바를 묘사하거나 설명하면서 토론하게 한다.

고객의 우선순위

고객에게 중요한 것들이 무엇인지를 다 알아내기 위해 위에서 설명한 방법들을 사용하면 포커스 그룹 면접의 나머지 과정을 더 잘 구조화시킬 수 있다. 먼저 면접의 전반부에 언급된 고객의 요구를 플립차트에 하나씩 모두 나열한다. 다음에는 각 요구에 대해 누구라도 더 할 말이 있는지 확인하고 가장 중요한 우선순위를 하나 고르게 한 다음 10점 만점으로 점수를 매기게 한다. 이 과정은 모든 참가자가 개별적으로 수행한다. 개별적으로 코멘트나 의견을 쓸 수 있도록 연필과 종이를 나누어주는 게 좋다.

가장 중요한 우선순위를 고른 다음에는 나머지 요구 목록들도 읽어보고 모든 항목에 대해 10점 만점으로 점수를 매긴다. 이때 가장 중요한 항목에 부여했던 점수와 비교해서 다른 항목들에 점수를 매겨야 한다. 모든 참가자가 이 과정을 끝내면 항목별로 평균점수를 계산한다. 대부분의 고객들에게 가장 중요한 항목은 가장 높은 평균점수를 받은 요구항목일 것이고 이는 반드시 본조사 설문지에 포함되어야 한다.

4. 결론

○ 탐색조사를 하지 않고도 본조사용 설문지를 설계할 수 있을 정도로 고객이 무엇을 중시하는지 이미 잘 알고 있다고 생각하는 것은 교만하고 잘못된 생각이다.

○ 탐색조사는 두 가지 구체적인 목적을 반드시 달성해야만 한다.

- 조사할 모집단 전체를 재확인한다. 여기에 구매자는 물론 구매결정과 평가에 영향을 미치는 사람도 포함시킬 필요가 있다. 산업재시장에서는 의사결정단위가 더 크고 복잡하다.

- 고객만족의 구성요소를 알아내야 한다. 달리 말하면, 고객의 구매 후 만족 또는 불만족 정도를 결정하는 것이 무엇인가를 정확히 알아내는 것이다.

○ 심층면접은 고객만족측정의 탐색적 연구에서 가장 일반적으로 사용하는 방법이며, 특히 산업재시장에서 더욱 그렇다.

○ 포커스그룹은 고객 내면의 신념이나 태도를 찾아내는 데 더 적합한 방법이지만 시간과 비용이 많이 든다. 포커스그룹은 말로 표현하기 어려운 태도를 고객이 잘 표현하도록 생각을 자극하고 도와줄 수 있는 투사기법을 사용하기에도 적합한 조사방법이다.

08
표집

 목표
- 여러 가지 표집방법을 이해한다.
- 정확한 표집의 중요성을 이해한다.
- 주어진 상황에 가장 적절한 표집방법을 선택한다.

탐색적인 연구를 완성하기 위해서는 어떤 형태의 질문을 어떤 사람에게 하는 것이 필요한 가를 이해하는 것이 중요하다. 누구를 조사할 것인지, 어떤 방법으로 조사할 것인지, 설문 지를 어떻게 설계할 것인지 이 단계에서 결정할 수 있다.

1. 표집의 중요성

대부분의 시장은 고객이 너무 많아 모든 사람을 전수조사할 수 없다. 시장의 '전체 모집단' 을 대표할 수 있는 일부 고객들을 면접하는 것만이 현실적으로 가능하고 또한 필요한 일이 다. 표집의 목적은 조사대상 모집단을 **진정으로** 대표하는 소수의 '단위', 즉 표본을 선택하 는 것이다.

조사결과의 타당성을 입증하고 비용을 절감하기 위해서 정확한 표집은 필수적이다. 방 해하는 동료나 냉소적인 선배들이 결과의 타당성을 비판할 때, 가장 쉽고 효과적으로 내거 는 근거는 표본이 고객 전체의 견해를 대표하지 않는다고 주장하는 것이다. 그들은 그들의 주장을 지지하고 특정한 견해를 일반화시키기 위해 일회적인 증거를 사용할 수도 있다. 그러한 책략이 공격적으로 행해진다면 여러 사람의 지지를 얻을 수도 있다. 그러한 비판에 대한 가장 효율적인 방어는 이 장에서 언급하는 표집에 대한 방법론을 주장하는 것이다.

표집 신뢰도

표본의 신뢰도는 반복성(repeatability)으로 평가할 수 있다. 반복성이란 똑같은 조사를 표본만 다르게 해서 수행할 경우 동일한 결과를 얻는 정도이다. 반복성은 기본적으로 표본의 크기에 좌우된다. 표본 크기가 클수록 반복된 조사들의 결과가 같을 가능성이 크다. 표본 신뢰도는 세부적으로 다음의 세 요소로 나누어진다.

정확도 조사결과의 정확도(precision)는 일반적으로 측정치가 사실과 다를 수 있는 오차 정도를 말한다. 예를 들어 100명을 대상으로 영국이 올림픽 개최 경쟁에서 이겨야 한다고 생각하는지를 질문했는데 38%가 '그렇다'고 응답하고, 40%가 '그렇지 않다', 22%는 '모르겠다'라고 응답했는데 정확도가 +/− 5%라고 하자. 이는 다른 표본을 가지고 조사했을 때 '그렇다'라는 응답이 33~43% 사이에 있을 것이라는 의미이다. 표본 크기가 클 경우, 만일 1,000명을 조사했다면 이 정확도는 가령 +/− 1% 정도로 더 좋아질 것이다. 조사 관련 서적들은 이 개념을 신뢰구간(considential interval)이라고도 부르는데 신뢰수준(confidence level)과 혼동할 우려가 있어 여기에서는 정확도라는 단어를 사용한다.

신뢰수준 표본의 정확도는 여러 신뢰수준(confidence level)에서 계산할 수 있다. 의료 분야처럼 매우 중요한 연구에서는 전형적으로 99% 정도의 높은 신뢰수준을 요구한다. 올림픽 개최에 대한 의견조사 같은 경우 99% 신뢰수준에서 1% 정확도를 갖도록 설계했다면, 이는 동일한 조사를 표본을 바꾸어 100번 시행했을 때 그 결과 중 99번은 어떤 값의 +/− 1% 내에 있게 될 것이라는 의미이다. 다시 말해 전수조사를 했을 때보다 그 값이 1% 이상 다를 가능성이 100번 중 한 번 꼴 정도라는 뜻이다. 대부분의 시장연구에서는 95% 신뢰수준이 기본이다. 이는 20번의 조사 중 19번은 원하는 정확도 내에서 조사결과를 얻을 수 있다는 의미이다.

분산 주어진 신뢰수준에서 일정한 표본 크기로부터 기대할 수 있는 정확도는 응답자들

표8.1 표준 통계표

정확도(+/− %)	예상 표준 편차						
	0.5	0.75	0.1	1.25	1.5	1.75	2.0
5	4	9	15	24	35	47	61
4.5	5	11	19	30	43	58	76
4	6	14	24	38	54	74	96
3.5	8	18	31	49	71	96	125
3	11	24	43	67	96	131	171
2.5	15	35	61	96	138	188	246
2	24	54	96	150	216	294	384
1.5	43	96	171	267	384	523	683
1	96	216	384	600	864	1176	1537
0.75	171	384	683	1067	1537	2092	2732
0.5	384	864	1537	2401	3457	4706	6147
0.25	1537	3457	6147	9604	13830	18824	24586

이 표는 다양한 표준편차와 정확도에 따라 필요한 표본크기를 보여 준다. 가령 표본 내 편차가 작고(예를 들어 0.5) 필요한 정확도가 최대 1%라면 표본이 96명이면 된다는 뜻이다. 반면 표준편차가 크고(예를 들어 2.0) 정확도가 최대 1%라면, 1537명의 표본이 필요하다.

사이의 분산(variance)에도 좌우된다. 상식적으로 거의 모든 사람들의 생각이 같은 주제(예 : 살인이 법에 저촉된다고 생각하는가?)에 대해 질문을 하면 몇 번의 조사를 하든 그 결과는 매우 비슷할 것이다. 이는 응답자들 사이의 의견이 거의 동일한 경우, 즉 분산이 낮은 경우로 표본 크기와 상관없이 어떤 신뢰수준에서도 신뢰할만한 결과를 얻게 될 것이다. 반면 올림픽 개최에 대한 의견조사 같은 경우 개최를 시도해야 한다는 주장이 약 절반이고 나머지는 반대다. 이렇게 사람들마다 의견이 다른 경우 신뢰도는 낮아지고 좀 더 큰 표본이 필요하게 된다. 실제 응답자들 사이의 분산은 조사가 끝날 때까지 정확하게 알 수 없기 때문에 통계학자들은 예상하는 분산에 근거해 필요한 표본 크기를 결정하기 위해 표 8.1에서와 같은 통계표를 이용한다. 우리의 경험에 따르면 고객만족조사는 다른 종류의 시장조사에 비해 분산이 낮은 편이고 따라서 필요한 표본 규모도 작은 편이다.

표본크기 결정

'진정한 대표성'이 있다는 것을 확인하기 위해 표본크기는 어떻게 결정이 되어야 하는가?

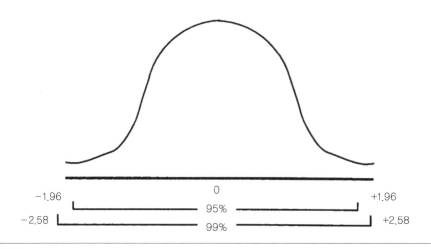

-1.96   0   +1.96

95%

-2.58   99%   +2.58

그림8.1 정상분포곡선

이에 대한 간단한 답변은 전수조사를 수행하는 것이다. 특히 다수의 고객에 비해 상대적으로 숫자가 적은 기업 대 기업 시장에서 그러하다. 좀 더 현실적으로 소규모 구매자에 대해서는 표본조사를, 시장에서 판매의 상당부분을 차지하는 대규모 구매자에 대해서는 전수조사를 수행할 수 있다. '층화표집'에 대한 더 자세한 설명은 표집의 종류에 제시되어 있다.

대부분의 기업은 전수조사를 할 수 없기 때문에 표본조사를 한다. 그러면 그 표본은 얼마나 커야 하는가? 문제가 되는 것은 고객 모집단의 크기가 아니라 표본의 크기이다. 예를 들면, A회사는 100명의 고객을 가지고 있고 B회사는 10만 명의 고객을 가지고 있다고 해도, B회사가 표집을 정확하게 하기 위해 응답자를 A회사보다 1,000배나 많이 뽑을 필요는 없다. 전제 모집단의 크기가 어떻든 간에 실질적으로 표본크기가 200을 초과하고 확률표집을 한 경우라면 조사의 정확도는 받아들일 수 있을 만한 수준이 된다. 조사에서 표본크기가 200을 초과하면 조사자료는 그림 8.1에서 보여 주는 것과 같은 정상분포곡선을 그리게 된다. 산술평균에 근접하는 압도적인 응답은 대표성을 갖게 되고 각 극단에 있는 대표성이 없는 소수의 응답이 그 결과를 왜곡시키지는 못할 것이다.

고객만족조사를 위한 대부분의 표본은 응답자의 수가 200~500명 사이이다. 표본 크기가 증가하면 정확성이 향상되지만 비용이 증가한다. 경험상 대부분의 CSM 조사에서 이 정도의 표본으로 95% 신뢰수준에서 1% 수준의 정확도를 달성할 수 있다. 전형적으로 정확성을 2배 늘리기 위해서는(예를 들면, ±2%에서 ±1%로) 표본크기를 4배 증가시켜야 하고 조사비용은 4배가 들게 된다.

표본크기를 늘려야 하는 단 한 가지 경우는 분명한 세분집단이 여러 개 있을 때와 각 세분집단에 대한 응답자가 대표성을 갖고 있다는 확신이 필요할 때이다. 예를 들어, 1년에 50,000명의 고객에게 서비스하는 우편주문 꽃씨회사는 고객만족을 측정하기 위해 전화조사를 실시한다. 200명의 고객은 전체 모집단의 0.4%이지만 고객만족을 측정하는 데는 받아들일 만한 수준이다.

그러나 꽃씨 회사가 꽃씨 구매 고객과 다른 제품 구매고객을 비교하거나 서로 다른 연령집단의 고객들을 비교하고자 한다면 정확한 결과를 위해 집단이 추가될 때마다 100명 정도 표본을 늘려야 한다. 각 집단별로 필요한 최소 표본은 50명이다.

그러므로 고객 수가 많지 않은 기업은 대표성을 높이기 위해 모집단에서 뽑아야 하는 표본의 비율이 높아진다. 산업재 시장에서는 종종 모든 모집단을 조사하는 전수조사(census)를 하기도 한다. 고객 수가 아주 많은 소비재 기업의 경우에는 고객집단을 여러 개의 하위집단으로 잘게 세분화하지 않는 한 산업재 시장에서만큼 표집률을 높일 필요가 없다.

소비재시장에서도 대체로 500명 정도의 표본으로 소비자의 인구통계적 특성과 행동 특성에 따른 세분집단별 비교가 가능하다. 기업이 500명 이상의 대규모 표본을 뽑아야 하는 경우는 여러 개의 매장을 가진 기업, 유통업체, 은행, 물류회사 등이다. 영국에서 대형 슈퍼마켓의 경우를 예로 들면 전국에서 뽑은 500명의 표본으로 고객만족의 전반적인 수준을 판단할 신뢰할만한 결과를 얻을 수 있다. 그러나 이 경우 매장마다 만족수준이 많이 다를 것이다. 이런 경우 회사 전체의 개선우선순위를 찾아내고 개선하기보다 가장 고객만족수준이 낮은 매장을 찾아내 개선하는 것이 더 바람직하다. CSM을 효과적으로 실행하기 위해서는 모든 매장에서 일정 수의 고객을 선택하고 매장별 비교를 하는 것이 낫기 때문이다. 이 경우 보다 신뢰할 만한 결과를 얻으려면 매장별로 최소 100명, 또는 200명의 고객을 조사해야 한다. 전체적으로 이 조사의 표본 수는 매우 커질 것이다. 500개의 매장을 가진 회사가 각 매장에서 200명의 고객을 조사하면 총 표본 크기는 10만 명이 된다.

표본 크기에 대한 논의를 마무리하기 전에 매년 점점 더 많은 영국의 기업이 소비자에게 고객설문지를 보내고 있음을 생각해 보자. 예를 들어, 매년 100만 명의 고객에게 설문지를 발송하는 대규모 은행이 있다는 것은 놀랄 일이 아니다. 그 은행의 고객들은 아마도 다른 기업, 가령 항공사나, 보험회사, 전기회사 등, 언급하기 힘들 정도로 다른 많은 기업의 고객이기도 하다는 점을 기억하라. 다른 기업들도 고객만족을 측정하기 위해 고객에게 조사용 설문지를 보낼 것이다. 영국 전체가 매일 쏟아지는 수많은 조사 설문지 때문에 피로증후군을 겪고 있다는 징후들이 나타나고 있다. 응답률 저하가 그 증거 중 하나인데, 이 현상은 런던과 남서부 지역에서 특히 심하다. 표본 크기를 낮추고도 신뢰할 만한 결과를 얻기 위해 어떻게 해야 하는지가 이젠 모두의 관심사이다. 원하는 수의 응답을 얻을 때까지 수천 명에게 마구 설문지를 보내기보다는 잘 설계된 목표 집단에서 소수의 표본을 추출해 신중하게 조사를 하는 것이 낫다. 소수 정예식 접근은 표집에 따른 오차를 없애고 응답자 피로를 줄여 주어 결과에 대한 자세한 설명을 가능하게 하고 결과의 정확성을 향상시킨다.

2. 표집의 종류

표집에는 무작위표집과 비무작위표집의 두 가지 종류가 있다. 그림 8.2는 표집방법을 나타낸다.

확률표집

확률표집(random samples)은 무작위표집으로도 알려져 있는데, 조사 모집단의 모든 요소가 표본에 포함될 기회가 0이 아닌 동등한 값을 갖는 것이다. 표집단위는 소비자조사에서는 대개 개인이고 산업재시장에서는 회사나 개별 응답자이다.

단순무작위표집 단순무작위표집을 실행하기 위해서 연구자는 조사대상 시장이나 집단의 완전한 목록(모집단이나 표본프레임)이 필요하다. 표본크기는 목록에서 무작위로 결정·선택되는데, 각 개인은 표본프레임에서 표집이 끝날 때까지 선택될 가능성이 같다. 한 가지 방법은 컴퓨터를 사용하여 무작위로 이름이나 숫자를 추출하는 것이다. 다음 예에서와 같이 체계적 무작위표집을 할 수도 있다.

　한정된 지역의 표본프레임에 10,000명의 모집단이 있다고 하자. 조사표본 수는 200명

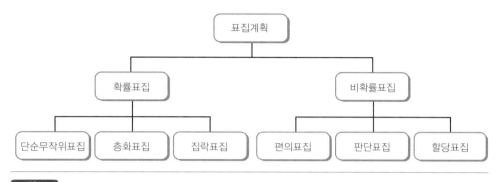

그림8.2 표집방법

이다. 10,000명을 200명으로 나누면 50명이 된다. 모집단은 그 안에 각각 50명을 포함한 200개의 하위집단으로 구성되어 있는 것과 같다. 연구자가 1~50까지의 숫자에서 무작위로 37을 선택했다고 하자. 다음 단계는 37번째, 87번째, 137번째, 187번째, 237번째의 순으로 10,000명의 목록에서 사람을 뽑아 내는 것이다. 200명의 표본을 얻을 때까지 이 과정을 반복한다. 연구자는 통계기법을 사용하여 무작위표집에서 얻어지는 결과가 10,000명에 대한 결과를 예측할 때 사용될 경우의 측정오차 수준을 계산할 수 있다. 표본이 커질수록 정확도는 높아진다.

층화표집　확률표집 또는 무작위표집은 때때로 어떤 고객이 다른 고객보다 더 중요하다고 생각되는 시장에서 결과를 왜곡시킬 수 있다. 이 경우에는 층화표집이 사용되는데, 이는 세분화된 시장의 중요성에 따라 표본에 가중치를 주는 것이다.

　6,200명의 고객을 가진 회사가 3백만 파운드의 매상을 기록하는 5,000명의 소규모 구매자, 2천만 파운드의 매상을 기록하는 1,000명의 중규모 구매자, 2천 5백만 파운드의 매상을 기록하는 200명의 대규모 구매자로 세분화되어 있다고 가정하자. 무작위로 추출된 200명의 표본은 회사를 완전히 대표할 수 없다. 대규모 구매자는 회사 매출액의 반을 기록하기 때문에 역시 표본의 반을 차지하여야 하고, 중규모 구매자는 총 매출액의 40%를 기록하기 때문에 표본의 40%를, 소규모 구매자는 매출액의 10%를 기록하기 때문에 표본의 10%를 구성하여야 한다. 따라서 층화표집의 '층(strata)'은 200명의 대규모 구매자 모집단에서 무작위로 추출된 100명의 대규모 구매자, 1,000명의 중규모 구매자 모집단에서 무작

위로 추출된 80명의 중규모 구매자, 그리고 5,000명의 소규모 구매자 모집단에서 무작위로 추출된 20명의 소규모 구매자가 된다.

집락표집 확률표집 중 세 번째는 다른 것보다 비용이 덜 드는 방법인 집락표집이다. 이 방법은 하나 또는 여러 개의 대표성이 있는 지역에 표집을 집중함으로써 연구비용을 줄일 수 있는데, 소비재시장에서 널리 사용된다. 집락표집은 전국적으로 여러 지역에서 약간씩 뽑은 응답자를 면접조사하는 것이다. 대인면접에서 이 방법은 시간과 비용이 많이 든다. 따라서 집락표집은 표적시장의 전형이라고 생각되는 몇몇 지역(집락)을 뽑고 그 집락에서 다시 무작위로 표본을 뽑아 내게 된다. 이 방법은 대부분의 시장조사에서 통계적인 정확성이 충분하다고 간주된다.

비확률표집

비확률(비무작위)표집(non-random samples)은 조사를 수행하는 데 신속하고 쉽고 비용이 적게 들지만, 전체적으로 대표성이 낮고 통계적 기법의 사용에 제한을 받는다. 비확률표집의 세 가지 형태는 다음과 같다.

편의표집 이 방법은 지나가는 행인과 같은 편의집단에서 자료를 모으는 것이다. 표집방법이 명확하게 확정되어 있지 않다면 조사자는 친구나 가족과 같이 가깝게 접촉할 수 있는 사람을 면접하는 쉬운 방법을 사용하기 때문에 항상 위험이 따른다. 명백하게 편의표집은 대표성이 부족하기가 쉽고, 많은 경우 전체 조사를 쓸모 없게 만들 수도 있다.

판단표집 응답자는 표적시장을 대표한다는 연구자의 신념하에 신중하게 선택된다. 응답자 선정에 대한 연구자의 지식이 많을수록 정확도가 더 높아진다. 산업재시장에서 이러한 방법으로 고객을 표집하는 것은 특별한 일이 아니다. 판단표집은 질적인 연구에 사용되거나 본조사를 설계하는 데 필요한 탐색적 연구에서 사용될 때는 완벽하게 만족스러운 방법이다. 그러나 본조사는 양적인 연구가 될 것이고, 그 결과는 일반적으로 고객의 우선순위와 기업의 업무수행 성과에 대한 견해를 나타내는 데 사용된다. 특히 관리적 의사결정에 대한 확실한 근거를 제공하려면 조사결과가 정확하게 시장 전체의 견해를 반영한다는 것이 확인되어야 한다. 그러므로 판단표집은 표집자의 입장에서는 객관적이고 확실하지만 충분히 신뢰할 수 있는 것은 아니다.

할당표집 할당표집은 시장조사 기관에서 현장조사 비용을 최소화하기 위해 자주 사용한다. 시장조사 기관은 모집단을 몇 개의 하위집단으로 나누기 위해 기존의 2차 자료를 이용한다. 소비자연구에서는 종종 사회적 계급과 연령에 따라 집단을 나누게 된다. 시장조사 기관은 출간된 통계자료에 근거하여 현장에서 면접자에 대한 할당률을 결정한다.

예를 들면, 면접자로 20~35세의 여성 20명, 36~50세의 여성 15명, 51세 이상 여성 25명을 표집할 수 있다. 조사기관은 이러한 방법을 사용해서 할당량이 전체 모집단을 정확하게 반영한다는 것을 확신할 수 있다. 그러나 같은 연령띠 내에 있는 개인들이 그 연령띠 내의 모든 여성을 대표한다는 것은 보장할 수 없다. 가령, 단순히 20~35세의 여성 중 면접에 응한 최초의 여성 20명에게 질문을 할 수도 있기 때문이다.

그러나 이 방법은 자료를 수집하기 위해 비용을 가장 절약할 수 있는 방법으로 간주되기 때문에 상업적 연구에서 매우 보편적으로 사용된다.

표집설계

고객조사를 위한 표집을 하려면 다음과 같은 단계를 따른다.

1단계 : 조사목적 명료화 수행하고 있는 조사가 고객인식조사인지 시장현황조사인지를 결정한다. 단지 여러분 자신의 고객을 조사하는 것이라면 시장에서 모든 고객의 정확한 표본을 추출하는 것보다 2단계 작업이 더 쉬울 것이다. 조사목적은 지속적으로 추적하는 것부터 전략적인 기초조사까지 다양할 수 있다.

지속적인 추적을 위해서는 비확률적 표집, 심지어는 편의표집도 완벽하게 만족스러울 수 있다. 예를 들면, 치과진료는 지속적인 추적을 위해 사후관리 설문지를 완성하는 환자의 견해에 의존할 수 있다. 또는 사무집기 서비스 회사는 지난주에 서비스를 받은 고객명부에서 전화접촉이 가능한 최초 20개의 회사를 조사할 수 있다. 반면, 고객의 우선순위를 다시 벤치마크하고 기업의 업무 성과수준을 완벽하게 평가하기 위해 매년 실시하는 기초조사는 확실히 대표성 있는 표본에 근거해야 한다.

2단계 : 표본프레임 정의   표본프레임이란 조사 모집단이 무엇이든 간에 그것을 효율적으로 표집할 수 있는 접근 가능한 목록의 형태로 정의될 수 있다. 고객인식조사를 수행하는 대부분의 기업에서 표본프레임은 고객명부가 될 것이다. 오늘날에는 많은 회사가 고객에 대한 자료를 가지고 있다. 그러나 만일 고객이 누구인지 모르는 기업이라면 할당표집을 해야 할 것이다. 예를 들면, 유통업자는 가게를 방문한 고객을 할당표집할 수 있다. 판매업자를 통해 판매하는 제조업자는 최종 사용자를 조사하기 위해 판매업자의 조합을 알아야 한다(판매업자는 고객만족측정을 위해 타당한 모집단을 스스로 형성할 수 있지만 조사는 따로 할 필요가 있다).

시장현황조사에서 모집단은 동종제품을 구매하는 모든 사람들이다. 성숙한 많은 산업재시장에서 공급자 입장에 있는 기업들은 그들의 고객이든 고객이 아니든 모든 구매기업들을 알 수 있게 될 것이다. 구매기업들은 판매원의 방문을 받게 되고 고객에 대한 표본프레임은 컴퓨터에 없어도 완벽하게 작성될 수 있다. 고객이 많은 시장에서는 관련 주소록이나 전화번호부와 같은 목록이 사용될 수 있다. 그러한 목록은 제품을 구매하는 모든 회사를 포함하지는 않지만 대개 충분히 포괄적이다. 소비재시장에서는 선거인명부가 가장 포괄적인 목록이다. 그러나 시장세분화를 하기 위해서는 전체 모집단이나 특정한 이익집단에 관한 상업적인 목록이 필요하다. 그러한 목록은 확률표집을 위해 필요하다는 것을 기억하라.

3단계 : 표집계층 규정   만일 고객유형이나 계층에 따라 시장을 세분화하고 싶으면 표집계층을 확인하는 것이 필요하다. 모집단을 층화할수록 표본이 더 많이 필요하게 된다. 이렇게 해야 그 표본이 모집단 전체뿐 아니라 각 세분화 집단도 더 잘 대표할 수 있게 될 것이다. 층화할당표집을 사용할 필요가 있다면 할당의 기준이 될 세분집단을 정의해야 한다.

4단계 : 고객 세분집단의 가치평가   대부분의 소비재시장에서 표본프레임 내에 있는 각 고객집단의 가치는 비슷하다. 부유한 가계는 빈곤한 가계보다 슈퍼마켓에서 평균 소비수준이 더 높은 경향이 있지만, 슈퍼마켓에서 많이 소비하는 고객과 적게 소비하는 고객의 가치의 차이는 표집에서 고려할 만큼 충분히 크지 않다. 슈퍼마켓의 표본프레임은 각각의 개인고객이 평등하다고 간주한다.

산업재시장에서 개별고객의 가치는 평등과 거리가 멀다. 구매력을 기준으로 정의할 때 최대 구매고객의 가치는 최소 구매고객의 가치보다 1,000배 또는 10,000배나 될 수 있다. 그런 경우에 표본프레임에서 각각의 고객에게 똑같은 가치를 할당한다면 표본은 진정으로 시장을 대표하는 것이 아니다. 그러므로 층화표집을 해서 서로 다른 표집계층이나 시장 세분집단의 가치를 결정하고 그에 따라 각 집단에 고객을 할당해야 한다.

5단계 : 의사결정단위와 표집변수 설정   소비재시장을 대상으로 한 대부분의 조사에서 각각의 고객은 한 개인으로 간주된다. 보수적인 구매에서는 때때로 가계 의사결정단위가 포함되는데, 그 경우에 표본은 주문서를 낸 개인이 아니라 양쪽 파트너를 포함해야 한다.

6장에서 살펴보았듯이 산업재시장의 의사결정단위는 좀 더 규모가 크거나 복잡하다. 그리고 이것은 조사를 위해 표본에 가능한 한 정확하게 반영될 필요가 있다. 표본이 구매의사결정에 포함되는 개인을 정확하게 반영해야 하는 것과 마찬가지로 기관고객조사에서는 최종 사용자인 산업체를, 그리고 소비자조사에서는 사회적 등급이나 가족생활주기와 같은 변수를 포함시킬 필요가 있다.

많은 조사에서는 지역적 차이를 반영하는 것이 필요하다. 많은 수의 창고, 판매소, 서비스센터 또는 판매지역이 표집단계에서 고려되어야 한다. 조사결과가 전국적으로 적용 가능할 때 개별지점이나 서비스센터의 직원은 "정말 좋습니다. 그러나 이 결과는 전국적인 경향에 해당합니다. 이 결과는 이 지역에서 우리 고객이 우리를 어떻게 생각하는가를 반영하는 것은 아니로군요."라고 말할지도 모른다. 따라서 조사결과는 고객을 만족시키고 필요한 곳에서 개선할 수 있는 모든 지역에서 의미가 있어야 한다. 결과적으로 지점, 판매소 등이 많이 있고 조사결과를 각 지점의 업무 성과수준과 연결시킬 필요가 있다면 전체 표본 크기는 각 지역을 포괄하기 위해 증가되어야 한다.

6단계 : 표집방법 결정   표집방법을 결정하고 표본을 추출하기 위해 필요한 정보가 있다고 하자. 첫 번째 해야 할 일은 가장 정확한 표집방법, 확률표집을 선택할 것인지 아닌지 또는 그것이 가능한지, 그리고 선택한 방법이 비용 절약적인지 아닌지를 결정하는 것이다.

비용에 제한을 받지 않는다면 가능한 한 확률표집을 해야 한다. 이 과정은 의사결정에 대한 확실한 근거로서 결과를 방어하기가 더 쉽다. 때때로 개별고객의 신원이 알려져 있지 않은 곳에서 확률표집을 하는 것이 불가능할 때가 있다. 그런 경우에는 할당표집이 최선의 방법이며, 표본이 가능한 한 정확하게 시장구성을 반영하도록 하기 위해 할당비율을 정의하는 데 발표된 통계자료를 사용함으로써 정확성을 극대화시킬 수 있다. 기업시장에서는 고객인지도를 조사하기 위해 확률표집을 하는 것이 항상 가능하다. 또한 시장현황조사에서는 확률표집(종종 층화표집)을 하기 위해 충분히 포괄적인 표본프레임을 수집하거나 확인하는 것이 대개는 가능할 것이다. 이때, 각각의 고객은 기업이 될 것이다.

어떤 기업을 조사할 것인가를 결정했다면 그 기업에서 개별 응답자를 선택해야 한다. 이 점에서 표본의 확률적인 성격을 유지하는 것이 꽤 어렵다. 많은 기업이 대단위이고 복잡한 의사결정단위를 가지고 있다면 개인의 포괄적인 표본프레임을 수집하는 것은 비용이 많이 들고 불가능하다. 따라서 할 수 있는 한 최상의 목록을 수집하고(그리고 많은 판매원을 가진 회사는 명부가 꽤 길 수 있다) 그 목록을 이용하여 확률표집을 해야 한다. 표본프레임이 포괄적이지 않더라도 확률표집은 가까운 사람이 잘 알지 못하는 사람보다 조사에 포함될 기회가 더 많지 않다는 것을 확인시켜 줄 것이다. 이러한 방법으로 추출된 표본은 진정한 대표성을 갖는다.

다음 예를 보자.

예제

ABC 납품업체는 중간재 산업에 사용되는 원자료를 공급하는 전형적인 산업체이다. 산업재시장에서는 대부분 극소수의 대량 구매자가 많은 소비재를 구매한다(그림 8.3).

표본크기가 100개이면 충분한 정확도를 제공할 수 있으며 표본구성은 각 기업고객의 구매력을 반영한다. 따라서 시장의 1/3을 대표하는 4개의 대규모 구매자들은 표본의 1/3을 차지해야만 할 것이다. 그다음 표본의 1/3은 40개의 중규모 구매자들이, 그다음 표본의 1/3은 40개의 소규모 구매자들이 차지해야 할 것이다.

단순무작위표집이 사용된다면 4개 회사의 대규모 구매자들이 100명의 응답자 중 33명을 차지해야 할 것이다. 그러나 서로 다른 3개의 표집계층에서 서로 다른 표집률이 적용되

규모별 세부집단	인터뷰	응답자
대규모 구매자 4개 회사＝40k톤	대규모 구매자 20개 회사 면접	산업체 페인트＝60% 섬유＝30% 제지＝10%
중규모 구매자 40개 회사＝40k톤	중규모 구매자 40개 회사 면접	의사결정단위 생산＝30% 구매＝30%
소규모 구매자 400개 회사＝40k톤	소규모 구매자 40개 회사 면접	기술＝20% 품질＝10%
전체 시장＝40k톤	전체 표본＝100개 회사	일반＝10%

그림8.3 ABC 납품업체의 표본추출의 예

는 비비례적 무작위표집을 사용하는 것이 더 실제적이며 정확하다.

그러므로 그림 8.3에서와 같이 중규모와 소규모 구매자들에 대해서는 구매하는 1톤당 1명의 응답자를 표집해야 하는 반면, 대규모 구매자에 대해서는 2톤당 1명의 응답자를 표집해야 할 것이다. 대규모 구매자의 응답자 수가 적은 것은 분석단계에서 그들의 수를 2배로 하여 교정할 수 있다. 이렇게 함으로써 대규모 구매자는 40명의 응답에 해당되는 값을 갖게 될 것이고, 각각 1/3의 구매력을 갖는 다른 두 계층의 응답자 수를 모두 합하면 120명의 표본을 얻게 될 것이다.

대규모와 중규모 구매기업에서는 표본이 추출될 필요가 없다. 이들 모두가 조사에 포함되어야 하기 때문이다. 그러나 400개의 소규모 기업 중 오직 40개만이 응답자로 채택되어야 하기 때문에 10개의 기업당 1개의 기업이 선택되어야 한다. 이것은 각 산업집단별로 집단화된 소규모 구매기업들을 알파벳 순으로 기재함으로써 1과 10 사이에서 임의의 수를 추출하고 그 표본의 첫 번째 숫자를 선택하기 위해 이 숫자를 사용한다. 그렇게 함으로써 만약 숫자 6이 선택되었다면 6번째, 16번째, 26번째, 36번째 기업들이 표본으로 추출될 것이다.

이제 각 기업으로부터 응답자의 수는 결정되었다. 추출된 중규모와 소규모의 구매자들

표8.2 대규모 구매자 세분화 시장에서 응답자의 분포

회사	사용량	응답자의 수
A	16톤	8
B	10톤	5
C	8톤	4
D	6톤	3

표8.3 의사결정단위 구성원의 무작위 자료

원 자 료	무작위 자료
1. 생산	3. 생산
2. 생산	9. 품질
3. 생산	8. 기술
4. 구매	5. 구매
5. 구매	4. 구매
6. 구매	1. 생산
7. 기술	10. 일반
8. 기술	7. 기술
9. 품질	6. 구매
10. 일반	2. 생산

이 바로 응답자가 된다. 그러나 4개의 대규모 구매자들은 20명에 해당하는 응답자가 필요하다. 4개의 기업들은 똑같은 비중을 가져서는 안 되며, 표 8.2에 나타난 바와 같은 응답률로 자신들의 소비규모가 반영되어야 한다.

다음 단계로 표본이 각 산업부분에 의한 사용량을 반영하도록 하는 것이 필요하다. 생산물의 60%는 페인트 산업에서 사용되고 30%는 섬유산업, 10%는 제지산업에서 사용된다. 대규모와 중규모 구매자 집단은 산업체별 사용량을 반영해야 할 것이다. 소규모 구매자 집단에 속하는 기업들도 소속산업을 알 수 있다면 그 산업체별 사용량에 맞도록 표집 시에 반영되어야 할 것이다. 이제 페인트 산업에서 72명의 응답자를 얻고 석유산업에서 36명, 제지에서 12명의 응답자를 얻는다는 것을 확인해 보자. 대규모 구매집단에 속하는 각 기업들에 대해서는 실제 응답자 수에 2를 곱하는 것을 잊지 말자. 만약 분할비율이 정확하

게 이루어지지 않으면 문제는 소규모 구매자 부분에서 나타날 것이다.

페인트 산업에서 73명의 응답자를 얻고 섬유산업에서 35명의 응답자를 얻었다고 가정해 보자. 페인트 산업에서 선택한 소규모 구매자의 무작위 표본 하나를 선택하여 표본에서 그것을 제거해야 할 것이다. 그렇게 되면 섬유산업에서 추가적으로 소규모 구매자를 하나 더 선택해서 표본에 추가시켜야 한다. 그때야 비로소 산업집단별로 구매력과 분할비율을 정확하게 반영하는 표본을 얻게 된다. 최종 작업은 가능한 한 정확하게 의사결정단위의 구성비율을 반영하는 것인데, 여기에서는 판단표집의 요소가 추가되어야 한다. 그림 8.3에서와 같이 의사결정단위의 구성과 구성원들의 상대적인 영향력이 탐색연구로부터 수집되어 왔지만 심층면접을 통해 이를 확인하여야 한다.

의사결정단위에 가장 가까운 대표치라고 믿게 되면 다음과 같은 절차를 통하여 표본 내에서 그것이 가능한 한 객관적이고 정확하게 반영되었다는 것을 확인해야 한다. 첫째, 표 8.3의 왼쪽 칸에서 보는 것처럼 의사결정단위 구성원들의 상대적인 영향력을 반영하는 언급횟수를 사용하여 의사결정단위 구성원들을 열거하라. 다음으로 (예를 들면, 모자에서 꺼내는 것처럼) 1~10까지의 숫자를 무작위로 추출하여 오른쪽 난에서 보는 것처럼 추출된 순서대로 의사결정단위의 구성원들을 재나열해 보자.

표본에서 추출한 회사명 옆에 무작위 순으로 추출된 응답자들을 나열하고 표 8.4와 같이 대규모 구매기업들에 대해서는 일정한 수를 곱한 응답률을 기재해야 한다. 중규모나 소규모 구매기업 집단에서 추출된 표본 내의 기업들은 각각 하나의 응답자로 취급하여 규모순으로 나열하여야 한다.

중규모와 소규모 구매자에서 필요한 80명의 응답자를 보완하기 위해 이 과정을 8번 되풀이해야 한다. 어떤 소규모 회사에서는 '기술 관리자'와 같은 직책에 사람이 없기 때문에 문제가 될 수도 있다. 그런 경우 기술관리에 책임을 지고 있는 가장 근접한 사람을 뽑아야 한다. 어떤 회사에서 필요한 사람보다 더 많은 사람을 만나야 한다면(예를 들어, D회사는 생산 책임자가 1명 이상일 수도 있다) 응답자는 그중에서 무작위로 선택되어야 한다.

표집의 정확성에 영향을 미치는 마지막 요인은 '응답거절'이다. 14장의 지침서에 따르면 '응답거절'을 최소화시킬 수 있다. 자발적인 모든 회사의 면접을 끝내면 각 세분화 집단에 필요한 응답자의 숫자를 정확히 알게 된다. 소규모 구매자를 뺀다면 그것은 페인트 산

표8.4 의사결정단위의 정확한 적용범위

회사	응답자	응답자의 위치
A	응답자 1	생 산
	응답자 2	품 질
	응답자 3	기 술
	응답자 4	구 매
	응답자 5	구 매
	응답자 6	생 산
	응답자 7	일 반
	응답자 8	기 술
B	응답자 1	구 매
	응답자 2	생 산
	응답자 3	생 산
	응답자 4	품 질
	응답자 5	기 술
C	응답자 1	구 매
	응답자 2	구 매
	응답자 3	생 산
	응답자 4	일 반
D	응답자 1	기 술
	응답자 2	구 매
	응답자 3	생 산

업에서일 것이다. 그러면 페인트 산업에서 접촉하지 않은 소규모 구매자의 알파벳 목록에서 무작위로 하나를 선택할 수 있다. 만약 중규모 구매자가 응답을 거절하면 다수의 소규모 구매자를 중규모 구매자로 세분화 집단을 승격시킴으로써 모든 회사와 접촉할 수 있다.

3. 결론

○ 표집은 조사결과의 타당성을 정당화시키는 중요한 요인이기 때문에 가능한 한 정확하게 하는 것이 중요하다.

○ 정확도를 높이기 위해 표본이 반드시 클 필요는 없다. 대부분의 고객조사에서 200~500 개의 표본이면 충분하다.

○ 고객만족측정의 결과와 그 결과에서 얻어지는 개선우선순위(PFIs)는 변화를 수행해야
하는 담당자가 알고 있어야 한다. 다양한 지부, 서비스센터 등을 포함시키려면 표본크
기는 늘어나야 한다.

○ 가능하다면 확률(무작위)표집을 사용하라.

○ 산업재시장에서 대표성 있는 표집을 위해서는 여러 단계가 순서대로 수행되어야 하는
데, 각 단계는 시간이 많이 걸리지 않고 간단해야 한다.

09
조사방법의 종류

목표
- 고객만족을 측정하기 위한 세 가지 주요 조사방법인 대인면접법, 전화면접법, 자기기입식 설문지의 장단점을 평가한다.
- 특정 목적을 위해 가장 적당한 조사방법을 선정한다.
- 우편조사의 응답률을 높이기 위한 다양한 접근방법을 채택한다.
- 주요 고객의 만족을 측정하기 위해 적합한 접근방법을 채택한다.

조사방법은 설문지를 설계하기 전에 결정해야 한다. 일반적으로 어떤 조사를 위한 자료의 수집은 설문지를 사용한 **조사연구**(survey)나 연구대상과의 직접적인 대화를 통해 정보를 수집하는 **면접법**(interview), 독립변수를 조작하여 종속변수에 대한 효과를 관찰·측정하는 **실험법**(experiment), 대상의 비언어적 행동에 대한 자료를 수집하기 위한 **관찰법**(observation), **문서연구법**(document study) 등 여러 가지 방법을 통해 이루어질 수 있다. 이 중에서 고객만족조사를 위해서는 면접이나 설문지를 사용하는 조사연구와 **포커스그룹 면접**(focus group interview) 등의 방법이 주로 사용된다.

이 장에서는 고객만족조사를 위해 주로 활용되는 면접법과 설문지조사법에 대해 먼저 자세히 다루고 이외에 실험법, 관찰법, 문서연구법 등에 대해서는 간략하게 설명하고자 한다.

1. 대인면접법

소비재시장에서 대인면접법은 길거리나 각 개인의 집 앞 또는 고객이 방문하는 경우에는 정해진 장소에서 이루어질 수 있으며, 중간상인을 통해서 물건이 판매되면 판매장소에서 이루어질 수도 있다. 산업재시장에서의 대인면접의 경우 응답자의 집이나 직장에서 종종 이루어지게 되지만 도매거래의 경우에는 구매장소에서 이루어질 수도 있다. 대인면접법은 장단점을 가지고 있는데(표 9.1) 그중의 일부를 살펴보면 다음과 같다.

소비재시장, 산업재시장 모두 길거리나 구매장소에서의 면접은 매우 짧아야 하기 때문에 면접시간이 15분을 넘어서는 안 된다. 이것은 고객만족측정의 목적을 달성하기 위한 자료를 15분 이내에 수집해야 하기 때문에 질문은 주로 계량적이어야 한다는 것을 의미한다(11장 참조). 가정이나 산업체에서의 면접은 고객의 태도나 인식에 대한 완벽한 조사를 위해 면접시간이 전형적으로 30~45분은 되어야 한다. 이 시간은 고객만족도를 구성하는 요인을 상당히 상세하게 분석하고 경쟁기업과의 비교와 얼마간의 개방형 질문을 할 수 있는 시간이다. 또한 투사적 기법을 제한적으로 사용할 수도 있다(부록 1에서 ABC 주식회사의 설문지 A의 예를 참조하라).

대인면접법의 또 다른 장점은 눈으로 상대를 보면서 면접을 할 수 있다는 것이다. 가령, 질문이 매우 자세하고 정밀하여 응답자가 한 번 읽어 보는 것만으로 정보를 완전히 이해하기 어려울 경우 카드를 보여 줄 수도 있고, 응답자의 기억이나 이해를 돕기 위해 제품이나 서비스의 사진을 보여 주거나 예를 들어 줄 수 있다. 대인면접에서는 면접원과 응답자가 얼굴을 맞대고 의사소통을 할 수 있기 때문에 면접원은 관찰한 것을 기록할 수도 있다. 특히, 개방형 질문의 경우 응답자의 답변을 더 잘 이해할 수 있게 된다. 이런 점들은 응답자와 좋은 관계를 유지하고 획득되는 정보의 질과 양을 개선시킬 수 있는 효과가 있다. 산업재시장에서 능력 있는 면접원은 고객의 우선순위와 인식에 대한 통찰력을 갖고 진지한 논의도 할 수 있다.

대인면접법의 단점은 특히 산업재시장에서 비용이 많이 든다는 것이다. 소비재시장에서는 한 면접당 평균비용이 20파운드를 넘지 않지만, 산업재시장에서는 먼 거리를 여행해야 하고 면접원의 능력이 더 많이 요구되기 때문에 한 면접당 평균비용이 적어도 200파운

표9.1 대인면접법의 장단점

장점	단점
1. 전체 응답자의 이해 2. 시각적 힌트 제시 가능 3. 복잡한 질문 가능 4. 집/사무실 면접 시 무작위표집 가능	1. 특히 산업재시장에서 고비용 2. 잘 훈련된 면접원 필요 3. 개인적 · 감각적 질문 불가능 4. 정확한 할당표집이 가능하다면 길거리나 판매시점 의 면접은 좋은 계획과 조정 필요

드는 들게 된다.

대인면접법의 타당도는 잘 훈련된 면접원에게 달려 있다. 미숙한 면접원은 무의식적으로 응답자에게 영향력을 행사함으로써 수집된 자료를 왜곡하기 쉽다. 면접원과 응답자가 매우 친밀한 관계를 가지고 있는 상태에서 면접을 하면 이러한 위험이 더 심각해진다. 전문적인 시장조사 기관은 면접원이 친분관계가 있는 사람과 면접을 하지 않도록 한다.

대인면접법이 갖고 있는 마지막 문제는 개인적인 질문이나 예민한 질문을 하기가 어려울 수 있다는 것이다. 어떤 응답자들은 면접원을 즐겁게 해 주기 위해서 또는 자신의 태도가 어리석다는 인상을 주지 않기 위해서 답변을 왜곡하는 경향이 있다. 이러한 위험은 설문지 설계를 잘 하거나 훈련된 면접원을 사용함으로써 최소화시킬 수 있다.

만일 면접이 응답자의 사업장소나 가정에서 이루어지면 표집에 대한 조절이 가능해진다. 길거리나 판매장소에서 이루어지는 면접은 잘해 봐야 할당표집을 사용할 수 있을 뿐이다. 따라서 엄격한 통제가 유지될 수 없을 때는 편의표집으로 전락하게 될 것이다.

2. 전화면접법

전화면접법은 비용과 효율성을 고려한 최적의 선택안이다(표 9.2). 전화면접은 소비재시장에서는 10파운드 정도의 저렴한 비용이 들고 산업재시장에서는 25~50파운드의 비용이 들기 때문에 적은 비용으로도 많은 자료를 얻을 수 있다. 전화면접법은 방문해서 대인면접을 하는 것보다 시간이 더 적게 들지만 10~15분 정도의 시간이 소요된다. 이 시간 동안에는 개방형 질문을 할 기회가 별로 없으며, 투사적 기법도 사용할 수 없고 고객만족도의 구

표9.2 전화면접법의 장단점

장점	단점
1. 신속 2. 비용절약 3. 양방향 의사소통은 설명과 힌트 제시 가능 4. 표집에서 전체 조정 가능 5. 지역적 제한이 없음	1. 면접시간이 짧음 2. 단순하고 직접적인 질문만 가능 3. 시각적 보조도구가 완전히 불가능하지는 않지만 덜 실용적임 4. 응답자의 관심과 집중을 위해 유능한 면접원이 필요함

성요인 중 일부만을 측정할 수 있다. 이러한 마지막 제한점은 전화면접 시간이 짧기 때문이기도 하지만 면접원이 비슷한 성과요인에 대해서 계속 질문을 할 경우 응답자의 관심과 집중을 유지하기 어렵기 때문이기도 하다.

전화면접법의 매력 중의 하나는 고객이 지역적으로 떨어져 있기 때문에 발생하는 추가비용을 절약할 수 있다는 것이다. 이 방법은 집락표집이 적용되지 않는 전국적인 소비재시장과 국제적인 고객을 확보하고 있는 기업체의 경우, 그리고 기업 대 기업 시장에 매우 적합하다. 전화면접법은 고객인식조사나 시장현황조사에서 표집에 대한 통제가 가능하다. 조사를 가장 빨리 끝낼 수 있는 방법인 전화면접법은 연속성을 가지고 고객만족을 측정하고 싶은 기업에게 가장 편리한 방법이다.

대인면접법의 경우와 같이 전화면접법은 상호이해가 유지될 필요가 있는 경우에 양방향 의사소통을 통해 어떤 설명을 하는 데 사용될 수 있다. 필요하면 사진이나 시각적 보조도구가 우편으로 전달될 수 있는데 종종 면접이 이루어질 때까지 이러한 자료들이 고객에게 전달되지 않는 경우도 있다. 전화면접에 대한 응답률은 매우 양호하며 14장에서 설명하는 방법을 따른다면 응답률을 극대화시킬 수 있게 된다.

소비시장에서 사내 데이터베이스를 활용해 고객인식조사를 위한 전화면접을 할 때 그 데이터가 적절하게 업데이트되지 않았다면 문제가 생긴다. 전화를 하기 전에 미리 안내문을 보낼 수 있다면 응답률을 높일 수 있다.

소비시장에서의 시장현황조사는 전화번호부에 없는 회사가 증가하면서 점점 더 어려워지고 있다. 또한 전화번호 비공개 서비스를 받는 가구의 증가가 포괄적인 표집틀 설계를 매우 어렵게 만들고 있는데, 이는 특히 상류층의 경우 심하다.

3. 자기기입식 설문지

자기기입식 설문지는 고객만족을 평가하는 가장 분명한 방법처럼 보일 수 있다(표 9.3). 특히 처음으로 조사를 수행하는 기업의 경우에 그렇다. 이 방법은 많은 장점을 가지고 있다. 우선 면접원이 필요 없기 때문에 비숙련 면접원으로 인해 발생하는 문제와 면접원에 의한 왜곡이 제거될 수 있다. 자기기입식 설문지는 자료수집에 따른 방해요인이 가장 적고 응답자에게 완벽한 익명성을 제공할 수 있다. 따라서 대인면접법이나 전화면접법에 거부감을 느끼는 일부 응답자들이 자기기입식 설문지에는 협조할 수 있다. 설문지 조사가 갖는 익명성의 관점에서 보면 질문 때문에 예민해지거나 당황할 일도 없다. 고객과의 지리적인 거리도 중요하지 않으며 설문지 배포를 위한 방법도 다양하다. 산업재시장에서는 우편이나 팩스가 사용될 수 있고, 해외 응답자가 포함될 경우에도 조사가 아주 신속하게 수행될 수 있다. 또한 설문지가 가정집 문 앞에 개별적으로 또는 산업재시장에서는 판매원에 의해서 배포되고 수집될 수 있다. 전달이나 수집과정에서 응답률을 높이고 비밀유지를 위해 밀봉 가능한 반송봉투를 제공할 수도 있다(개별적으로 수집된다면 비밀유지나 익명성이 확보되지 않을 수도 있다).

　자기기입식 설문지는 판매시점이나 소비시점에서 고객의 관점을 파악하는 데 특히 유용한 방법이다. 이것은 호텔이나 식당과 같은 많은 서비스 사업자에게 매우 적절한 방법이

표9.3　자기기입식 설문지의 장단점

장점	단점
1. 비용 절약	1. 느린 응답
2. 면접원에 의한 편향이 없음	2. 낮은 응답률
3. 자발적이고 익명성 보장	3. 설문이 짧아야 함
4. 지역적 제한이 없음	4. 단순한 질문만 가능
5. 배포방법의 다양한 선택이 가능	5. 급하고 신뢰할 수 없는 응답 우려
6. 긴급할 때 판매시점 조사가능	6. 대표성이 없는 표본

다. 서비스 소비와 설문지 설계의 동시성은 수집된 자료의 정밀도를 높여 주기 때문이다. 고객과 멀리 떨어져 있는 제조업자는 자기기입식 설문지를 사용하는 데 제품등록카드나 보증카드의 일부분으로 배달 지시서나 사용방법 책자와 함께 설문지를 첨부하거나 포장지에 인쇄를 하기도 한다.

이러한 여러 가지의 장점에도 불구하고 자기기입식 설문지는 단점이 있다. 설문지는 짧고 질문은 단순해야 한다. 설문지를 완성하는 데 어려움이 있게 되면 응답률에 역효과를 가져올 수 있다. 5분 이내에 설문지를 완성하려고 하는 응답자에게는 복잡한 질문이 부담이 될 수 있기 때문에 설문지를 쓰레기통에 버릴 수도 있고 아주 오랫동안 설문지 설계를 미룰 수도 있다.

설문지의 가장 심각한 단점은 자료의 정확성에 관한 것이다. 여기에는 두 가지 문제가 있다. 첫째, 응답자는 매우 급하게 별 생각 없이 답변할 수도 있다. 이것은 기업 대 기업 시장에서 특별한 문제를 야기한다. 결과적으로 어떤 질문은 잘못 해석되거나 누락될 수 있다. 두 번째로 더 심각한 문제는 표집에서의 응답률이 매우 낮으며 '무응답에 따른 결과왜곡 현상'이 나타난다는 것이다. 낮은 응답률 그 자체는 표본의 대표성이 떨어진다는 사실 외에도 설문지를 완성하여 돌려주는 고객이 전체 고객의 대표자가 아닐 가능성이 크다는 것을 나타낸다. 응답률이 낮은 자기기입식 조사는 정규분포보다 훨씬 극단적인 쪽으로 자료가 치우친다는 것을 보여 주는 많은 증거가 있다. 조사 자료는 조용한 대다수의 전형적인 소비자보다 해당 기업을 아주 좋아하거나 아주 싫어하는 극단적 소비자들로부터 얻어질 가능성이 높기 때문이다. 조사회사들에 따르면 무응답에 따른 왜곡을 최소화하기 위해서는 응답률이 50% 이상이면 충분하다. 응답률이 낮을수록 자료가 어느 쪽으로 치우칠 가능성이 높다. 응답률이 20% 이하이면 아주 조심스럽게 결과를 해석해야 한다. 무응답에 따른 결과왜곡이 발생하는지를 체크하려면 무응답자 200명 정도를 전화나 면접을 통해 인터뷰하고 그 결과를 자기기입식 결과와 비교해 보아야 한다. 두 결과가 상당히 다르다면 자료를 수집하는 방법을 바꾸거나 자기기입식 설문지의 응답률을 높일 다른 척도를 개발해야 한다.

4. 전자매체를 이용한 서베이

전자매체를 이용한 조사에는 두 가지 종류가 있다. 하나는 웹 서베이이고 다른 하나는 이메일을 이용한 서베이이다. 이메일 서베이는 고객에게 이메일 첨부파일의 형태로 설문지를 보낸다. 고객들은 편한 시간에 설문지 파일에 그대로 또는 설문지를 프린트해 응답하고 그것을 다시 송신자에게 보낸다. 웹서베이는 특정한 웹사이트에 응답자가 로그인해서 이루어진다. 이는 보통 인터넷을 통해 이루어지지만 내부조사의 경우 사내통신망을 사용할 수도 있다. 설문조사에 참여하기 전에 응답자들에게 미리 공지를 하고 어디에 설문지가 있는지 안내를 해야 한다. 사내고객 조사든 일반 대중을 대상으로 한 조사든 잡지나 신문이나 게시판이나 우편 같은 일반 매체를 통해 이를 알리면 고객의 이메일 주소를 알 필요가 없게 된다. 그러나 이런 조사는 표본을 통제하기가 어려워 보통은 고객에게 이메일을 보내 웹서베이에 참여하도록 하는 게 일반적이다. 즉, 고객의 이메일에 조사에 대한 설명과 설문지가 있는 URL을 보내고 고객이 이를 클릭하면 바로 설문조사에 응답할 수 있게 하는 것이다. 고객 한 명이 딱 한 번만 설문에 응답할 수 있도록 고객에게 특별한 로그인 암호를 부여하기도 한다. 웹서베이든 이메일 서베이든 모은 자료를 스스로 분석하는 데 필요한 염가의 기본 소프트웨어들이 있다.

웹서베이는 전형적인 출구조사의 형태로 모든 전자상거래 비즈니스 영역에 유용한데, 특히 웹사이트 자체에 대한 만족도 측정에 좋다. 그러나 전자상거래라도 사이트에 대한 만족도는 전체 고객만족도와 같은 것으로 혼동되어서는 안 된다. 사이트 만족도는 주문이 얼마나 잘 처리되었는지를 평가하기도 전에 끝나고 판매 후 서비스에 관한 내용도 포함하지 않기 때문이다. 가치 있는 고객만족 측정지표를 얻으려면 웹서베이는 고객들이 로그인하게 해서 모든 고객요구사항이 포함된 조사에 끝까지 응답하도록 만들어야 한다. 그래도 여전히 낮은 응답률은 우편조사에서와 마찬가지로 무응답에 따른 왜곡현상을 보일 것인데 산업재 시장에서 특히 그렇다.

전자매체를 이용한 조사는 자기기입조사의 최고의 장점과 단점을 모두 갖고 있다. 우선 매우 빠르게 조사를 끝낼 수 있다는 신속성이 최대의 장점이다. 인터넷 조사는 사람들이 웹사이트에 접속한 순간 바로 시작하고 그 자리에서 결과를 보낸다. 웹이나 이메일 조사의

표9.4 전자매체 활용조사의 장단점

전자매체를 활용한 조사	
장점	단점
전체적으로 낮은 비용	소비시장 대표성 부족
신속한 응답	산업재 시장 응답자에게는 웹보다 이메일 접속이 보편적
자료나 코멘트 수집에 비용 없음	수많은 정크메일로 인한 낮은 응답률과 무응답에 따른 결과왜곡 현상
시각적 자료 제공 가능	설문지가 짧아야 함
현대적 이미지	급한 응답 때문에 신뢰도가 낮은 응답 우려

응답결과는 바로 분석용 소프트웨어에 저장된다. 고객들의 응답을 돕기 위해 시각적 요소나 그래픽 같은 것들을 사용할 수도 있다. 무엇보다도 설문지를 프린트하거나 여기저기 보내는 데 드는 비용이 안 들어 여러 조사방법 중에 가장 비용이 싸게 드는 것도 장점이다.

그러나 조사에서의 목표고객이 인터넷 사용자가 아닌 한 전자매체를 이용해 소비시장을 대표하는 정확한 표본을 얻는 것은 불가능하다. 그러나 나이 든 사람들이나 저소득층 집단에 대한 신뢰할 만한 표집이 가능해지기 전이라도 소비시장에서는 인터넷 이용을 증가시킬 필요가 있다. 현재 소비재 시장에서의 거의 모든 기업이 고객의 이름과 주소를 알고 있고 고객의 전화번호도 잘 알고 있는 반면 이메일 주소에 대한 정보는 아직 많이 부족하다. 자기기입식 설문지의 경우처럼 전자매체를 이용한 조사의 응답은 자발적이기 때문에 신뢰할 수 없는 표집은 곧 낮은 응답률과 무응답 편향으로 연결된다.

산업재 시장에서는 아주 작은 자영업자 같은 기업을 제외하고는 인터넷 보급과 이메일 사용에 더 이상 문제가 없다. 이보다는 담당자들이 하루에 너무 많은 메일을, 가령 하루에 100개 이상을 받는다는 것이 문제다. 이 또한 낮은 응답률과 무응답 편향의 문제를 야기한다.

응답률 극대화

기업의 고객이 서비스나 제품에 대해서 더 많은 관심을 보일수록 자기기입식 설문조사의 응답률은 높아질 것이다. 새 자동차 구매자들은 저관여 제품의 구매자보다 우편 만족도 조사에 더 적극적인 반응을 보일 것이다. 지역마다 응답률의 편차가 있는데, 스코틀랜드 지역은 응답률이 높은 반면 런던이나 남서부 지역은 응답률이 낮다. 많은 고객들이 판매용 우편과 조사용 우편을 구별하지 못하기 때문에 우편조사가 잘 이루어지지 않는 경우가 많다. 이러한 문제는 조사자의 노력으로 어느 정도 해결될 수 있다. 우편에 의한 만족도 조사는 상표가 표시된 봉투나 무료경품이 강조된 DM 기법을 모방하기보다는 판매촉진을 위한 우편물 발송과의 차별을 강조하는 쪽으로 이루어져야 한다.

우편에 의한 고객만족조사는 매우 중요한 특성을 가지고 있으므로 신중하게 이루어져야 한다. 응답자는 고객의 일원이 아니라 개인으로 취급되어야 한다. 편지에 고객의 이름을 기재해야 하며 고객과 그 회사와의 특별한 거래를 언급할 수 있다면 더 좋다. 이러한 안내편지는 매우 중요한데, 여기에서 고객의 피드백이 그 회사에게 있어서 얼마나 가치가 있는지, 또한 이 조사가 모든 고객의 서비스를 개선하는 데 어떻게 도움이 되는지를 다시 한 번 강조해야 한다. 분명히 그것이 그렇게 중요하다면 기관고객의 경우 그 편지는 가능한 한 상급자나 최고 경영자에게 전달되어야 한다(14장에서 고객조사의 PR 측면을 다룰 것이며 견본편지도 제시될 것이다).

안내편지뿐만 아니라 자기기입식 설문지 패키지는 사용자에게 매우 친숙하도록 작성되어야 한다. 설문지 자체가 아주 짧을 필요는 없지만(4쪽의 설문지만으로도 응답률이 높을 수 있다) 배열이 잘 되어 있어야 한다. 작성하기 쉽다는 것은 응답률을 높이는 데 중요한 요소이다. 초반부의 질문은 응답자가 답변하기 쉬운 것이어야 하고, 고객이 그 질문을 얼마나 쉽게 완성할 수 있는지 테스트하기 위해 사전조사를 해야 한다. 처음 몇 개의 질문은 대답하기 쉽고 응답자의 관심을 불러일으킬 수 있어야 한다. 필요하다면 답변이 실제적인 가치가 없더라도 설문지 초반부에 그러한 질문을 몇 개 추가하는 것이 좋다.

반송봉투는 필수적이다. 독촉편지는 응답률을 높이는 데 매우 유용하다. 처음 보내는 독촉편지는 무응답자들에게 10일 후에 보내져야 하고, 그들의 견해가 얼마나 가치가 있는지 그리고 기업이 고객서비스를 향상시키는 데 이 조사가 얼마나 도움이 되는지를 다시 한 번 강조해야 한다. 응답자와 무응답자를 구분하는 것은 어렵지만 무응답자에게는 독촉편지를, 응답자에게는 감사를 담은 일반적인 편지를 보내는 것이 유용할 것이다. 첫 번째 독촉편지는 단순한 편지일 수 있지만 10일이 더 경과한 후에 보내는 두 번째 독촉편지에는 또 다른 설문지와 반송봉투를 동봉해야 한다. 이러한 방법으로 2개의 독촉편지를 보내면 응답률이 상당히 높아지게 된다. 어떤 회사들은 응답률을 높이기 위해 사전에 조사 안내문을 발송하는 것이 중요하다고 믿고 있다.

사은품의 문제는 좀 더 주의를 요한다. 많은 기업은 소비자들이 몰입되었다고 느끼게 하는 것이 더 중요하다고 생각하기 때문에 어떠한 사은품도 사용하지 않고 응답률을 높일 수 있다고 주장한다. 고객이 이미 몰입되었다고 느끼고 있는 기업이나 어떤 중요한 구매에 대해서는 사은품을 제공하지 않는 접근법이 더 적절하다. 그러나 일반적으로 사은품 제공이 응답률을 높이고, 특히 저관여 제품시장에서 중요하다는 것은 의심할 여지가 없다. 퍼스트 다이렉트 은행은 특정한 제품에 대한 장문의 설문지를 두 표본집단에 보내는 실험을 했는데, 그중 하나의 집단에만 사은품을 제공했다. 사은품을 제공하지 않은 집단은 25%, 사은품을 제공한 집단은 35%의 응답률을 보였다. 결과는 두 표본집단의 응답률이 통계적으로 의미 있는 차이가 나타나지 않았음을 보여 주었다.

일반적으로 경품과 같은 특별한 형태의 물품은 응답률을 일정한 방향으로 편향시키고 그 조사를 쓸모 없는 것으로 만들 수도 있다. 사은품은 감사의 표시로 보는 것이 더 바람직하다. 그러므로 설문지와 함께 처음부터 모든 사람에게 보내지는 작은 선물이 가장 적절한 형태의 사은품이다. 선물은 가능한 한 설문조사와 관련이 있어야 한다. 보편적인 선물로 양질의 볼펜이 가장 효과적이다. 볼펜에는 회사의 이름과 상표를 새길 수도 있다. 미래의

응답률 제고를 위해 검사할 내용
- 외부목록
- 사은품
- 인사말
- 예고편지
- 설문지 내용
- 반송봉투

| | 목록 → | | | |
	A	B	C	합계
사은품 A	10	12	21	43
B	6	7	16	29
↓ C	13	13	29	55
합계	29	32	66	

그림9.1 다양한 접근방법의 효과 조사

구매고객이 사용할 수 있는 무료 상품권 역시 효과가 있을 것이다. 이것들은 외부에서 조달된 선물보다 훨씬 비용이 적게 들고 인지된 가치도 높다. 경우에 따라 모든 사람에게 우송하기보다는 완성된 설문지를 보내 온 응답자로 하여금 무료 상품권을 요구할 수 있게 하는 것이 바람직할 수도 있다. 왜냐하면 무료 상품권의 경우 이렇게 함으로써 그 가치를 더 높일 수 있기 때문이다. 예를 들어, 50%의 응답률을 기대할 때 응답자가 무료 상품권을 요청한다면 상품권의 가치를 2배로 제공할 수 있을 것이다.

대규모 우편조사를 시행할 때에는 다른 접근법이 더 가치가 있다. 만일 외부의 데이터베이스를 사용할 필요가 있다면 다른 목록도 검증해 보는 것이 필요하다. 다른 종류의 사은품, 다른 설문지, 심지어는 다른 포장방식을 검증해 볼 수 있다. 그러나 각각의 검증에서 1개의 변수만을 변화시켜야 한다는 것을 명심해야 한다. 그렇지 않으면 어떠한 요인의 변화로 결과가 달라졌는지를 알 수 없을 것이다. 각각의 검증에 대해서 500개 이상의 표본이 필요하다. 예를 들어, 3개의 다른 데이터베이스와 3개의 다른 사은품을 포함하는 테스트는 모두 9개의 다른 옵션을 갖는 조합을 얻을 수 있는데, 이는 그림 9.1에 나타나 있다. 여기에서 목록 C와 사은품 C는 분명히 가장 좋은 결과를 가져오기 때문에 조사 시에 이 방법을 채택해야 한다. 조심스러운 계획과 예비조사를 통해서 응답률을 상당히 높일 수 있다.

응답률에 대한 자세한 기록을 가지고 있다면 조사를 거듭할 때마다 응답률을 더 높일 수 있고, 따라서 다음 조사를 하기 전에 응답률을 높일 수 있는 여러 가지 방법을 검증해 볼 수 있게 된다. 표 9.5에서 볼 수 있듯이 표본프레임은 응답률의 중요한 결정요인으로 작용한다. 이것은 어떤 종류의 DM을 사용하는 기업의 경우에 비견될 수 있다. 헬스클럽이나 레저클럽 멤버십 목록처럼 기업과 밀접한 관련을 가진 고객들에 대한 훌륭한 데이터베

표9.5 응답률 향상을 위한 각 기법의 효율성

표본프레임(데이터베이스)	100%	재미있는 설문지	20%
인사말	30%	사은품	20%
첫 번째 독촉편지	25%	예고편지	15%
전화독촉	25%	두 번째 독촉편지	12%

이스는 저관여 제품을 가끔 사는 고객이나 동종제품을 빌려서 쓰는 고객에 비해 응답률을 2배 이상 높일 것이다(심지어 4배나 5배에 이를 수도 있다). 그림 9.1에 있는 숫자들은 제시된 기법들을 이용해 응답률을 높일 수 있는 최대치를 보여 준다. 응답자 사은품이 목록에서 아주 선전하고 있음을 주목하라. 우표가 부착된 반송봉투는 당연하게 취급되는 것으로 큰 효과가 없다. 우편조사의 응답률이 대체로 매우 낮기 때문에 자기기입식 설문지의 경우 이를 미리 예상하고 보다 확실하게 자료를 모을 수 있는 방법을 사용해야 한다.

자기기입식 설문지의 역할

응답률이 매우 높은 고객집단이 없다면 기초조사와 지속적 추적조사를 구별하여 후자의 경우에만 자기기입식 설문지를 사용하는 것이 바람직할 것이다. 대부분의 기업들은 특별히 높은 수준의 서비스나 지지를 요하는 경우 자신들의 성과수준에 대한 끊임없는 피드백을 필요로 한다. 호텔은 종종 모든 객실에 자기기입식 설문지를 비치하고 있지만 응답률은 매우 저조하다. 그것은 고객만족에 대한 신뢰할 만한 척도라기보다 부가적인 불평을 토로할 수 있는 채널이며 서비스 문제에 대한 초기의 경고로 간주해야 한다. 이러한 경우에 자기기입식 설문지는 유용한 역할을 할 수 있으며, 응답률이 측정목적으로 사용되지 않는다면 응답률이 낮아 표집의 대표성이 없다는 점은 별로 중요하지 않다.

델 컴퓨터사는 고객에게 중요하고 다양한 측면의 고객경험 만족도를 지속적으로 측정하기 위해 전화조사와 온라인조사를 하고 있다. 어떤 조사를 하든 중요한 것은 회사가 신속하게 문제를 파악하고 대응할 수 있도록 신속하게 자료를 수집하는 것이다. 그러나 회사가 미처 대응할 수 없을 정도로 너무 자주 고객조사를 하는 것은 큰 의미가 없다.

자기기입식 설문지는 소비시점에서 이용될 때 가장 가치가 있다. 더 높은 응답률, 더 신뢰할 만한 응답을 확보하기 위해 직원이 고객에게 설문지를 작성하도록 장려하는 것을 훈련받는다면 더 좋을 것이다. 웨이터는 커피를 마시면서 저녁식사를 기다리는 손님들에게 간단한 설문지를 작성하도록 부탁할 수 있다. 그러나 응답률이 높아도 구매시점에 작성된 설문지는 미래의 구매행동에 대한 신뢰성 있는 길잡이가 되지 못한다. 식당의 예를 보자.

고급식당에서 편안한 저녁식사가 끝날 무렵 설문지 응답을 요구받은 고객은 멋진 저녁식사를 하는 데 방해를 받지 않았다면 만족도 등급에 더 관대한 태도를 보일 것이다. 그러나 그 고객은 아마도 몇 주 혹은 몇 달 후에 어디에서 저녁식사를 할 것인지를 결정하게 될 때 즐거운 저녁을 보낸 적이 있는 다른 식당의 장점과 앞에서 말한 고급식당의 상대적 장점을 객관적으로 비교하려 할 것이다. 그러므로 뭔가 잘못이 있었다면 소비시점에서 이루어지는 설문지가 매우 유용한 경고를 할 수 있는 반면, 이 설문지는 5장에서 말한 고객만족도 측정의 목적을 달성할 수는 없을 것이다. 따라서, 주기적으로 대인면접법이나 전화면접법을 사용하여 고객에 대한 대표성 있는 표본을 통해서 좀더 자세한 '기초조사'를 수행하는 것이 필요하다.

기초조사는 1년에 한 번 정도로 정확한 표집에 기초하여 시행되며, 탐색조사와 예비조사에 의해서 타당성이 입증된 종합적인 설문지에 따라 이루어지게 된다. 대부분의 기업들에게 있어서 자기기입식 조사는 표집의 문제로 인해 충분히 신뢰할 수 있는 결과를 주지 못하게 된다. 그러므로 기초조사는 일반적으로 소비재시장에서는 대인면접법을 통해서, 산업재시장에서는 대인면접법과 전화면접법을 통해서 이루어진다.

예를 들면, 영국의 부츠사는 자기기입식 조사에서 나타나는 표집문제를 극복하는 효과적인 방법을 찾아 냈다. 그들의 가정추적 조사는 1년간의 조사기간 동안 6,000명의 응답자를 확보하였고, 우편조사를 하는 대신 응답자의 자발적인 답변을 얻기 위해 짧은 대인면접법을 수행할 면접원을 고용했다. 그들은 이러한 응답자들에게 좀 더 긴 자기기입식 설문지를 제시했고 이것은 동일한 면접원에 의해 4일 후 수집되었다. 이러한 접근법은 개인접촉으로 대표적인 표본을 확보하기 위한 할당표집을 할 수 있게 해 주고 응답자들이 설문지를 완성하도록 유인하는 방법을 사용하는 것이다.

5. 실험법

실험법은 어떤 현상이나 변수의 원인이 무엇인가에 대한 해답, 즉 두 변수 간의 인과관계에 대한 해답을 얻기 위한 연구방법이다. 이를 위해 그 인과관계에서 원인이라고 생각되는 변수(독립변수)의 값을 조작하고 결과에 해당하는 변수(종속변수)에 대한 독립변수의 효과를 관찰하고 측정한다. 독립변수의 조작이란 연구자가 의도적으로 독립변수의 값을 변화시키는 것을 말한다.

실험연구가 가능한지의 여부는 독립변수를 연구자가 조작할 수 있느냐 없느냐에 따라 달라진다. 가령, '머리의 크기가 지능에 영향을 주는가'와 같은 연구문제는 실제로 머리의 크기를 조작하는 것이 불가능하므로 실험연구를 할 수 없다. 또한 독립변수 외에 종속변수에 영향을 줄 것으로 기대되는 다른 변수들의 통제도 중요하다. 다른 가외 변수들을 통제하지 못하면 종속변수의 변화가 어디에서 비롯된 것인지를 정확하게 판단할 수 없게 된다. 실험법은 전통적으로 변수의 통제가 비교적 쉬운 자연과학 분야에서 활발히 사용되어 왔으나 사회과학에서도 일상상황에서 일어나는 여러 현상을 조작통제하여 진행되는 실험연구를 할 수 있다.

자료수집 방법을 크게 실험설계와 비실험설계로 나누기도 한다. 그 기준은 사전·사후 검사, 실험집단·비교집단 또는 독립변수에 대한 처치나 조작이 있는가의 여부이다. 이와 같은 처치 중의 하나라도 이루어져 있으면 실험설계 또는 유사 실험설계에 포함시키고, 이와 같은 방법을 사용하지 않은 설문지조사법, 면접법, 현장조사법 등은 비실험설계에 포함시키는 것이다.

실험법은 원인과 결과변수를 구분하여 연구설계를 하기 때문에 인과관계를 밝히는 데 매우 유용하다. 즉, 연구목적에 필요한 변수들 간의 순수효과를 효율적으로 조사하는 것이 가능하다. 반면 인위적인 환경하에서 또는 인위적인 변수조작으로 관계를 조사하기 때문에 실험 대상자들이 실제 상황과 다른 반응을 보일 수 있다. 이는 실험의 결과를 모집단에 적용하는 것과 관련된 외적 타당도(external validity)의 문제를 일으킨다.

6. 관찰법

관찰법은 사건이나 사람의 비언어적 행동에 대한 자료를 수집하는 기술이다. 설문지법이나 면접법을 사용하여 자료수집을 하기 전에 예비조사로 쓰이기도 하고, 특정 행동에 대해 보다 구체적인 연구를 하기 위해 문헌연구나 실험법 등과 병행되어 사용되기도 한다. 따라서 고객만족을 조사할 때도 조사대상 기업의 영업장소에서 먼저 참여관찰을 함으로써 제품과 서비스의 기본적인 특성이나 분위기 등을 파악할 수 있다.

관찰법의 장점은 비언어적 행동에 대한 자료수집에 있어서 다른 방법보다 우월하다는 것이다. 또한 비디오를 이용하여 녹화하는 경우 기억에 의한 오류를 막을 수 있다는 장점도 있다. 그러나 관찰자가 있다는 사실이 대상자의 행동에 반응을 일으킬 수 있으며, 연구기간이 길어 관찰 대상자의 수를 적게 할 수밖에 없기 때문에 일반화하기에는 어려움이 있다.

7. 문서연구법

문서연구란 연구하려는 현상에 대한 정보를 갖고 있는 기록된 자료를 이용하여 **내용분석**(content analysis)이나 **역사적 연구**(historical research)를 함으로써 결과를 얻는 방법으로 질적 연구의 대표적인 것이다. 문서는 특정 사건 혹은 행동에 대해 직접 경험한 사람에 의해 쓰여진 자서전과 같은 일차적 문서와 면접을 통해 또는 일차적 정보를 수집한 사람이 적은 전기와 같은 이차적 문서로 분류할 수 있는데, 보통 이차적 문서(이차자료)를 사용한 **이차분석**(secondary analysis)이 대부분이다.

　문서연구는 연구 대상자에게 직접적인 접근을 하지 않아도 되고 장기간에 걸친 종단연구가 가능하며 표본크기도 크게 할 수 있는 등의 장점이 있는 반면, 문서의 대표성이 낮고 언어적 행동에 대한 자료로 제한되며 서로 다른 목적에 의해 작성된 문서의 내용을 묶어 분석하는 데 어려움이 있는 등의 단점이 있다.

8. 주요고객 조사

8장에서 제시한 것처럼 산업재시장에서 표집을 시험할 때 일부 고객은 다른 고객보다 더 중요하다는 사실을 고려해야 한다. 똑같은 사실이 조사방법의 선택에도 적용된다. 간단한 전화조사는 소규모 고객의 표본을 조사하는 데 적합한 반면, 회사와 1년간 거래액이 수백만 파운드에 이르는 주요고객에 대해서는 올바른 인상을 형성하지 못할 수도 있다. 단지 광고를 하기 위한 이유만으로도 주요고객에게는 대인방문이 이루어져야 한다. 또 많은 주요고객은 표집과정에서 표본에 포함되는 경우가 많기 때문에 이러한 방문조사가 결과적으로 조사비용을 줄이는 데 도움을 줄 수도 있다.

　로열 메일사는 기관고객을 규칙적으로 추적하기 위해 자기기입식 우편조사를 사용하여

40~50%의 응답률을 얻었다. 주요 기관고객을 개별적으로 면접했으며 흥미롭게도 그 과정에서 고객의 이름을 공개했다. 이것은 고객만족에 대한 전체적인 보고서에 주요고객의 점수를 포함시킬 뿐만 아니라 각각의 주요고객들을 위해서 개별적인 보고서를 준비해야 한다는 것을 의미한다. 보고서 초안은 고객서비스 매니저나 판매이사 등과 같은 로열 메일사의 관리자에게 배포되기 전에 고객들에게 먼저 보내졌다. 로열 메일사는 주요고객 대부분이 이와 같은 개별적인 접근법에 만족하고 있다고 생각한다.

주요고객에 대하여 대인면접법보다 한 걸음 더 앞선 방법을 생각해 볼 수도 있다. 델 컴퓨터사는 '플래티넘 이벤트'에 10명의 최고 기업고객을 초대하여 이틀간 워크숍을 개최하고 참석집단의 모든 장점을 제시한 후, 이번의 행사에서 어떤 주제를 다룰 것인지를 각각 결정하게 했다. 나머지 기간은 참석회사로 하여금 상당히 깊이 있는 주제를 다룰 수 있는 기회를 줌으로써 주요고객들이 델사의 미래전략을 수립하는 데 직접적인 자료를 제공할 수 있도록 했다.

9. 결론

○ 대인면접법은 고객만족도 자료를 수집하는 방법 중의 하나로, 비용이 가장 많이 들지만 가장 자세하고 완벽하며 신뢰할 수 있는 방법이다.

○ 전화면접법은 특히 기업 대 기업 시장에서 대부분의 회사들에 대해 비용과 질을 고려한 최적의 선택안이다. 이 방법은 가장 빠른 자료수집 방법이며, 비용이 적게 들고 지리적인 거리로 인해 발생되는 비용과 문제점을 없애 준다.

○ 자기기입식 설문지는 종종 남용되고 있으며 결과의 정확성보다는 그 기업에게 중요하다고 생각되는 영역에서의 자료수집을 적은 비용으로 할 수 있게 해 준다. 이 방법은 피상적인 수준에서 고객만족에 대한 계속적이고 즉각적인 피드백을 하기 위해 소비시점에서 유용하게 사용된다. 또한 우편이나 전화에 의한 정기적인 기초조사의 대안이라기보다는 보조수단으로 여겨지고 있다. 산업재시장에서 고객만족을 측정하는 기업은 응답률이 낮은 자기기입식 설문지에서 얻은 정보가 적절한지를 검토하여 그 결과를 의사결정 시에 사용하는 데 주의를 기울여야 한다.

○ 우편조사법은 효과적인 안내편지나 독촉편지를 보낸다든지 응답자들이 관심을 가지고 쉽게 답할 수 있는 설문을 작성하거나 좋은 데이터베이스를 이용하여 표집을 함으로써 응답률을 높일 수 있다. 사전조사와 검증도 우편조사법의 응답률을 높이는 데 도움이 될 것이다.

○ 주요고객에 대해서는 더 개별적이고 상세한 자료를 얻는 것이 필요하므로 특별한 대우를 해야 한다.

10
측정과 척도

목표
- 측정의 개념과 측정수준 유형을 이해한다.
- 신뢰도와 타당도의 개념을 이해한다.
- 여러 가지 척도유형을 이해하고 조사에 적합한 척도를 선택한다.

설문지를 사용하든 안 하든 고객만족에 대한 자료를 모아 분석하기 위해서는 조사 대상자의 응답을 수치화하고 표준화하는 작업을 거쳐야 하는 경우가 많다. 조사 대상자의 응답을 수치화하는 것을 **측정**이라 하고 응답을 측정하기 위한 도구(measure) 또는 도구의 형태(scale)를 **척도**라고 한다. 가령, 몸무게를 측정할 때의 측정도구는 저울이고 키를 측정할 때의 측정도구는 자이다. 측정도구는 필요에 따라 다양한 형태를 취할 수 있지만 어떤 경우든 신뢰성과 타당성을 갖추어야 한다. 그렇지 않으면 표집과 더불어 조사결과를 비판하는 사람들에게 가장 공격당하기 쉬운 부분이 된다.

1. 측정

고객만족측정을 위해서 연구하고자 하는 변수에 대한 자료를 측정해야 한다. 측정이란 이론을 구성하고 있는 개념들을 현실세계에서 관찰이 가능한 자료와 연결시켜 주는 과정으로, 일정한 규칙에 따라 측정대상의 속성에 숫자를 부여하는 것이다. 이러한 규칙은 측정의 질을 결정하는 것으로서 이것은 측정과정에서 가장 중요한 요소이다. 변수 또는 사물의

속성에 숫자를 부여하면 수학적인 처리를 적용할 수 있기 때문에 객관적인 설명이 가능할 뿐 아니라 법칙이나 이론을 도출하기가 매우 쉽다.

이론적 개념들은 조작적 정의를 통하여 수량화가 가능해진다. 고객만족을 측정할 때 고객만족에 대한 정의는 여러 가지로 조작적으로 정의될 수 있으며, 특정 연구에서는 이 가능성 중에서 단지 하나의 정의를 내리고 있다. 따라서 한 연구에서 사용된 특정 조작적 정의는 다른 연구에서 보았던 정의들과는 동일하지 않을 수 있다. 이성적으로 관찰 가능한 개념, 예를 들어 성별, 연령, 교육수준 등은 이해하기 쉽고 수량화가 쉬우나, 고객만족측정은 추상적인 개념인 태도측정에 관한 것이기 때문에 직접 관찰할 수 없고 다차원일 수 있으므로 실질적인 측정의 문제를 야기시킨다.

측정수준

경험적 연구에서 측정수준은 **명목척도**(nominal scale), **순위척도**(ordinal scale), **등간척도**(interval scale), **비율척도**(ratio scale) 등 네 가지 척도형태 중 하나의 형태에 속하게 된다.

명목척도 명목척도는 측정대상의 특성을 확인하거나 분류할 목적으로 숫자를 부여하는 것이다. 예를 들어 성별을 측정할 때 남자는 1, 여자는 2라는 숫자를 부여하였다고 하면 이는 여자와 남자가 단지 다르다는 것을 나타낼 뿐 여자가 남자보다 어떤 특성을 많이 갖고 있다든지, 2배만큼 크다든지 하는 것을 나타내지는 않는다.

명목척도의 특징은 주어진 대상이 어떤 속성이나 특성을 지니는가의 여부에 따라 분류해야만 한다는 것이다. 이때, 분류된 범주는 상호 배타성과 포괄성이 충족되어야 한다. 상호 배타성은 어떤 변수도 두 범주에 중복포함되어서는 안 된다는 것이고, 포괄성이란 측정하는 각각의 사례는 제시된 범주에 모두 포함되어야 한다는 것을 의미한다. 명목척도에 의해서 얻어진 자료의 값들은 네 가지 척도의 형태 중에서 가장 적은 양의 정보를 제공한다. 상표의 구분, 상점의 형태구분, 판매지역의 구분, 상표의 인지여부, 소비자의 성별, 직업의 종류 등을 예로 들 수 있다. 이를 이용한 분석방법은 빈도, 최빈값, 교차분석 등으로 제한되어 있으나 측정이 편리하여 실제로는 많이 이용되고 있다.

순위척도 순위척도는 측정대상 간의 순서관계를 밝혀 주는 척도로서 속성의 많고 적음 또는 대소의 순위에 따라 수치를 부여하는 것이다. 그러나 측정대상 간의 해당 속성의 양적인 비교를 잘할 수 있는 정보는 제공해 주지 못한다. 예를 들어, 3개의 상표에 대해 가장 선호하는 것부터 순서대로 1, 2, 3의 숫자를 부여했을 때, 1이 2보다 선호되고 2가 3보다 선호되지만 각 범주 간의 정도가 반드시 같지 않기 때문에 선호의 정도는 알 수 없고 단지 순위만을 나타낼 뿐이다. 순위척도는 정확하게 정량화하기 어려운 소비자의 태도, 선호도, 사회계층 등의 측정에 이용된다. 이 순위척도로 측정된 자료는 백분율, 중앙값, 순위상관관계 등을 이용한 통계분석이 가능하지만 산술평균이나 표준편차와 같은 분석을 수행할 수는 없다. 그러나 실제 연구에서는 여러 개의 순위척도로 측정된 자료를 합쳐서 등간척도로 간주하여(예 : 리커트척도를 이용한 경우) 등간척도에 적용할 수 있는 통계분석을 사용하는 경우도 있다.

등간척도 등간척도는 각 사물들의 순위를 나타내 줄 뿐 아니라 수치들 사이의 간격이 동일한 척도이다. 그러나 측정대상이 갖고 있는 속성이 전혀 없는 상태인 절대영점은 존재하지 않으므로 비율계산 등의 수학적 계산에 제한을 받는다.

예를 들어, 섭씨 100°와 50°의 차이는 섭씨 50°와 0°의 차이와 동일하지만 섭씨 100°가 50°보다 2배만큼 더 뜨겁다는 것은 아니며, 섭씨 0°는 측정하고자 하는 속성인 온도가 존재하지 않는 상태(절대영점)가 아니라 척도구성상의 어떠 한 위치일 따름이다. 온도, 주가지수, 지능 등이 등간척도에 속하며 범위의 계산, 평균값, 표준편차, 상관관계 등의 분석이 가능하다.

비율척도 비율척도는 가장 높은 수준의 척도로서 등간척도가 갖는 특성에 절대영점이 존재하는 척도이다. 비율척도에서의 수치는 실제 수량과 같기 때문에 모든 수학적 계산이 가능하다. 무게, 연령, 도시화율, TV 시청률, 가격, 생산원가, 시장점유율 등이 비율척도의 예이다. 그러나 실제로 자료를 분석할 때는 등간척도와 비율척도를 구분하지 않고 동일한 통계기법을 적용하는 것이 보통이다.

지금까지 살펴본 측정수준별 척도의 성질은 표 10.1과 같고 각 척도별 자료분석에 이용할 수 있는 통계분석의 예는 표 10.2와 같다. 표 10.2에서 상위의 척도는 하위척도의 자료 분석에 이용될 수 있는 방법을 모두 적용할 수 있다.

신뢰도

고객만족을 측정하고자 할 때 이를 정확히 재는 측정도구를 개발하는 것은 쉬운 일이 아니다. 측정도구뿐만 아니라 측정 대상자, 즉 고객의 상태에 따라서도 측정의 결과가 달라질 수 있다. 측정된 값은 반드시 어느 정도의 측정오차를 가지게 된다.

신뢰도란 측정도구에서의 측정오차가 얼마나 되는가를 뜻한다. 신뢰도와 동의어로 쓰이는 것은 안정성(stability), 일관성(consistency), 예측 가능성(predictability), 정확성(accuracy) 등이며, 비교 가능한 독립된 측정방법에 의해 대상을 측정하는 경우 결과가 비슷하게 나타나야 하는 것을 의미한다. 신뢰도를 검증하기 위해서 이용되는 척도는 등간척도나 비율척도이며, 명목척도는 원칙적으로 불가능하다.

신뢰도의 정의는 다음과 같은 세 가지 접근방법으로 나누어 생각할 수 있다.

첫째, 동일한 대상에 대하여 같거나 비슷한 척도를 사용하여 반복측정할 경우 동일하거나 비슷한 결과를 얻을 수 있는 정도로 정의하는 방법으로 안정성, 예측 가능성의 의미를 함축하고 있다.

둘째, 측정도구가 측정하려는 속성을 얼마나 진실에 가깝게 측정했느냐 하는 정확성을 강조하는 정의로 타당성의 개념과 유사하다.

셋째, 측정상의 오차가 존재하는지를 파악함으로써 신뢰도를 정의하는 방법이다. 측정상의 오차는 측정도구 자체와 측정 대상자 측면에서 모두 발생할 수 있다.

신뢰도는 보통 상관계수로 계산되며 신뢰도계수는 0과 1 사이에 있다. 신뢰도계수는 문항의 동질성이나 문항 수에 따라 달라진다. 동질성이 높고 문항 수가 많으면 높은 신뢰도계수가 산출된다.

신뢰도를 측정하기 위해 사용되는 방법으로는 재검사법, 복수양식법, 반분법, 내적 일관성 검사법이 있다.

재검사법 재검사법(test-retest method)은 동일한 상황에서 동일한 측정도구로 동일한 대

표10.1　측정수준(척도)별 속성

척도	범주화	서열	등간격	절대영점
명목척도	○	×	×	×
순위척도	○	○	×	×
등간척도	○	○	○	×
비율척도	○	○	○	○

표10.2　측정수준별 자료분석 방법

척도	숫자부여 방법	대표값	유의성 검증	적용가능 분석방법	예
명목척도	확인분류	최빈값		빈도분석, 모수통계, 교차분석	성별, 운동선수 배번, 종교, 직업유형
순위척도	순위비교	중앙값	순위상관	순위 상관관계, 비모수통계	상표 선호순위, 사회계층, 학교성적, 정당 선호순위
등간척도	간격비교	산술평균	t검증, F검증	모수통계	온도, 지능, 상표 선호도, 주가지수, 광고 인지도
비율척도	절대적 크기비교	기하평균	t검증, F검증	모수통계	연령, 소득, 무게, 가격, 구매확률, 시장점유율

상을 시간을 달리하여 2번 측정한 후 그 결과를 비교하는 것이다. 두 시점에서 측정한 결과의 상관관계 정도를 계산하는 것으로 상관계수가 높다는 것은 신뢰도가 높다는 것을 의미한다. 그러나 이 방법은 동일한 측정도구를 2번 적용함으로써 앞의 측정이 두 번째 측정에 영향을 미칠 수 있고, 시간의 경과로 인하여 조사 대상자에게 변화가 일어날 수도 있어 외생변수의 영향을 파악하기가 곤란하다. 이와 같이 재검사법은 한계가 있으나 측정도구 자체를 직접 비교할 수 있고 적용이 간편하다는 장점이 있다.

복수양식법　복수양식법(parallel-forms technique)은 최대한 비슷한 두 가지 형태의 측정도구를 동일한 대상에 차례로 적용하여 신뢰도를 측정하는 방법이다. 복수양식법의 문제점은 2개의 동등한 측정도구의 개발이 어렵다는 것이다. 신뢰도가 낮을 경우, 측정효과가 본래부터 신뢰도가 낮아서 그런 것인지 아니면 2개의 양식을 동등하게 하는 데 실패한 것 때문인지를 설명할 수가 없다. 또한 두 측정도구 간에 높은 반복성을 보일 경우 처음 측정이 두 번째 측정에 영향을 미칠 수 있다.

반분법 반분법(split-half method)은 측정도구를 임의로 반으로 나누어 각각 독립된 2개의 척도로 사용함으로써 신뢰도를 추정하는 방법이다. 즉, 조사항목의 반을 가지고 조사결과를 얻고 항목의 다른 반을 동일한 대상에 적용하여 얻은 결과와 비교하는 것이다. 이 방법은 하나의 큰 개념을 측정하기 위한 여러 항목이 있고 반분이 가능한 척도에만 적용할 수 있다. 그러나 반분된 문항들을 완전히 똑같은 내용으로 만드는 것이 매우 어렵고, 반분된 측정도구의 문항 수는 그 자체가 완전한 척도를 이룰 수 있도록 충분히 많아야 한다는 문제점이 있다. 이는 신뢰도 검사라기보다는 기준타당도를 측정하는 셈이 된다는 주장도 있다.

내적 일관성검사법 측정하려는 각 문항들 간의 일관성의 정도를 알아내어 신뢰도를 산출하는 방법이 내적 일관성검사법이다. 이는 여러 개의 문항이 하나의 동일한 개념 또는 태도를 나타내는 척도인가를 알아보기 위해 주로 사용된다. 동일한 개념을 측정하기 위해 여러 개의 문항을 이용하는 경우, 신뢰도를 낮게 하는 문항을 찾아 내어 측정도구에서 제외시킴으로써 측정도구의 신뢰도를 높이게 되는데 대개 Cronbach의 알파(α)계수를 이용한다. 신뢰도의 높낮이를 정하는 절대적인 기준은 없으나 대개 알파계수가 0.6 이상이면 신뢰도에 큰 문제가 없다고 받아들이는 경향이 있다.

신뢰도를 높이는 방안으로는 다음과 같은 것들이 있다. 먼저 측정도구의 문항을 모호하지 않게 만들고, 둘째, 문항을 많이 만들어 오차를 줄이며, 셋째, 면접자의 면접방식과 태도에 일관성이 있어야 한다. 넷째, 조사 대상자가 잘 모르거나 전혀 관심이 없는 내용에 대한 측정은 하지 않는 것이 좋고, 다섯째, 동일한 질문이나 유사한 질문을 2회 이상 한다. 이외에 이전의 조사에서 이미 신뢰성이 있다고 인정된 측정도구를 이용할 수도 있다. 신뢰도는 연구의 가장 중요한 요인은 아니지만 신뢰도가 낮은 척도를 가지고는 과학적 결과를 기대할 수 없다. 뿐만 아니라 신뢰도가 높다고 해서 타당도가 높은 것은 아니므로 신뢰도는 좋은 척도의 필요조건이지 충분조건은 아니다.

타당도

타당도는 그 평가방법에 따라 내용타당도, 기준타당도, 구성타당도로 나누어 볼 수 있다.

내용타당도 내용타당도는 측정도구 자체가 측정하고자 하는 속성이나 개념이 측정할 수 있도록 되어 있는지를 평가하는 것으로, 측정도구가 측정대상이 가지고 있는 많은 속성 중의 일부를 대표성 있게 포함하고 있으면 그 측정도구는 내용타당도가 높다고 할 수 있다. 그러나 대부분 측정하려는 속성을 다 파악한다는 것은 매우 어려운 일이다. 특히, 측정하고자 하는 개념에 대한 정의가 연구자들 간에 일치하지 않는 경우, 둘째, 개념이 다차원적 속성을 가지고 있는데 그중에서 어떤 차원을 다루어야 하는지를 결정하기 힘든 경우, 셋째, 척도가 길고 복잡할 때 내용타당도에 대한 문제가 발생할 가능성이 크다.

　내용타당도는 주관적 판단에 의존하므로 이 방법만으로 타당도를 검증하는 것은 불충분하지만 통계절차를 거치지 않고 사용할 수 있다는 장점이 있다.

기준타당도 기준타당도는 사용하고 있는 측정도구의 측정값과 기준이 되는 측정도구의 측정값의 상관관계로 계산한다. 이것은 공인타당도(concurrent validity)와 예측타당도(predictive validity)로 구분된다. 공인타당도는 현재의 특정 현상을 측정하는 데 타당한가를, 예측타당도는 미래의 사건을 예측할 수 있는가를 보여 주는 척도의 능력이다.

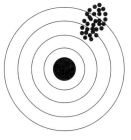
높은 신뢰도와 낮은 타당도

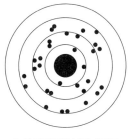
높은 타당도와 낮은 신뢰도

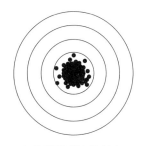
높은 타당도와 높은 신뢰도

그림10.1 다양한 접근방법의 효과조사

기준타당도는 측정하고자 하는 속성을 반영한다고 판단되는 객관적인 기준을 무엇으로 잡느냐에 따라 달라진다. 때로는 기준을 세우는 것 자체가 모호해서 좋은 기준을 세우는 것이 매우 어렵다. 새로운 도구를 개발해서 기준타당도를 얻고자 한다면 먼저 기존 도구의 내용타당도가 높고 그것의 실제 사용에서 타당도가 입증되어야 한다. 기존의 척도가 타당하다면 왜 새로운 척도가 필요한가 하는 의문이 들 수도 있지만, 기존의 척도가 타당하다 하더라도 비경제적이거나 구식이 되었을 때 새로운 척도를 개발할 필요가 있고, 이때 기준타당도가 적용된다.

구성타당도   구성타당도는 측정이론과 실제의 측면에서 가장 발전한 것으로 측정도구의 분산을 설명할 수 있는 이론의 타당도를 검토할 때 사용한다. 구성타당도는 같은 속성을 재는 방법은 달라도 결과는 비슷할 것임을 의미하는 수렴타당도(convergent validity)와 하나의 측정항목으로 서로 다른 개념을 측정했을 때 얻어진 측정치들 간에는 상관관계가 낮아야 한다는 판별타당도(discriminant validity)로 구성되어 있다.

최근에 요인분석은 구성타당도를 검사하는 유용한 방법으로 널리 쓰이고 있다. 많은 항목을 통계적 방법인 몇 개의 요인으로 분류하여 단일한 또는 여러 개의 하위차원을 추출해 내는 것이 요인분석이다. 같은 요인 내에 묶인 문항들은 동일한 개념을 측정하는 것으로 간주하고 다른 요인의 문항은 다른 개념을 측정한다고 본다. 전자의 경우 수렴타당도가 적용되고 후자의 경우 판별타당도가 적용된다.

2. 척도

고객만족측정은 태도측정에 관한 것이기 때문에 측정에 사용되는 방법은 매우 중요하다. 시장현황조사 연구자들은 사람들의 태도강도를 측정하기 위한 몇 가지 형태의 평가척도를 개발해 왔다. 여기서는 고객만족측정과 가장 관련이 있는 척도, 즉 리커트척도, 언어척도, 어의차이 분별척도, 무구획척도, 수치평가척도, 순위척도, SIMALTO척도 등을 검토해 보기로 하자.

고객만족측정의 두 가지 목적을 달성하기 위한 2개의 짧은 질문을 예로 들어 보자. 첫째, 고객에게 가장 중요한 것이 무엇인가를 찾아야 하고, 둘째, 한 기업이 이러한 영역에서 얼마나 잘 수행하고 있는지를 확인해야 할 것이다. 다른 종류의 평가척도에 대한 감각을 얻기 위해, 그리고 각각의 목적에 가장 적합한 것이 무엇인지를 결정하기 위해 짤막한 설문지를 완성해 보자. 호텔에서 객실을 예약하는 것은 대부분의 독자에게 친숙한 일이기 때문에 이를 주제로 삼았다. 쉽게 비교하기 위해 각 척도에 동일한 평가기준을 사용하였다.

리커트척도

리거트척도(그림 10.2, 10.3)는 시장조사협회가 추천하는 접근법에 따라 예에서 보는 바와 같이 각 진술에 대한 동의 정도를 측정하기 위해 고안되었다. 어떤 사람들은 중간영역을 없애고 4개의 가능한 답변이 나오도록 만들어 쉽게 선택하도록 하는 것이 더 좋다고 주장하기도 한다.

언어척도

리커트 척도의 원리와 비슷하게 언어척도는 측정해야 할 태도의 정도를 묘사하는 데 언어적 표현을 사용한다. 고객만족측정의 경우에는 물론 측정해야 할 것이 고객만족과 고객이 생각하는 중요도이다. 언어척도의 예는 그림 10.4와 10.5에 나와 있다.

어의차이 분별척도

어의(語義)차이 분별척도는 2개의 반대되는 단어에 대한 태도를 보여 주는 것이다. 전형적인 리커트척도에서 쓰는 4점 또는 5점보다 선택범위가 더 많을 수 있다(그림 10.6, 10.7에서는 7점 범위). 응답자는 2개의 형용사 중에서 자신의 견해에 가장 가까운 것을 선택함으로써 자신의 태도의 강도를 나타낼 수 있다.

무구획척도

그림 10.8과 10.9에 나와 있는 **무구획척도**(ungraded scale)는 응답자가 표시하는 부분을 여러 개의 구획된 칸에서 연속된 하나의 선으로 바꿈으로써 어의차이 분별척도에서 보다 정밀하고 논리적인 결론을 끌어낼 수 있게 해 준다.

중요성

다음 문장을 읽고 귀하의 견해를 가장 정확하게 반영하는 정도에 따라 해당 칸에 √표시를 해 주십시오. 만일 관련 없는 문항이 있다면 해당 없음에 표시하세요.

호텔객실 예약	해당 없음	전적으로 동의함	약간 동의함	그저 그럼	거의 동의 하지 않음	전혀 동의 하지 않음
1. 사업상의 목적으로 호텔을 예약할 때 자동차 접근의 편리성은 매우 중요하다.						
2. 사업상의 목적으로 호텔을 예약할 때 빨리 전화를 받는 것은 매우 중요하다.						
3. 사업상의 목적으로 호텔을 예약할 때 예약의 수월성은 매우 중요하다.						
4. 사업상의 목적으로 호텔을 예약할 때 예약취소의 융통성은 매우 중요하다.						
5. 사업상의 목적으로 호텔을 예약할 때 직원의 도움은 매우 중요하다.						

그림10.10 리커트척도 — 고객의 우선순위

만족도

다음 문장을 읽고 귀하의 견해를 가장 정확하게 반영하는 정도에 따라 해당 칸에 √표시를 해 주십시오. 만일 관련 없는 문항이 있다면 해당 없음에 표시하세요.

호텔객실 예약	해당 없음	전적으로 동의함	약간 동의함	그저 그럼	거의 동의 하지 않음	전혀 동의 하지 않음
1. 이 호텔은 자동차로 접근하기가 편리하다.						
2. 이 호텔은 전화문의에 신속하게 대응한다.						
3. 이 호텔객실은 예약하기가 쉽다.						
4. 이 호텔은 예약을 취소할 때 융통성이 있다.						
5. 이 호텔의 직원은 항상 도움이 된다.						

그림10.3 리커트척도 — 기업의 성과수준

중요성

다음은 출장을 갈 때 호텔예약과 관련된 항목들입니다. 각 항목이 귀하에게 얼마나 중요한지 또는 중요하지 않은지를 가장 정확하게 나타내는 칸에 표시를 해 주십시오. 해당 없는 사항에 대해서는 '해당 없음' 칸에 표시를 하시면 됩니다.

호텔객실 예약	해당 없음	전혀 중요하지 않음	별로 중요하지 않음	보통임	약간 중요한 편임	매우 중요함
접근성						
신속한 반응						
객실 예약의 수월성						
예약 취소의 융통성						
직원의 도움						

그림10.4 언어척도 – 고객의 우선순위

만족도

다음은 출장을 갈 때 XXX호텔 예약과 관련된 항목들입니다. 귀하께서 XXX호텔의 각 항목에 대해 얼마나 만족 또는 불만족하셨는지를 가장 정확하게 나타내는 칸에 표시를 해 주십시오. 해당 없는 사항에 대해서는 '해당 없음' 칸에 표시를 하시면 됩니다.

호텔객실 예약	해당 없음	전혀 중요하지 않음	별로 중요하지 않음	보통임	약간 중요한 편임	매우 중요함
접근성						
신속한 반응						
객실 예약의 수월성						
예약 취소의 융통성						
직원의 도움						

그림10.5 언어척도 – 기업의 성과 수준

다음 문장을 읽고 귀하가 사업상의 목적으로 객실을 예약할 때, 귀하의 견해를 가장 정확하게 반영하는 정도에 따라 □ 안에 √표를 해 주십시오.

1. 호텔은 자동차로 접근하기가 편리해야 한다.

    전혀 중요하지 않음 □   □   □   □   □   □   □ 매우 중요함

2. 호텔은 전화문의에 신속하게 대응해야 한다.

    전혀 중요하지 않음 □   □   □   □   □   □   □ 매우 중요함

3. 객실예약은 수월해야 한다.

    전혀 중요하지 않음 □   □   □   □   □   □   □ 매우 중요함

4. 호텔은 예약을 취소할 때 융통성이 있어야 한다.

    전혀 중요하지 않음 □   □   □   □   □   □   □ 매우 중요함

5. 호텔 직원은 고객에게 도움이 되어야 한다.

    전혀 중요하지 않음 □   □   □   □   □   □   □ 매우 중요함

그림10.6 어의차이 분별척도 — 고객의 우선순위

다음 문장을 읽고 ABC 호텔에서 사업상의 목적으로 객실을 예약할 때, 귀하의 견해를 가장 정확하게 반영하는 정도에 따라 □ 안에 √표를 해 주십시오.

1. 자동차로 여행할 때 이 호텔은

    접근하기 매우 편리함 □   □   □   □   □   □   □ 매우 불편함

2. 전화문의 시 이 호텔의 대응은

    매우 신속함 □   □   □   □   □   □   □ 매우 느림

3. 이 호텔의 예약절차는

    쉬움 □   □   □   □   □   □   □ 어려움

4. 예약취소 시 이 호텔의 조건은

    매우 융통성이 있음 □   □   □   □   □   □   □ 전혀 융통성이 없음

5. 이 호텔 직원은

    매우 도움이 됨 □   □   □   □   □   □   □ 전혀 도움이 안 됨

그림10.7 어의차이 분별척도 — 기업의 성과수준

중요성

다음은 출장을 갈 때 호텔예약과 관련된 항목들입니다. 각 항목이 귀하에게 얼마나 중요한지 또는 중요하지 않은지를 가장 정확하게 나타내는 지점에 표시를 해 주십시오. 해당 없는 사항에 대해서는 '해당 없음' 칸에 표시를 하시면 됩니다.

	해당 없음	전혀 중요하지 않음		매우 중요함
접근성	☐	■————————————————————■		
신속한 반응	☐	■————————————————————■		
객실 예약의 수월성	☐	■————————————————————■		
예약 취소의 융통성	☐	■————————————————————■		
직원의 도움	☐	■————————————————————■		

그림10.8 무구획척도 ― 고객의 우선순위

만족도

다음은 출장을 갈 때 XXX호텔 예약과 관련된 항목들입니다. 귀하께서 XXX호텔의 각 항목에 대해 얼마나 만족 또는 불만족하셨는지를 가장 정확하게 나타내는 지점에 표시를 해 주십시오. 해당 없는 사항에 대해서는 '해당 없음' 칸에 표시를 하시면 됩니다.

	해당 없음	매우 불만족		매우 만족
접근성	☐	■————————————————————■		
신속한 반응	☐	■————————————————————■		
객실 예약의 수월성	☐	■————————————————————■		
예약 취소의 융통성	☐	■————————————————————■		
직원의 도움	☐	■————————————————————■		

그림10.9 무구획척도 ― 기업의 성과 수준

수치평가척도

수치평가척도(그림 10.10)는 응답자가 자신의 태도의 강도를 표시하는 것이다. 예를 들면 10점 만점으로 표시하게 할 수 있다. 그러나 측정단위, 크기에 관해 어떤 고정된 규칙이 있는 것은 아니다. 어떤 기업은 1~5까지의 측정단위를 사용하고, 페더럴 익스프레스사는 고객만족에서 '미세한 변화'를 측정하기 위해 0~100까지 101점 척도를 사용한다. 영국에서는 10점 척도가 널리 쓰이고 있는데, 이는 응답자들이 학교에서 10점 단위의 평가방법에 익숙해져 있기 때문이다. 고객의 의견을 나타내는 데는 대개 10점 척도로 충분하다.

그림 10.11은 경쟁호텔의 인지도를 평가하기 위해 재구성한 것이다. 응답란의 오른쪽에 경쟁호텔의 성과수준을 표시하기 위해 한 칸을 확장할 수 있다. 경쟁호텔의 정체는 막연한 기타 호텔이 아니라 특정한 이름의 호텔이나 그룹이 될 것이다. 응답자에게 친숙한 호텔의 이름은 면접 초반에 재확인되어야 한다.

순위척도

순위척도(그림 10.12, 10.13)는 서로 다른 여러 영역에 대해 중요성, 선호도 등의 기준에 따라 순서를 매기게 하는 것이다. 더 이상의 제약은 없다.

SIMALTO척도

SIMALTO척도는 'Simultaneous Multi Attribute Level Trade Off'의 약자로, 그림 10.14에 나타낸 바와 같이 고객의 우선순위와 기대범위(이상적인 서비스수준에서 엉망인 서비스수준까지)에 관한 자료를 수집하기 위해서 사용될 수 있다. 이를 통하여 그림 10.15와 같이 기업의 업무성과를 평가할 수 있을 뿐만 아니라 기업의 업무성과에 대한 응답자의 인식을 평가할 수 있다.

'완전히 언어로 표현되는 척도'로 알려진 SIMALTO척도는 대인면접법이나 자기기입식 설문지에 사용될 수 있다. 수치평가척도와 같이 응답자에게 친숙한 경쟁호텔은 대인면접에서 미리 밝혀져야 할 것이다.

해당 없음	1	2	3	4	5	6	7	8	9	10
	전혀 중요하지 않음			거의 중요하지 않음			약간 중요함			매우 중요함

		해당 없음	1	2	3	4	5	6	7	8	9	10
1	접근성		1	2	3	4	5	6	7	8	9	10
2	신속한 반응		1	2	3	4	5	6	7	8	9	10
3	객실 예약의 수월성		1	2	3	4	5	6	7	8	9	10
4	예약 취소의 융통성		1	2	3	4	5	6	7	8	9	10
5	직원의 도움		1	2	3	4	5	6	7	8	9	10

그림 10.10 수치평가척도 − 고객의 우선순위

해당 없음	1	2	3	4	5	6	7	8	9	10
	매우 불만족			약간 불만족			약간 만족			매우 만족

		해당 없음	1	2	3	4	5	6	7	8	9	10
1	접근성		1	2	3	4	5	6	7	8	9	10
2	신속한 반응		1	2	3	4	5	6	7	8	9	10
3	객실 예약의 수월성		1	2	3	4	5	6	7	8	9	10
4	예약 취소의 융통성		1	2	3	4	5	6	7	8	9	10
5	직원의 도움		1	2	3	4	5	6	7	8	9	10

그림 10.11 수치평가척도 − 기업의 성과순위

다음 문항은 호텔을 예약할 때 여러 가지 필요한 사항을 나타낸 것입니다.
다섯 항목 중 어떤 것이 귀하에게 중요합니까? 중요한 순서를 매겨 주십시오.
예를 들어, 문항 C가 가장 중요하다고 생각하신다면 '순위' 첫 번째 칸에 C를 써 넣으시면 됩니다.

구분	호텔객실 예약	순위
A	호텔은 자동차로 접근하기가 편리해야 한다.	첫 번째 ( )
B	호텔은 전화문의에 신속하게 대응해야 한다.	두 번째 ( )
C	객실예약은 수월해야 한다.	세 번째 ( )
D	호텔은 예약을 취소할 때 융통성이 있어야 한다.	네 번째 ( )
E	호텔 직원은 고객에게 도움이 되어야 한다.	다섯 번째 ( )

그림10.12 순위척도 — 고객의 우선순위

다음 문항은 ABC 호텔에서 예약 시 여러 가지 필요한 사항을 나타낸 것입니다. 각각의 평가기준을 충족시키기 위해 ABC 호텔은 얼마나 잘하고 있는지에 대하여 순위를 매겨 주십시오. 예를 들어 귀하가 이 호텔은 자동차의 접근성이 가장 좋다고 생각한다면 '순위' 첫 번째 칸에 A를 써 넣으시면 됩니다.

구분	호텔객실 예약	순위
A	이 호텔은 자동차로 접근하기가 편리하다.	첫 번째 ( )
B	이 호텔은 전화문의에 신속하게 대응한다.	두 번째 ( )
C	이 호텔객실은 예약하기가 쉽다.	세 번째 ( )
D	이 호텔은 예약을 취소할 때 융통성이 있다.	네 번째 ( )
E	이 호텔의 직원은 항상 도움이 된다.	다섯 번째 ( )

그림10.13 순위척도 — 기업의 성과수준

다음 표를 보고 호텔에서 제공해야 한다고 생각하는 서비스의 각 표준을 다음 약어를 사용하여 적당한 곳에 표시해 주십시오.
   I = 이상적인 표준(받아들일 수 있는 이상적인 표준을 나타내는 곳에 모두 표시해 주십시오.)
   E = 기대하는 표준(각 줄마다 한 곳에 표시해 주십시오.)
   U = 받아들일 수 없는 표준(각 줄마다 한 곳에 표시해 주십시오.)

호텔객실 예약	수준 1	수준 2	수준 3	수준 4	수준 5
자동차를 이용한 접근 가능성	1시간 이상	31~60분	16~30분	6~15분	5분 이내
전화문의 시 호텔의 대응 시간	45초 이상	31~45초	21~30초	11~20초	10초 이내
예약의 수월성	10분 이상	6~10분	4~5분	2~3분	2분 이내
예약취소에 필요한 통지 시간	48시간	24시간	도착일 정오	도착일 오후 6시	도착일 오후 8시
호텔 직원의 도움	종종 도움이 안 됨	때때로 도움이 안 됨	일반적으로 도움이 됨	항상 도움이 됨	완벽하게 도움이 됨

그림10.14   SIMALTO척도 ─ 고객의 우선순위

다음 표를 사용하여 호텔에서 제공하고 있는 서비스의 수준을 ABC 호텔의 경우에는 A를, ZZZ 호텔의 경우에는 Z를 적당한 곳에 표시해 주십시오.
각각의 호텔에 대하여 각 줄마다 표시를 해 주십시오.
각각의 호텔에 대해서 같은 곳에 표시할 수도 있고 다른 곳에 표시할 수도 있습니다.

호텔객실 예약	수준 1	수준 2	수준 3	수준 4	수준 5
자동차를 이용한 접근 가능성	1시간 이상	31~60분	16~30분	6~15분	5분 이내
전화문의 시 호텔의 대응 시간	45초 이상	31~45초	21~30초	11~20초	10초 이내
예약의 수월성	10분 이상	6~10분	4~5분	2~3분	2분 이내
예약취소에 필요한 통지 시간	48시간	24시간	도착일 정오	도착일 오후 6시	도착일 오후 8시
호텔 직원의 도움	종종 도움이 안 됨	때때로 도움이 안 됨	일반적으로 도움이 됨	항상 도움이 됨	완벽하게 도움이 됨

그림10.15   SIMALTO척도 ─ 기업의 성과수준

3. 척도평가 방법

모든 평가척도는 각각 장점과 응용할 점을 가지고 있다. 리커트척도는 이해하기가 쉬워서 모든 척도 중에서 대부분의 응답자에게 가장 친숙한 방법이다. 그러나 리커트척도는 정교하지 않고 양적인 자료로 전환될 때 연구자들이 할당된 숫자에만 의존하는 경향이 있다(전형적으로 그림 10.2와 10.3의 예에서 리커트척도는 1~5점까지이다). 특히 기업의 성과에 대한 척도의 최상위 영역에서 태도의 범위가 제한된다. 리커트척도는 '매우 높은' 성과와 '대체로 높은' 성과만을 효율적으로 평가한다. 그런데 오늘날의 경쟁적 시장에서 공급업자는 매우 높은 기준에 따라 성과수준을 나타내야 하며 자신을 드러내기 위해서는 그 이상의 더 자세한 평가척도가 필요하다. 미국의 GM사는 10년 이상에 걸쳐 고객만족측정 자료를 수집하고 10만 명의 고객으로부터 응답을 얻어 냄으로써 이러한 문제를 분석했다. GM사의 조사는 대칭적인 5점 척도를 사용하여 수행되었다.

- 매우 만족
- 약간 만족
- 그저 그렇다
- 약간 불만족
- 매우 불만족

축적된 자료를 분석하는 과정에서 만족도가 감소했지만 GM사의 고객충성도는 만족도가 감소한 비율만큼 감소하지는 않았다. 대부분의 고객들은 '매우 만족'했고 '매우 만족'하지 않는 척도상 4점 이하의 고객들은 고객유지에 아무런 도움이 되지 않기 때문에 GM사는 대칭적인 5점 척도가 부적절하다는 결론에 이르렀다. 기업이 밝히고 싶었던 것은 고객을 만족에서 감동의 단계로 이동시키기 위한 여러 수준에서의 고객만족도에 관한 것이었다. GM사의 실험적 연구는 GM사로 하여금 긍정적인 방향으로 편향된 어의차이 분별척도가 가장 분별력 있는 측정형태라는 것을 확신시켜 주었다. 이러한 척도의 예는 다음과 같다.

- 감동 : '나는 내가 기대하는 이상의 것을 얻었다.'
- 완전 만족 : '모든 것이 내가 기대했던 대로이다.'
- 매우 만족 : '거의 모든 것이 내 기대수준에 이르렀다.'
- 만족 : '대부분이 내 기대수준에 이르렀다.'
- 만족하지 못함 : '내 기대가 충족되지 못했다.'

긍정적인 방향으로 치우친 척도에서는 위에서 제시된 등급이 종종 사용된다. 왜냐하면 각 단계별 차이점이 매우 작기 때문이다. 만족하지 못한 고객은 개인적으로 불만족 이유가 무엇인지 개별적으로 밝힐 수 있고, 가능하다면 그러한 이유를 제시하도록 추적조사를 할 수 있다. 결과를 수량화하고 성과면에서 경쟁상대와 비교해야 하는 동일한 문제는 어의차이 분별척도의 경우에서도 마찬가지이다. 적합한 척도가 부족하다는 것은 응답자를 불편하게 만들고 그 척도에 대한 점수를 매기기 힘들게 한다.

순위척도는 고객의 우선순위를 분명히 하는 데 매우 효과가 있다. 왜냐하면 어떤 동일한 점수대가 부여될 필요가 없기 때문이다. 이것들은 기업이 무엇을 잘 하는지에 초점을 맞추고 그럼으로써 기업이 고객에게 잘하고 있는 것을 드러낼 수 있다. 그러나 여기에는 두 가지 문제점이 있다.

첫째, 응답자는 순위척도를 완성하기 어려우므로 몇 개 질문에는 답하는 대신 다른 특성들을 끝까지 평가할 수 있는 인내심을 잃어버리게 되는 경향이 있다. 그림 10.12, 10.13에 주어진 예에서는 5개의 특성이 나타나 있지만 대부분의 고객조사는 때로 훨씬 더 많은 특성을 측정한다. 이 경우 순위척도를 사용하는 것이 불가능하게 된다.

둘째는 응답자를 수량화하는 것이다. 10개 항목의 특성을 가정하면 그것을 수량화하는 유일한 방법은 각각의 특성에 대하여 첫 번째부터 시작해서 1점씩 맞추어 가면서 10번째까지 10점 만점으로 순위를 매기는 것이다. 그러나 이것은 기업의 성과순위가 낮게 매겨진 특성은 10점 중에 1, 2, 3점의 가치밖에 없다는 것을 의미하게 되므로 모든 특성에 대해서 비교적 성과가 좋은 오늘날의 많은 기업에게는 확실히 공정하지 못하다.

평가척도 중 2개만이 5장에서 제시된 것처럼 고객만족척도의 모든 목표를 만족시킬 수 있다. 그것은 SIMALTO척도와 수치평가척도(표 10.3)이다.

표10.3 SIMALTO척도와 수치평가척도의 비교

구 분	SIMALTO척도	수치평가척도
목표달성	모든 CS 조사목표에 부합	고객의 인내영역과 개선우선순위를 파악하기 위해 부가적인 질문이 필요함
정확도	명확한 표준을 세울 수 있으나 응답은 통제됨	명확하지는 않지만 광범위한 고객만족측정
조사형태	대인면접	대인면접, 전화면접, 자기기입식 설문지
준 비	광범위한 탐색연구, 예비조사, 어려운 설문지 설계	상대적으로 간단한 탐색연구, 예비조사, 설문지 설계
관리의 용이성	응답자는 응답이 어려워 안 할 수도 있음	응답자는 방법론에 매우 쉽게 적응
결과에 대한 의사 소통	가능하나 복잡함	분명한 그래픽 의사소통
최신 정보	정확한 비교 가능	상대적인 성과의 변화가 모니터 됨

이 두 척도 중 SIMALTO척도가 이론적으로 더 우수하다. 나중에 정확한 비교를 하게 될 각 특성에 대해 모호한 성과수준을 적절하게 구분하여 할당하는 데 있어서 다른 어떤 척도보다 더 정확하다. 그러나 SIMALTO척도는 '관리자의 친절함'처럼 정확하게 계량화할 수 없는 특성에 대해서는 부적절하다. 다른 척도를 허용함에 있어 SIMALTO척도는 다소 융통성이 있다(예를 들어, 조사대상 기업과 경쟁기업은 동일한 설문지에 기록될 수 있다). 또한, 인내영역(최상의 서비스와 최악의 서비스 간의 차이) 같은 것을 측정할 경우 어떤 다른 방법을 사용하게 되면 훨씬 어렵고 시간도 많이 걸린다.

그러나 그림 10.14와 10.15의 결론에서 보듯이 SIMALTO척도는 완성하기가 쉽지 않다. 우선 전화조사에는 사용할 수 없고 자기기입식 설문지에 사용하더라도 응답자가 오해하거나 인내심을 잃어버릴 가능성이 높다. SIMALTO척도는 여러 가지 서비스수준을 묘사하기 위해 적절한 서술방법을 어떻게 찾아내는가에 성공여부가 달려 있다. 설문지를 작성하기 어려우므로 예비조사를 조심해서 할 필요가 있다. 이런 점 때문에 대부분의 기업들은 전문적인 조사기관에 의존해야 하는 경우가 많다. 또한 설문지의 형식 때문에 결과해석을 위해 많은 일을 해야 하고 그 결과에 대해 한 기업 내에서 동료들끼리도 의사소통을 해야 한다.

따라서 수치평가척도가 최상의 선택인 것처럼 보인다. 이것은 응답자가 대답하기에 매우 편리하고 대인면접법이나 전화면접법, 자기기입식 설문지에 모두 적합하며, 결과를 통계적으로 분석하거나 시각적으로 제시하기도 쉽다. 특히 고객에게 가장 중요한 영역에서 기업이 최선을 다하기 위해 그러하다(13장 참조). 10점 척도(10점 만점제)는 응답자에게 친숙하며 성과에 대해 비교적 정확한 평가를 할 수 있을 만큼 등급이 충분히 다양하다. 계속 새로운 측정자료를 보완하는 데는 수치평가척도가 SIMALTO척도처럼 우수하지는 않다. 올해의 10점 만점 중 8점이 작년의 10점 만점 중 8점과 동일한 성과수준을 나타낸다고 확신할 수 없기 때문이다. 그러나 성과수준과 고객만족 및 자신의 기업과 경쟁기업의 성과의 차이를 측정함으로써 매년 상대적인 성과를 추적할 수 있다.

4. 결론

○ 측정이란 일정한 규칙에 따라 어떤 대상의 속성에 수치를 부여하는 것이다.
○ 측정을 위해 사용되는 도구를 척도라 하는데 척도의 형태는 측정수준에 따라 명목척도, 순위척도, 등간척도, 비율척도로 나눌 수 있다.
○ 순위척도는 고객만족측정의 핵심이다. SIMALTO척도와 수치평가척도도 고객만족측정의 전반적 목표를 달성할 수 있는데, 그중 수치평가척도가 더 실용적인 경우가 많다.
○ 척도는 신뢰도와 타당도를 갖추어야 한다.

11
설문지 설계

목표
- 설문설계의 기본원리를 이해한다.
- 여러 가지 질문의 형태를 이해한다.
- 설문지를 설계하는 방법을 학습한다.
- 해당 기업의 고객조사를 위해 적합한 설문지를 설계해 본다.

1. 설문설계의 기본원리

설문지를 설계할 때 다음과 같은 내용을 미리 점검해 볼 필요가 있다.

- 응답자는 질문에 답하는 데 필요한 정보를 가지고 있는가?
- 응답자는 질문을 이해할 수 있는가?
- 응답자는 정확한 답변을 할 수 있는가?
- 질문이 응답을 어떤 방향으로 왜곡시키지는 않는가?

필요한 정보 · 지식

사람들은 어떤 질문을 받을 때 그 주제에 대한 의견을 꼭 가지고 있어야 된다고 믿는 경향이 있다. 그래서 '귀하는 가스나 전기 중 어떤 것이 요리하는 데 더 좋다고 생각하십니까?'라는 질문을 받았을 때, 요리하는 데 전기를 써 본 적이 없는 응답자들도 '가스'라고 대답하는 경우가 있다. 비슷하게 길 가는 행인은 비행기를 타 본 적이 없어도 버진에어웨이 항공사에 대한 의견을 표현할 수 있다.

고객조사에 관심을 갖게 되면 프로젝트를 시작할 때 목표를 분명하게 설정함으로써 이러한 위험을 축소시킬 수 있다. 가령, 버진에어웨이 항공사의 예에서 제품이나 서비스에 대해서 직접적인 경험이 있는 사람들의 만족도나 태도만 탐구할 수도 있다. 그렇다면 자격을 갖춘 응답자를 선별하기 위하여 면접 전에 그에 대한 질문을 할 필요가 있다. 반면에 버진에어웨이 항공사의 서비스를 전혀 경험하지 않았음에도 불구하고 부정적인 인식을 가지고 있어 버진에어웨이 항공사를 이용하지 않는 고객도 있을 수 있기 때문에, 버진에어웨이 항공사를 이용했건 이용하지 않았건 간에 모든 비행기 여행자들의 태도를 연구하는 것이 필요할 수도 있다. 후자의 방식은 시장현황조사의 전형이다.

질문의 이해

질문을 이해하는 데 문제를 일으키는 세 가지 영역이 있다.

첫째, 많은 일상적인 단어는 그 의미가 모호하다. 좋은 예가 '규칙적'이란 단어이다. 한 사람의 규칙적인 습관은 다른 사람에게는 매우 가끔 있는 일처럼 보일 수도 있다. '귀하는 규칙적으로 외식을 하십니까?'라는 질문에서 '규칙적'이란 단어는 사람마다 서로 다른 것을 의미한다. 그러한 단어를 정의하기 위해 노력하는 것보다 그러한 단어를 쓰지 않고 다음과 같이 질문을 다른 말로 바꾸는 것이 더 좋다. '귀하는 마지막 외식을 언제 하셨습니까?' 또는 '지난달 외식을 몇 번 하셨습니까?'

두 번째 문제는 이중질문이다. 가령, '에어리얼 퓨처사는 옷감을 손상시키지 않고 옷을 깨끗하게 세탁할 수 있는가?'라는 질문을 한 적이 있는데, 이는 '옷감을 손상시키지 않는가?'와 '옷을 깨끗하게 세탁하는가?'의 두 가지 질문으로 분리되어야 한다. 때때로 질문은 2개의 비슷한 형용사를 사용하기도 한다. '이 음식점은 편안하고 격식이 없는 분위기입니까?' 연구자가 이 질문에서 단지 한 가지 의미만 찾으려 한다면 두 가지 형용사 중 더 적절한 형용사가 사용되어야 하고 하나는 없애는 것이 좋다.

세 번째 문제는 길고 터무니없는 질문이나 정의이다. 그러한 질문이 자기기입식 설문지에 사용된다면 많은 응답자가 질문을 이해하지 못해 질문을 빼먹거나 최악의 경우에는 적당한 답변을 못 할 수도 있다. 전화조사에서는 질문이 길면 응답자나 면접자 모두가 어려움을 겪을 수 있다.

정확한 응답

이 영역에서는 피해야 할 세 가지 함정이 있다.

첫째, 응답자들은 특히 태도와 관련된 영역에서 자신의 견해를 표현하기가 어렵다는 것을 종종 알게 된다. 따라서 응답자들의 생각을 말로 표현하도록 하기 위해 많은 시간이 주어져야 한다. 응답자가 오랫동안 침묵하고 있으면 면접원은 이 상황을 견디기 어려울 것이다. 특히 응답자의 마음상태를 평가할 가시적인 단서가 없는 전화조사에서 그렇다. 그런 문제를 최소화하기 위해 탐색조사에서는 비구조화된 면접이 행해진다. 회사의 이미지를 묘사하라는 질문은 생각을 많이 하지 않고는 답하기가 매우 어렵다. 따라서 시간이 오래 걸리는 대인면접법에서는 투사적 기법이, 짧은 전화조사에서는 태도기법이 사용된다.

두 번째 잠재적인 함정은 응답자의 기억이다. 사람들은 자신이 진실한 답변을 하고 있다고 믿지만 현실세계에서는 불완전한 기억력 때문에 그것이 정확하지 않을 수 있다. 고객만족측정에서 어떤 인식은 현실적으로 분명히 존재하지만 그 인식은 연구자나 응답자의 의도와 상관 없이 부정확할 수 있다. 예를 들면, 사실상 지난 12개월 동안 어떤 기업이 그 산업부문에서 최고의 배달기록을 가지고 있음에도 불구하고 응답자는 기업의 정시배달 실적에 관해 형편 없다고 말할 수도 있다. 그러나 응답자의 구매의사결정은 그 잘못된 인식을 바탕으로 이루어지기 때문에 고객조사에서의 응답자의 답변이 결국 정확한 답변인 것이다. 정확한 답변을 요구하는 과거 사건에 대한 질문은 탐색단계에서 응답자의 충분한 기억을 필요로 한다. 충분히 정확한 답변을 제공할 수 있는지가 의심스럽다면 편지나 전화를 통해 질문사항과 관련된 기록들을 체크해 보거나 최소한 면접하기 전에 차분히 생각해 볼 기회라도 주어야 한다.

세 번째 함정은 확인하거나 타협하기가 더 어렵다. 어떤 응답자들은 어떤 질문에 대해서 정직하게 답변하고자 하지 않을 수 있다. 이것은 고객조사에서 응답자들이 고의로 면접원들을 오류에 빠뜨리려는 것이 아니라 자신의 생각을 정확히 반영하지 않고 그저 받아들여질 만한 답변을 함으로써 오류에 빠뜨리는 것이다.

고객만족측정에서 이렇게 진실하지 못한 답변을 하는 이유는 다음 두 가지이다.

첫째, 대부분의 사람들은 남을 즐겁게 해 주기를 바라고 불쾌하게 하는 것을 꺼린다. 그래서 만족감을 과대표현하고 불만족한 분야에 대해서는 이 장의 뒷부분에서 평가척도를 살펴볼 때 알 수 있듯이 축소해서 표현하는 경향이 있다. 응답자들이 이미 알고 있는 직원들이 직접면접을 시행하는 경우에 이 문제는 훨씬 더 심각해진다.

둘째, 사람들은 사회적으로 수용될 만한 답변을 하려는 경향이 있다. 즉, 응답자들은 그들이 실제로 하는 것보다 그들이 해야만 한다고 느끼는 답변을 한다는 것이다. 예를 들어, 응답자들은 비이성적인 사람(예를 들어, 충동구매를 하는 사람) 또는 비전문적인 사람(예를 들어, 판매자와의 관계에서 쉽게 영향을 받는 사람)처럼 보이고 싶어 하지 않는다.

질문에 의한 응답왜곡

고객조사에서 부정확한 자료를 얻게 되는 네 번째 이유는 질문 자체가 응답자들에게 답변의 특정한 방향을 암시하는 경우이다. 고객조사에서 가장 나타나기 쉬운 편향의 형태는 고객들을 불만족보다는 만족의 방향으로 유도하는 것이다. 이를 피하기 위하여 '귀하는 …에 대하여 얼마나 만족하십니까?'라는 질문보다는 '저희 기업의 성과수준 등급을 매겨 주십시오.'라는 표현을 사용하는 것이 더 좋다.

다음 질문은 완전히 균형적인 평가척도를 나타내기는 하지만 아직도 편향의 요소를 내포하고 있다.

'귀하는 화장실의 청결도에 얼마나 만족하십니까?'

- 매우 만족
- 상당히 만족
- 그저 그렇다
- 상당히 불만족
- 매우 불만족

질문에서 어떠한 편향적인 요소도 없애기 위해서 위 질문은 '귀하는 화장실의 청결도에 얼마나 만족 또는 불만족하십니까?'가 되어야 한다. 고객의 만족정도에 대해 알고 싶을 때, 편향적인 척도를 도입해야 하는 경우도 생길 것이다. 이러한 편향적인 척도를 사용하는 예는 이 장의 뒷부분에 기술되어 있다.

2. 예비조사

설문지에 대한 응답자의 지식, 이해, 신뢰도, 응답왜곡 등을 테스트함과 동시에 그것이 실제로 잘 설계되었는지를 확인하기 위해 설문지를 가지고 예비조사를 해야 한다. 예비조사 면접은 표본의 일부분이 아닌 다양한 표적집단에서 행해져야 하고 다음 두 가지를 검토해야 한다. 즉, 설문지를 살펴보고 정상적인 방법으로 대답이 이루어지는지를 검토하고, 응답자가 답변을 주저하는 곳과 애매하게 생각하는 부분을 체크해야 한다. 이에 대해 철저히 검토해야 실제 고객에게 질문이 주어졌을 때, 그 질문이 합리적으로 만들어졌다는 것에 대한 자신감을 가질 수 있다. 또한 그 조사과정이 수용할 만하며 면접원은 답변을 받아 적을 만한 시간이 있고 면접이 정해진 시간 내에 이루어질 수 있는지도 확인할 수 있다.

면접이 끝나면 면접 자체에 대해서 어떻게 생각하는지와 답변하기 어려운 질문이 있었다면 어떤 질문이 왜 부적절했는지를 응답자에게 물어 보아야 한다. 만약 응답자가 질문에 대해서 아무런 언급도 하지 않는다면 더 이상 질문을 계속할 것이 아니라, 왜 답변을 망설이는지 이유를 물어보아야 할 것이다. 과거의 사건에 대해서 자세히 기억하려 하기 때문이라는 등의 아주 그럴 듯한 설명이 있을 것이다.

예비조사 면접에서 아무런 문제점도 나타나지 않는다면 그 조사를 그대로 진행해도 될 것이다. 만약 문제가 발생하면 더 많은 예비조사를 수행함으로써 응답자에게 문제가 생길 수 있는 부분이 어디인지를 알아내야 한다. 어떤 문제는 개별 응답자에게만 국한된 것이어서 다른 사람에게는 전혀 문제가 되지 않을 수도 있는데, 이런 경우에는 조사를 계속 수행해도 무관할 것이다. 그러나 다른 예비조사에서도 같은 문제점이 발견되면 질문을 다시 작성하고 또 다시 예비조사를 해야 한다.

예비조사의 시행횟수는 표본의 크기와 다양성에 달려 있다. 소수의 고객들로 이루어진 어떤 산업재시장에서 2번 이상의 예비조사를 수행하는 것은 비현실적일 수 있다. 그러나 다수의 기업표본을 갖는 경우, 예를 들어 100개 기업을 전화면접하는 경우 대략 5번 정도의 예비조사를 수행해야 한다. 대규모의 다양한 모집단이 있는 해당 지역의 편의시설 사용자들은 더 광범위한 예비조사를 필요로 할 것이다. 설문지에 대한 사람들의 이해 정도는 교육수준, 연령, 신념, 생활양식, 고용형태 등 여러 가지 요소에 따라 달라질 수 있기 때문에 가능한 한 모든 집단에 대해서 예비조사가 이루어져야 한다는 점을 명심해야 한다.

자기기입식 설문지와 전화면접을 하는 경우에도 처음에는 대인면접법을 통해서 예비조사를 하는 것이 바람직하다. 질문이 어렵다고 대답할 경우, 고객 스스로 그 질문을 알기 쉽게 설명해 보도록 부탁하는 것이 좋은 방법이다. 이러한 방식으로 문제가 해결되면 전화나 자기기입식 설문지는 각각에 맞는 정확한 조사양식에 따라 조사가 실시되어야 한다.

3. 질문의 형태

질문의 형태는 폐쇄형 질문과 개방형 질문으로 구분할 수 있다. 시간이 한정되어 있고 통계분석을 할 수 있는 양적인 답변이 요구되는 조사에서는 주로 폐쇄형 질문이 사용된다.

폐쇄형 질문

폐쇄형 질문(closed questions)은 응답자가 몇 개의 주어진 답 중 하나를 선택하게 하는 것이다. 이러한 방식은 시간이 적게 걸리고 분석하기도 쉬우며 면접원이나 응답자가 행할 수 있는 오류를 가장 적게 발생시킴으로써 양적 분석을 위한 자료를 얻을 수 있다. 면접 대상자(자기기입식 설문지에서의 응답자)는 해당 박스에 체크만 하면 된다.

폐쇄형 질문은 표 11.1에서 보듯이 2개의 가능한 답변형태로 양분하는 양자택일형, 여러 개의 보기 중에서 하나를 선택하는 택일형 및 2개 이상을 선택하는 선다형이 있다. 표 11.2와 11.3과 같이 어떤 질문에서는 응답자가 한 가지 답변만을 선택해야 하며(단일응답), 어떤 질문에서는 관련된 모든 답변을 선택할 수도 있다(복수응답).

폐쇄형 질문은 응답의 강도를 결정하기 위하여 표 11.4와 같은 평가척도를 활용할 수도 있다.

표11.1 양자택일형 폐쇄형 질문

사업상 하룻밤을 머물기 위한 호텔을 선택할 때, 다음 부대시설은 귀하에게 중요합니까?
각각에 대하여 √표를 해 주십시오.

구분	그렇다	그렇지 않다
팩스 서비스		
위성 TV		
방에 붙어 있는 욕실		
체육시설		
수영장		

표11.2 택일형(단일응답) 질문

사업상 하룻밤을 머물기 위한 호텔을 선택할, 다음 부대시설 중 어떤 것이 귀하에게 가장 중요합니까?
다음 중 하나를 선택하여 √표를 해 주십시오.

팩스 서비스	
위성 TV	
방에 붙어 있는 욕실	
체육시설	
수영장	

표11.3 선다형(복수응답) 질문

사업상 하룻밤을 머물기 위한 호텔을 선택할 때, 다음 부대시설 중 어떤 것이 귀하에게 필수적입니까?
다음 중 관련 있는 것을 모두 선택하여 √표를 해 주십시오.

팩스 서비스	
위성 TV	
방에 붙어 있는 욕실	
체육시설	
수영장	

표11.4 평가척도가 있는 폐쇄형 질문

사업상 하룻밤을 머물기 위한 호텔을 선택할 때, 다음 부대시설은 귀하에게 얼마나 중요합니까? 각각에 대하여 √표를 해 주십시오.				
구분	필수적임	상당히 중요함	그저 그럼	전혀 중요하지 않음
팩스 서비스				
위성 TV				
방에 붙어 있는 욕실				
체육시설				
수영장				

개방형 질문

개방형 질문(open questions)은 조사자가 어떠한 방법으로든 응답자의 답변을 유도하고 싶지 않을 때 사용된다. 이런 질문은 조사단계보다는 탐색단계에서 더 일반적으로 사용된다 (표 11.5).

조사단계에서는 몇 가지 개방형 질문을 사용할 수 있다. 특히 대인면접법에서 완전히 자유로운 응답을 얻기 위해 몇 가지 개방형 질문을 사용하고 싶을 경우도 있다. 탐색연구를 해 본 경험이 있다면 사람들이 답변하려는 경향의 형태를 어느 정도 알 수 있기 때문에 면접과 그 결과분석을 표 11.6과 같이 개방형 질문과 폐쇄형 답변으로 구성함으로써 더 효율적으로 만들 수 있다.

그러나 이런 개방형 질문과 폐쇄형 답변은 응답자를 혼돈스럽게 만들기 때문에 자기기입식 설문지에 사용될 수 없다. 그리고 서문에서 설문의 목적을 면접 대상자에게 알려 주어야 한다. 또한 응답자에게 가능성 있는 답에 대한 암시를 주지 말고 세 가지 응답까지만 얻되 응답의 순서를 표시하게 해야 한다. 응답을 촉진하기 위한 암시는 면접원이 질문에 대해서 사전에 미리 정해진 응답을 보고 있을 때 이루어져야 한다. 응답자는 사전에 정해진 답변 중 하나를 선택해야 한다. 이 방식에서 면접원은 열거된 범위 중 하나인 응답을 기입하고 사전에 설정된 범주에 해당하지 않는 답변이 있을 때는 기타 항목에 기재한다. 이때, 일

표 11.5 개방형 질문

친구들과 외식을 하기 위해 음식점을 선택할 때, 어떤 요소를 가장 중요하게 생각하십니까?

_____

_____

_____

_____

_____

표 11.6 개방형 질문/폐쇄형 답변

친구들과 외식을 하기 위해 음식점을 선택할 때, 어떤 요소가 가장 중요합니까? 다음 중 3개를 골라서 순서대로 표시해 주십시오.			
구분	첫 번째	두 번째	세 번째
음식의 질			
가격			
음악			
활기찬 분위기			
조용한 분위기			
안락한 분위기			
집과의 근접성			
나이트클럽과의 인접성			
효율적인 서비스			
친절한 직원			
기타 1. 기타 2.			

관성 있는 자료를 얻기 위해 면접원에게 어떤 응답이 어느 항목에 속하는지를 세밀하게 알려 주는 것이 중요하다. 자료처리 과정에서 이 기타 항목들은 순서대로 부호화된다.

질문의 목적

질문이 개방형이건 폐쇄형이건 간에 이 질문들은 응답자의 행위를 밝혀 내거나, 그들의 태도를 이해하거나, 그들에 관한 사항을 분류하기 위한 정보를 얻기 위해서 사용될 수 있다.

행동에 관한 질문 행동에 관한 질문(표 11.7)은 응답자가 현재 행하고 있거나 과거에 행했던 행동에 관한 것이다. 행동에 관한 응답은 사실적이고 유형적이기 때문에 답변하기 쉽고, 따라서 설문지의 초반부에 배치되는 경향이 있다.

태도에 관한 질문 행동에 관한 질문이 응답자의 기억을 되살리도록 요구하는 정도인 데 반해서 태도에 관한 질문은 더 많은 생각과 의사결정을 요구하고, 따라서 행동에 관한 질문 다음에 배열된다. 이러한 순서의 질문은 응답자에게 그 문제를 생각할 시간을 주게된다. 또한, 면접원와 공감대를 형성할 수 있는 기회를 제공한다. 특히, 면접원이 응답자에게 어떤 어려운 태도에 관한 질문에 적절한 대답을 하도록 요구할 때 좋다.

고객만족측정은 태도에 관한 질문과 관련되어 있다. 제품을 구매하고 기업을 선택하는데 대한 태도, 제품과 기업의 성과에 대한 태도, 그리고 무엇보다도 제품과 기업의 이미지

표 11.7 **행동에 관한 질문 ― 택일형**

귀하는 이탈리아 음식점에서 언제 마지막으로 외식을 하셨습니까? 다음 중 하나를 선택해 주십시오.	
최근 1주일 이내	
최근 1개월 이내	
최근 3개월 이내	
3개월 이상 지났음	
외식한 적이 없음	

| 표11.8 | 분류에 관한 질문 | | | |

성별	남성		여성	
연령	18~24세	25~34세	35~44세	45~54세
혼인상태	미혼	기혼(유배우자)	사별	이혼
주소득자의 직업(사회경제적 지위를 결정하기 위해) :				

에 대한 태도 등이 이러한 범주에 들어가는 것이다. 이때, 태도의 존재여부 외에 태도의 강도도 측정하게 된다. 즉, '고객이 만족하느냐?'가 아니라 '고객이 얼마나 만족하느냐?'라는 형태로 질문이 이루어지게 된다. 따라서, 태도에 관한 질문은 평가척도로 측정된다.

분류에 관한 질문 분류에 관한 질문(표 11.8)은 시장세분화의 목적으로 사용된다. 기업조사에서는 표집과정이 너무 상세하기 때문에 분류자료(제품의 용도, 소속산업, 응답자의 지위 등)를 대개 면접 전에 알 수 있다. 고객면접조사에서는 반대로 분류에 관한 질문에 예민하게 반응하는 사람이 있을 수 있기 때문에 이 질문은 맨 마지막에 배치하는 것이 좋다.

할당표집을 사용할 때 고객조사에 적당한 응답자를 선별하기 위해 먼저 몇 가지 분류에 관한 질문을 할 수도 있다. 기업조사에서 분류에 관한 질문의 예는 이 장의 끝 부분에 있는 설문지의 예에 제시되어 있다.

4. 설문지의 구성

지금부터 효과적인 고객만족 측정을 위한 설문지 구성 단계를 부록1에 있는 샘플 설문지를 가지고 하나씩 하나씩 살펴보기로 하자. B-to-B시장에서의 대인면접용 설문지부터 시작한다. 이 설문지는 시장현황조사에 적합한 것인데 상당히 긴 시간, 예를 들어 20~30분 정도가 걸린다.

이 절의 뒷부분에서는 최대 10분 이내에 끝내야 하는 전화조사를 위해 이 설문지 구조와 설계를 어떻게 변경해야 하는지를 설명할 것이다.

대인면접법

1단계 : 대화에 끌어들이기 응답자와 공감대를 형성하기 위해 응답자의 회사에 대한 이야기나 회사 내에서의 역할 등, 응답자가 쉽고 재미있게 생각하는 주제로 대화를 시작한다. 면접원이 이미 수집된 정보를 사용하지 않아도 상관이 없다. 이 단계는 면접원이 응답자들마다 전혀 다른 접근법을 사용하기 때문에 비구조화되었다고 볼 수도 있다. 응답자가 사무실에 운동 트로피나 증명서, 재미있는 사진이나 지지하는 축구팀에 대한 것을 진열해 놓았다면 이것 중 하나를 대화 주제로 삼아 관계형성을 더 잘할 수도 있다.

2단계 : 경쟁기업에 대한 인식 쉽고도 사실적인 질문으로 고객의 우선순위에 관한 다음의 두 가지 질문을 이끌어 낼 수 있다.

3단계 : 고객의 우선순위에 대한 개방형 질문 다음의 세 가지 목적을 충족시키는 질문을 해야 한다. 첫째, 응답자가 포장회사를 선정할 때의 기대수준에 대해 생각하도록 한다. 둘째, 응답자가 사용하는 용어를 분명히 한다(면접원이 다른 단어를 사용한다면 이를 표시해 놓아야 할 것이다). 셋째, 탐색연구를 하는 동안 확인되지 않은 우선순위를 따로 뽑아 낸다. 이에 대한 답변은 분석목적을 위해 사용되지 않을 것이기 때문에 이 질문을 위한 공간이 거의 없을 수도 있다.

4단계 : 고객이 정의한 우선순위에 대한 순위 매기기 고객이 주로 거래하는 3개의 기업을 선택한 기준을 물어보면서 고객에게 가장 중요한 것이 무엇인지를 지금 물어보아라. 이 질문의 목적은 응답자의 우선순위를 벤치마크로 사용하기 위한 것이다. 이것은 응답자가 기업선택 기준을 어떻게 점수화하는지를 결정할 수 있도록 도와 준다.

5단계 : 고객의 우선순위에 대한 폐쇄형 질문 이것은 가장 중요한 질문이다. 이제 면접이 응답자의 우선순위를 거의 파악하는 방향으로 진행되고, 따라서 응답자들은 그들의 우선순위를 정확하게 답변할 수 있을 것이다. 대인면접법에서는 기업선택 기준의 목록을 모두 고려할 만한 시간을 주고 이 선택된 기준들을 제품 자체의 성과에 대한 것을 비롯하여 몇 개의 범주로 묶는다. 기업의 선택기준을 별도의 용지에 프린트하면 도움이 될 것이다. 필요하다면 한쪽 분량으로 크기를 축소할 수 있다. 그러면 응답자들은 면접원에게서 듣고 각 기준의 점수를 기억하기보다 점수를 직접 읽어 볼 수 있게 된다.

6단계 : 기업의 성과수준에 대한 폐쇄형 질문　성과수준 척도목록은 물론 응답자가 이미 주어진 응답지에서 언급했던 이전 질문에서 사용된 것과 같다. 이것은 시장현황조사이기 때문에 면접원은 주요 경쟁기업의 점수가 어떤지 알려고 할 것이다. 여기에 포함된 경쟁기업은 응답자들이 선택한 기업이다. 포함된 기업이 면접마다 약간씩 바뀌어도 상관은 없다. 응답자가 서로 다른 기업의 상대적인 장점에 대해 생각하기 시작하고 이 면접단계에 포함될 경쟁기업을 회상하게 될 것이다. 다음 조사 과정을 진행하기 전에 이러한 접근법을 사용해서 ABC 회사와 나아가 경쟁기업들을 평가하는 데 필요한 비교기준들을 밝혀낼 수 있다. 고객이 불만족하는 부분이 있다면 문제의 원인을 명확하게 찾아내고 넘어가야 한다.

7단계 : 미래의 고객경향에 대한 개방형 질문　고객만족측정은 과거의 업무성과를 평가하기 위해 과거를 회고하도록 요구하는 경우가 많지만, 조사의 중요한 목적은 여러분의 회사가 미래에 좀 더 업무수행을 잘하도록 돕는 것이다. 따라서 미래의 고객이 요구하는 것을 예측하는 데 도움을 줄 수 있는 정보를 모으는 것은 가치 있는 일이다.

8단계 : 개선우선순위(PFIs)에 대한 개방형 질문　5, 6단계에서 이미 수집된 자료로 개선우선순위에 대한 양적인 증거를 얻을 수 있기는 하지만 응답자로부터 질적인 견해를 얻기 위해 개방형 질문을 추가하는 것이 바람직하다. 질문의 문항을 만드는 것과 이러한 질문이 ABC 주식회사의 성과를 평가하는 일은 별개라는 사실은 응답자들에게 이러한 조사에 생생하고 창조적인 생각을 불어넣을 수 있다. 개선을 위한 중요한 장·단기 전략을 구분하여 도출하고 아울러 어떤 당연한 문제점을 극복하기 위한 긴급한 우선순위들을 찾아 내야 한다.

9단계 : 분류정보　면접자는 처음부터 응답자 분류에 대한 정보를 알고 있을 수 있으나 그러한 내용을 면접 초반부에는 언급하지 않도록 한다. 산업재시장에서는 면접하기 이전에 응답자들과 관련된 자세한 인적사항이 이미 알려져 있게 마련이다. 자세한 사항이 알려져 있지 않다면, 또한 특별히 그들이 자신의 어떤 정보에 대해 매우 민감하다면(예를 들어, 산업재시장에서 연간지출 또는 소비재시장에서 연수입) 이러한 분류정보는 면접 끝부분에서 질문해야 한다.

전화면접법

대인면접법 대신에 전화면접법이 사용되는 경우 ABC의 설문지는 바뀌어야 하는데, 이는 설문지 B에 제시되어 있다. 이 방법의 문제점은 짧은 시간 내에 이루어져야 한다는 것이다(대인면접법에서는 45분이던 것이 전화면접에서는 15분 이내에 이루어져야 한다). 이는 직접 얼굴을 마주하지 못하는 데서 오는 어려움 때문에 응답자와 면접원의 관계를 형성하기가 어려움은 물론, 성과기준을 평가하기 위해 긴 목록을 사용하는 것이 불가능하기 때문이다. 따라서 많은 단계가 생략되고 나머지 질문을 위해 접근방법들을 수정해야 한다.

첫째, 대화에 끌어들이기 단계를 우선적으로 생략해야 한다. 3, 4단계는 대인면접법과 유사한 방법을 사용해도 좋다(다만 3단계를 위한 시간은 줄여야 한다). 3, 4단계는 많은 시간을 필요로 하지 않고 5, 6단계를 위한 정확한 답변에 큰 도움이 되기 때문이다. 탐색연구는 고객의 우선순위를 충분히 잘 나타낼 수 있을 것이다. 따라서 설문지 B에 나타난 것처럼 덜 중요한 평가기준들은 생략될 수 있다. ABC사에 대해 고객이 불만족스러워한다면 그 문제의 원인을 찾아내는 것이 매우 중요하기 때문에 전화면접에서 충분히 밝혀내고 넘어가야 한다.

자기기입식 설문지

9장에서 언급한 바와 같이 이러한 시장에서는 자기기입식 설문지가 바람직하지 않다. 그러나 자기기입식 설문지가 사용된다면 5, 6단계에서 고객의 우선순위와 기업의 성과수준에 초점을 맞춘 질문들을 담고 있어야 한다. 초반의 개방형 질문(1, 4단계)은 자기기입식 설문지에서는 별로 효과적이지 못하며, 첫 번째 질문을 어떻게 완성해야 하는가를 조금 더 자세히 설명한 설문지로 대체되어야 한다(5단계). 개방형 답변이 필요한 개방형 질문은 자기기입식 설문지에서는 효과적이지 못하다. 왜냐하면 응답자들은 골치 아픈 생각을 해야 하는 질문에 답변할 필요성과 의무감을 느끼지 않기 때문이다. 그러나 8단계나 9단계 또는 양쪽 모두를 다 포함시켜 약간의 유용한 답변을 얻을 수도 있다. 최종 설문지는 설문지

C에 제시하였다.

자기기입식 설문지는 판매시점과 특히 서비스를 제공하는 기업의 경우 소비시점에서 사용할 때 가장 유용하다. 잘 통제된 표본을 사용하여 좀 더 철저한 고객조사를 정기적으로 수행하는 것이 바람직하기는 하지만 짧은 자기기입식 설문지로도 서비스수준에서 심각한 문제에 대한 유용한 지표를 형성할 수 있다. 따라서, 설문지 D에 제시된 표본 설문지는 매우 간결하며 6단계의 기업 성과수준에만 초점이 맞추어져 있다. 이것은 고객에게 무엇이 중요한지를 발견하지 못하고, 따라서 개선우선순위를 확인하는 데 쓰이지 못한다. 또한 이러한 설문지는 기업들에게 경쟁사들과 비교한 자신의 상대적인 능력을 잘 밝혀 주지 못한다. 이러한 문제들은 아마도 매년 훨씬 더 자세한 고객만족측정을 함으로써 알 수 있을 것이다.

작은 카드에 간결한 설명을 적어 함께 부착하면 설문내용이 한층 확실해져 응답률이 높아질 것이다. 응답률을 극대화시키는 최선의 방법은 설문지를 그냥 나누어 주지만 말고 고객이 설문지를 완성하도록 요청하는 것이다. 설문지 D에서 보여 준 식당의 예를 사용하

표11.9 설문지 형태의 요약

단계	고객만족측정의 목적	대안면접	전화면접	자기기입식 설문
1	대화에 끌어들이기	√		
2	경쟁기업에 대한 인식	√	√	
3	고객의 우선순위에 대한 개방형 질문	√	√	
4	고객이 정의한 우선순위에 대한 순위 매기기	√	√	
5	고객의 우선순위에 대한 폐쇄형 질문	√	√	
6	기업의 성과수준에 대한 폐쇄형 질문	√	√	√
7	이미지에 대한 투사적 질문	√		
8	미래의 고객경향에 대한 개방형 질문	√	√	√
9	개선우선순위에 대한 개방형 질문	√		
10	분류정보	√	√	√

면, 웨이터는 계산서가 처리되는 동안 손님들에게 양해를 구하여 식당이름과 전화번호가 적힌 선물용 펜을 제공하면서 설문에 응해 줄 것을 요청할 수 있다.

설문지 형태의 요약

대인면접법, 전화면접법, 자기기입식 설문지 등 다양한 방법에서 얻을 수 있는 질적 · 양적 정보에 대하여 살펴보았다. 표 11.9는 다양한 설문지 등을 통해서 얻을 수 있는 목표를 요약하여 보여 주고 있다. 다양한 설문지의 예를 보려면 부록 1을 참고하라.

5. 결론

○ 설문지는 고객의 지식, 이해, 진실성의 세 가지를 확인할 수 있어야 한다.

○ 본조사를 실시하기 전에 항상 예비조사가 필요하다.

○ 개방형 질문은 탐색적 연구에 더 유용하고 폐쇄형 질문은 수량화할 수 있는 질문에 사용된다.

○ 좀 더 어려운 태도조사와 같은 질문을 하기 전에 사실적이고 행동적인 질문을 먼저 하라. 가능하다면 응답자를 분류하기 위한 질문은 맨 나중에 하라.

○ 설문지에 무엇을 포함시키고 무엇을 포함시키지 않을지에 대하여 현실적이 되어라. 대인면접법은 매우 포괄적일 수 있으나 전화면접법은 간단해야 하며, 자기기입식 설문지는 매우 간결하고 따라가기 쉬워야 한다.

12
면접기술

⌄

목표
- 대인면접법과 전화면접법을 수행하는 방법을 학습한다.
- 전화조사에 고객의 참여를 유인하기 위한 여러 가지 기법을 터득한다.

대인면접법에 대해서는 이미 앞장에서 자세히 언급했기 때문에(7장에서는 심층면접법에 대해서 설명했고 11장에서는 조사면접법에 대해서 살펴본 바 있다) 이 장에서는 면접원의 행동에 초점을 맞추어 설명하고자 한다.

1. 대인면접법

전형적인 산업재시장에서 대인면접은 보통 응답자의 회사에서 이루어지게 된다. 미리 약속이 되어 있을 것이며, 응답자는 면접에 대해 예상을 하고 있고 아마도 서면으로 사전에 대략의 정보를 알고 있을 것이다. 소비재시장에서 어떤 면접은 고객의 집에서 이루어지지만 대부분의 경우 길거리에서 이루어지게 되며, 따라서 응답자들은 이에 대한 사전지식을 가지고 있지 않을 것이다. 어떠한 경우든 시작할 때는 응답자에게 조사목적과 면접형식, 면접시간에 대해서 간략하게 다시 설명을 해 준다.

응답자가 면접에 대하여 2~3주 전에 보낸 안내편지의 내용을 기억하리라고 생각하지 않는 것이 좋다. 응답자는 사전에 보낸 안내문에 기재된 사항을 거의 기억하지 못하는 경

리더십 요소에 관한 면접

Taylor Hill Mill
Huddersfield
HD4 6JA
Tel : 01484 517575

참여해 주셔서 감사드립니다

면접을 부탁드린 이유
저희는 대부분의 조사업무에서 다양한 계층과 연령의 많은 분들과 접촉해야 합니다. 때로는 전자레인지와 같은 특별한 물건을 가지고 있다든지, 휴일을 특별한 장소나 나라에서 지내게 되는 사람들과 접촉해야 합니다. 때로는 특별한 장소에서 일을 하고 있는 사람을 찾아야 하는 경우도 있습니다. 이러한 일들은 다른 모든 사람들을 대표할 수 있는 사람들의 의견을 수집하기 위한 것입니다.

진짜 시장현황조사자인지 확인하는 방법
조사자는 자신의 이름표와 그가 일하고 있는 회사의 이름표를 달고 있습니다. 귀하는 조사자의 신분을 확인하기 위하여 위의 전화번호로 회사에 확인 전화를 하실 수도 있습니다.

비밀보장에 대하여
수집된 자료는 시장현황조사 목적으로만 사용될 것이며 어떠한 경우에도 응답자에 관한 자세한 정보는 제3자에게 누설되지 않을 것입니다.

시간을 내주셔서 다시 한 번 감사드립니다.

그림12.1 소비재시장 조사에서 감사의 글

우가 많다. 안내문을 잘못 두거나 잊어버릴 수 있기 때문에 응답자에게 보여 줄 안내문의 복사본을 항상 가지고 다니는 것이 좋다.

응답자의 집이나 사무실에서 이루어지는 시간적 여유가 있는 면접은 공감대를 형성하기 위해서 주변 이야기부터 시작하는 것이 좋은 방법이다. 그러나 길거리에서 이루어지는 시간적 여유가 없는 짧은 면접에서는 주변 이야기부터 시작할 만한 시간이 없을 것이다.

아무리 긴 구조화된 면접조사라도 이를 녹음하고 싶지는 않을 것이다. 부록 1에서 제시된 대인면접 설문지는 기록하는 데 많은 시간을 필요로 하지 않는다. 이는 상당량의 자료를 수집하기 위해 구조화시킬 필요가 있는 전형적인 설문지이다. 소비재시장에서는 폐쇄형 질문의 비율이 더 높을 것이다. 그러나 면접을 녹음하려면 고객에게 녹음기 사용을 미리 알려야 한다. 녹음하는 것이 흔한 일이라 할지라도 고객을 안심시키고, 또한 기록하는 데 시간이 많이 걸리기 때문에 면접시간을 절약하기 위해서 그렇게 하는 것이 응답자에게도 좋다는 것을 설명해 주도록 한다. 물론 응답자가 녹음에 관해서 어떤 불안감을 나타내면 녹음을 즉시 그만 두어야 한다. 대개는 녹음보다 기록이 더욱 효율적이기 때문에 녹음기를 사용하기보다 손으로 기록하도록 스스로 훈련을 하는 것이 더욱 좋다. 면접 후에 녹음된 내용을 기록하는 것은 많은 시간이 걸리기 때문이다.

대부분의 조사는 대화에 끌어들이기 위한 주변 이야기를 할 시간이 없어도 응답자가 편안해 하도록 쉽고 또 의견보다는 행동을 묻는 질문으로 시작해야 한다. 면접원은 웃거나 고개를 끄덕이는 등의 긍정적인 몸동작을 사용하든지 초기의 질문들에 대해서 보완설명을 함으로써 초기단계에서 응답자를 격려할 수 있는 가능한 모든 것을 해야 한다. 자신이 무엇을 잘하고 있다고 생각할 때 주어진 일을 더 잘할 수 있는 것이 인간의 특성이기 때문이다.

구조화된 면접의 경우, 모든 면접에서 일관성을 유지하는 것이 매우 중요하다. 이것은 설문지에 사용한 용어의 형태에 일관성이 있어야 한다는 것을 의미한다. 응답을 촉진하기 위한 설명이나 자극이 필요할 때, 사전면접조사 단계에서 이런 것을 확인하고 설문지에 반영해야 한다. 물론 일관성을 유지하는 것과 로봇처럼 주어진 질문을 있는 그대로 읽는 것은 다르다. 기계적인 면접원은 조사에 관심이 없다는 인상을 주게 된다. 심지어 주제를 완전히 이해하지 못한다는 인상을 줄 수도 있다. 그러므로 면접원은 일관성을 유지하면서 동시에 자연스럽고 일상적인 언어패턴을 사용하는 능력을 개발할 필요가 있다. 면접 자체만이 아니라 응답자가 시간과 노력을 들여 대답하는 답변의 내용에 대해서 관심을 보이는 태도가 무엇보다 필요하다.

면접원은 면접이 녹음되지 않는 곳에서 응답자가 말하는 것, 특히 개방형 질문에 대한 응답을 정확히 알아듣도록 모든 노력을 기울여야 한다. 이것은 개방형 질문과 폐쇄형 답변 모두에 적용된다. 응답자는 종종 너무 심각하거나 복잡하게 문제를 생각하기도 하고 제한된 답변을 하기도 한다. 보고단계에서 고객의 응답을 그대로 인용하면 흥미 있는 보고가 될 수 있으므로 가능한 한 응답자의 코멘트를 많이 기록하도록 노력해야 한다. 폐쇄형 질문의 경우, 부가적인 응답자의 코멘트를 표시할 수 없기 때문에 설문지의 여백이나 별지에 가능한 한 코멘트를 적어 두어야 한다.

조사가 끝나면 응답자에게 감사의 말을 해야 한다. 소비재시장에서는 응답자에게 서면으로 공식적으로 감사하다고 말하는 것이 관례이다. 이것은 연구목적과 신뢰성을 일반적인 용어로 설명하여 안내문이나 엽서에 표시하는 방법으로 이루어지게 된다(그림 12.1).

산업재시장에서 고객조사를 수행하는 기업은 응답자에게 개별적으로 편지를 쓰거나 조그마한 선물로 감사의 뜻을 전하고 싶어 한다(14장 참조). 면접 후에는 가능한 한 빨리 코멘트를 체크하고 필요한 곳에 보완설명을 덧붙이는 일을 진행한다. 면접하는 동안 응답자가 코멘트할 때 대략적인 것만을 기재할 시간밖에 없으므로 면접원의 기재사항은 시간이 지나면 알아보지 못하게 될지도 모르기 때문이다. 면접이 끝나고 설문지를 즉시 체크함으로써 대화 중의 코멘트에서 빠진 부분을 보충할 수 있고 흘려 쓴 것을 다시 정서할 수 있을 것이다.

2. 전화면접법

전화면접법은 사전에 철저한 준비를 할 수 있기 때문에 상당히 유용하다. 이름, 전화번호, 표본할당을 위해 필요한 분류자료가 나와 있는 잘 구성된 전화면접지(표 12.1)가 준비되어야 한다. 각각의 항목에는 전화를 건 날짜와 시간을 표시하기 위한 충분한 여백이 있어야 하고, 이는 관리자와 전화통화하기가 어려운 산업재시장 현황조사에서 특히 더 중요하다.

전화면접지에서 체계적인 절차는 전화한 후 매번 수정되어야 한다. 면접이 완전히 끝났다면 설문지를 체크하고 그렇지 않다면 다음에 전화를 걸 날짜와 시간을 기재해 두어야 한다. 그리고 전화면접지를 훑어 내려가서 그날 통화가 가능한 다음 사람에게 전화를 해야 한다.

이러한 일들이 잘 끝났다고 생각되면 다음 단계로 넘어간다. 통제가 가능한 표본이라면 응답자에게 조사의 성격과 목적을 약간 자세하게 기록한 서신을 보내서 조사에 참여하도록 요청해야 할 것이다. 만일 전화번호부 등으로부터 대상자를 선택하여 산업재시장에서

표12.1 전화면접지

프로젝트 :			면접원 :				
전화면접지	회사	전화번호	전화 건 날짜와 시간			결과	
			첫 번째	두 번째	세 번째	면접결과	면접거부이유

할당표본을 추출하는 것이라면 조사자는 면접 대상자의 이름을 모를 것이며, 면접을 요구받는 사람들도 그들이 전화를 받거나 조사대상이 되리라는 점을 모를 것이다. 이러한 장애를 극복하기 위해서는 전문가가 되는 수밖에 없다.

산업재시장에서 면접원은 전화를 받을 사람이 누구인지 사전에 알 수 없다. 큰 회사에서는 전화 교환원이 될 것이고 작은 회사에서는 하급자 중 누군가가 전화를 받을 것이다. 누가 전화를 받든 면접원은 사전에 응답자와 통화한 적이 없었을 것이며 응답자도 마찬가지일 것이다. 이러한 상황에서 '좀 도와 주시겠어요?'라는 짤막한 말은 마법과 같은 작용을 하게 된다. 이 말은 면접원의 전화에 응답하는 사람을 긍정적으로 만들고 조사에 대한 신뢰감을 형성시킨다. 그리고 다음과 같이 설명할 수 있을 것이다. '저는 생산에 책임이 있는 사람과 통화하고 싶습니다. 어떤 분과 통화하면 될까요?' 여기서 두 가지 주의할 점이 있다.

첫째, 직책명을 사용하지 마라. 동일한 책임을 가진 사람이라도 회사마다 직책이 다르기 때문이다. 둘째, 질문할 때 이름을 빼야 한다. 상대로 하여금 이렇게 말하게 하라. '네, 그렇습니까? 그분은 스미스 씨인데 바꿔 드릴까요?' 만일 이름이 언급되지 않는다면 면접원이 스미스 씨와 전화통화를 하기 위해 이름을 확인해야 한다. 스미스 씨와 왜 통화하고 싶은지 질문을 받는다면 고객만족조사의 참여 대상자로 선정되었기 때문이라고 말해야 하는데, 고객만족조사보다 '시장연구조사'라는 표현이 더 나을 것이다. 조사기업의 이름을 공개하지 않는 경우에 특별한 인상을 남기고 싶다면 다음과 같은 표현을 할 수 있을 것이다. '그분은 고객만족조사의 대상으로 시장조사기관인 AB인터내셔널사에 의해서 선택되셨습니다.'

면접원은 원하는 사람과 통화하는 데 많은 어려움을 겪을 것이고 조사에 참여하는 것이 회사의 정책에 위배된다는 말을 듣게 될 수도 있다. 그러한 경우에는 설득하려 하지 말고 다음 단계로 나가는 것이 더 생산적이다.

면접원이 스미스 씨와 성공적으로 통화를 할 수 있으면 다음과 같은 방법으로 대화를 시작한다. '안녕하십니까? 스미스 씨. 저는 서비스 리더십사의 메리 로버트입니다. 저를 도와주시겠습니까?' 이러한 접근을 통해 바라던 대로 스미스 씨로부터 긍정적인 답변을 받을 수 있을 것이다. 그리고 계속해서 다음과 같이 말할 수 있을 것이다. '귀하께서 생산에 책임을 지고 있는 것이 맞습니까?' 당신은 스미스 씨로부터 두 번째의 긍정적인 답변을 얻게 될 것이다. 그러면 다음과 같이 좀 더 어려운 질문을 할 수 있는 기회를 얻게 되는 것이다. 'AB인터내셔널사에서 실시하는 고객만족조사에 응해 주실 수 있겠습니까? 전화면접은 10분이면 됩니다. 지금 면접에 응해 주셔도 되고 다음에 더 편한 다른 시간을 약속하셔도 됩니다.' 이와 같이 스미스 씨에게 면접 목적에 맞는 두 가지 선택권을 제시할 수 있다. 이러한 방법은 오래 된 기법이지만 일반적으로 가장 적합하며 자주 사용되고 있다.

스미스 씨가 조사를 수행 중인 기업의 고객이 아니라고 말할 수도 있다. 이 경우에는 조사목적이 제품과 서비스의 사용자나 구매자의 일반적인 만족도를 조사하고 평가하기 위한 것임을 설명해야 한다. 스미스 씨에게 설문조사 요청을 할 때는 매우 정중한 태도로 전화통화에 임해야 할 것이다. 신뢰감을 줄 수 있어야 하며 흥미를 갖도록 대화를 유도하고 주저함이 없어야 한다. 대부분의 사람들은 그들이 설문조사에 협력을 할 것인지, 하지 않을 것인지를 처음 15초 내지 20초 안에 결정하게 된다.

위에서 대략적으로 설명한 접근법을 사용할 경우, 면접원은 상세한 질문에 들어가기 전에 스미즈 씨로부터 두 가지의 긍정적인 답변을 얻게 될 것이다. 더 높은 성공률을 기대할 수 있는 다른 방법은 없다. 면접원이 특별히 조사나 전화면접 연구를 한 경험이 없는 경우라면 처음의 인사말을 기록하여 연습하는 것이 도움이 될 것이다.

집에 있는 고객을 전화면접할 때도 비슷한 접근법을 이용할 수 있다. 전화번호부를 사용할 경우에는 응답자의 이름을 알고서 시작할 수 있다는 이점이 있다. 소비재시장에서는 산업재시장보다 응답자와 접촉하기가 더 쉽다. 따라서 대부분의 경우에 응답자의 참여를 유도하기가 훨씬 더 쉬워진다. 소비재시장에서의 중요한 요소는 면접에 가장 적합한 시간을 찾아내는 것이다. 그것은 면접자가 기대했던 것과 일치하지 않을 수도 있다. 예를 들면, 부동산 거래를 하는 자영업자들의 경우 직장에서 집에 도착하고 나서 다시 저녁 때 외출하기까지의 2시간 정도가 접촉하기에 가장 적합한 시간대가 된다. 대개 오후 6~8시 사이인 이 시간은 저녁식사를 하고 샤워를 하고 TV를 보는 데 적합한 시간이지만, 다른 어느 때보다도 면접원이 면접에 성공하기에 가장 용이한 시간이기도 하다.

전화면접에 응하겠다는 확답을 얻으면 즉시 질문을 시작해야 한다. 응답자가 질문을 쉽게 이해할 수 있도록 전화질문을 사전에 정리해 두는 것이 중요하다. 오랫동안 질문을 한다든지 익숙하지 않은 용어를 사용하는 것은 심각한 문제를 야기시킬 것이다.

대인면접법과 전화면접법의 차이점은 전화면접법에서는 응답자에게 자신감을 심어 주고 동기를 유발시킬 필요성이 더 높다는 것이다. 그들은 면접원을 만나 본 적이 없으며 볼 수도 없다. 면접원과 응답자의 관계는 매우 형식적이어서 그들의 관심과 참여를 유지하는 것은 매우 어려운 일임에 틀림없다. 응답자들에게 그들의 답변이 얼마나 중요하고 유용한지를 설명해 주고 그들의 의견에 동감을 표시해야 하며, 또한 그럴 경우가 생긴다면 웃어 줄 수도 있어야 한다. 면접을 진행하는 과정에서 특별히 정해진 시간이 다 끝나가는 경우에 '이제 두 가지 질문을 더 드리겠습니다.'와 같이 시간을 알려 줄 수도 있어야 한다. 면접 시간을 관찰하기 위해 필요한 시계나 초시계도 유용한 도구가 될 수 있다. 면접 끝부분에서 응답자에게 고맙다는 말을 잊지 말아야 한다. 그리고 다음 사람을 면접하기 전에 설문지를 다시 한 번 검토한다.

3. 결론

○ 조사에 대해 편지로 미리 상세히 알려 주었더라도 면접시에는 응답자에게 면접의 목적, 형식, 시간에 대해서 간략하게 다시 설명을 해야 한다.

○ 가급적이면 면접 시 녹음을 하지 않는 것이 바람직하다. 면접내용을 녹음하는 것은 어떤 응답자에게는 불편한 느낌을 줄 수 있고 면접 후에 기록을 위해 많은 시간을 소비해야 하기 때문이다. 대신 녹음을 하지 않고 급하게 기록함으로써 발생하는 문제를 극복하기 위해 면접이 끝난 직후 설문지를 다시 검토해야 한다.

○ 면접원은 응답자에게 자신감을 심어 줄 필요성이 있다는 것을 항상 인식해야 하며, 전화면접뿐만 아니라 대인면접에서도 피드백을 제공해야 한다.

○ 전화면접의 응답자를 전화번호부와 같은 것을 통해 선정할 경우, 매우 적극적이며 능숙한 자세로 면접에 임해야 한다.

○ 전화 면접원은 면접 시 시간손실을 줄이기 위해서 다시 전화 걸 날짜를 기록할 수 있을 정도의 충분한 여백이 있는 면접지를 준비해야 한다.

13
자료분석과 보고서 작성

목표
- 고객조사 결과를 수작업이나 컴퓨터로 분석할 때의 장단점을 파악한다.
- 자료분석에 필요한 통계의 기본개념을 이해한다.
- 충성도별 고객세분화 전략을 이해하고 적용한다.
- 비구조화된 설문자료의 코딩요령을 이해한다.
- 조사결과를 제시하는 다양한 기법을 이해한다.
- CSI 개념을 이해하고 적용한다.
- 조사결과의 활용에 대한 아이디어를 개발한다.
- 사내보고를 실시하는 장점을 이해한다.

1. 소프트웨어의 선택

이 책에서는 특정 소프트웨어의 장점들을 설명하려는 게 아니다. 단지 고객만족 자료를 분석하는 온라인 소프트웨어 옵션들을 간단하게 소개하고자 한다.

자료분석에 이용할 수 있는 소프트웨어는 매우 다양하다. 가장 널리 알려진 소프트웨어 중의 하나는 시장조사 전문기관에서 많이 쓰는 SNAP이라는 것이다. 이는 메르카토르 컴퓨터 시스템사에서 개발한 것이다. 이 프로그램은 사용하기 편하게 설계되어 있어 설문지의 각 질문에 대한 조사결과를 바로 해당 칸에 입력할 수 있다. 통계분석 결과는 표나 그래프로 표시된다. 로고트론사가 만든 핀 포인트도 이와 비슷한 종류의 시장조사자용 프로그램이고 SPSS는 보다 정교한 통계분석을 가능하게 해 주는 패키지이다. 특별한 소프트웨어

공급자를 확인하려면 부록 4를 참고하라.

얼마 전까지만 해도 위에 언급된 것 이외의 프로그램 사용이 별로 환영받지 못하는 분위기였다. 그러나 요즘에는 고객만족측정에 필요한 통계분석을 가능하게 하는 스프레드시트 패키지들이 개발되어 그 이용이 증가하고 있다.

잘 알려진 소프트웨어를 이용할 때 좋은 점은 대부분의 회사가 이미 이런 소프트웨어를 가지고 있고 그것을 다룰 줄 아는 사람도 있다는 것이다. 또한 이 소프트웨어들은 결과 제시에 유용한 그래픽 옵션들도 가지고 있고 필요하다면 워드프로세서와 연결될 수도 있다. 유일하게 전문가들의 소프트웨어에 비해 불리한 점은 스프레드시트의 자료가 각 조사마다 일일이 다르게 편집되어야 한다는 것이다. 따라서 한 행이 한 문항을 커버하고 한 줄이 한 응답자에게 할당되므로 분석결과가 각 행과 열의 끝부분에 붙게 된다는 점이다. 그러나 스프레드 시트에 대한 어느 정도의 지식만 있다면 이는 누구나 쉽게 할 수 있는 일이다. MS 엑셀 프로그램이 데이터 입력과 교차분석을 위한 피벗 테이블, 그리고 다른 통계분석을 할 수 있는 모듈(예를 들어 Analysis ToolPak)을 쉽게 만들어 놓았다.

2. 통계적 자료분석

고객만족수준을 측정하기 위해 다수의 고객을 면접한 후에 전체 고객에 대해 정확한 결론을 내리려면 통계적 분석이 필요하다.

평균

더 정확히 표현하자면 산술평균이라고 부르는 **평균**(average)은 모든 응답자들의 숫자화된 응답을 합하여 응답자의 수로 나눈 것이다. 이는 전체적인 고객만족수준을 나타내기 위해 가장 널리 쓰이는 방법이다. '10점 만점에 몇 점?' 하는 식으로 응답의 한계를 정해 주면 평균의 의미를 해석하기가 더 쉽다.

평균은 상식적으로 널리 쓰이는 통계치이나 가끔 해석을 오도하는 경우도 있으므로 주의해야 한다. 예를 들어, 한두 명의 극단적인 응답이 전체의 평균을 크게 바꿔 버릴 수 있다.

표 13.1은 부록 1의 설문에 대한 응답결과이다. 각 행의 제목은 '현장에서의 영업성과'

표 13.1 스프레드시트의 예

현장영업 성과						
응답자	전화빈도	기술적 능력	상업화 능력	대인관계기술	자율성	접근성
1	9	7	8	10	9	10
2	9	7	10	10	6	10
3	8	8	8	4	8	10
4	10	7	9	9	10	9
5	10	10	1	5	·	6
6	8	7	8	8	7	10
7	9	7	9	10	9	6
8	9	9	8	9	6	7
9	8	7	9	4	8	9
10	10	7	8	9	7	7
평균	9	7.6	7.8	7.8	7.8	8.4
최대값	10	10	10	10	10	10
최소값	8	7	1	4	6	6
표준편차	0.77	1.02	2.36	2.36	1.31	1.62
중앙값	9	7	8	9	8	9
최빈값	9	7	8	9 그리고 10	6, 7, 8, 9	10
응답수	10	10	10	10	9	10

를 측정하기 위한 하위영역을 나타낸다. 이 영역들은 다음과 같다.

- 전화빈도
- 담당자의 기술적 능력
- 담당자의 상업화 능력
- 담당자의 대인관계 기술
- 자율성과 권한위임 정도
- 접근성

엑셀을 이용하면 표 13.1과 같이 계산할 수 있다.

AVG＝산술평균

MAX＝최대값

MIN＝최소값

STD＝표준편차

MODE＝최빈값

MEDIAN＝중앙값

COUNT＝응답자 수

범위

어떤 척도를 사용하든 범위(range)도 평균만큼 중요한 정보를 제공한다. 예를 들어 10점 만점에 평균이 8.6점이라고 하자. 평균만 보면 소수의 불만족한 고객이 있음을 간과하기 쉽다. 범위를 알면 이 점을 교정할 수 있다. 스프레드시트에서는 각 행에 최대값과 최소값을 나타내어 범위를 알 수 있게 해 준다.

범위도 여러 가지 숫자들 중 단지 2개의 숫자에만 의존하기 때문에 그리 만족스러운 특성을 가지고 있지는 않다. 만일 최대값이나 최소값이 일반적인 값이 아니라면(표 13.1의 '상업화 능력' 문항을 보라. 1이라는 값이 2개 있다) 결론을 오도시킬 수 있다. '상업화 능력'과 '대인관계 기술' 두 항목의 평균은 똑같이 7.8이다. 그러나 범위는 9(1~10)와 6(4~10)으로 차이가 난다. 실제로 고객들은 담당자의 상업화 능력에 대해서는 거의 비슷한 평가를 내리고 있는데(거의 8~10점) 2명의 극단적인 평가가 범위를 크게 만들고 있다.

표준편차

표준편차(standard deviation)는 범위보다 극단적인 값의 영향을 덜 받는다. 이는 자료가 서로 얼마나 떨어져 있는지 또는 평균으로부터 얼마나 떨어져 있는지를 나타내는 아주 정교한 측정치이다. 만일 자료의 값이 서로 비슷하면 표준편차의 값은 작아질 것이다(표 13.2).

수학적으로 표준편차는 분산의 양의 제곱근이다.

$$표준편차 = \sqrt{\frac{\sum (X - \overline{X})^2}{n}}$$

표 13.1의 '상업화 능력' 문항을 가지고 표준편차를 계산해 보라. 표 13.2는 표준편차의 계산과정을 보여 주고 있다. 표 13.1에서 '상업화 능력'과 '대인관계 기술'의 변수값들을 비교하여 표준편차의 유용성을 비교해 보자. '상업화 능력' 문항의 범위(9)는 '대인관계 기술'의 범위(6)보다 50%나 크지만 표준편차는 똑같다. 이는 '대인관계 기술'의 자료에서는 평균에서 많이 떨어져 있는 숫자들(4, 5, 10)이 많기 때문이다. 사실 표 13.1에서 응답자 수가 더 많아지면 1이라는 2개의 값은 표준편차에 덜 영향을 미칠 것이다.

그러나 응답자들이 양 극단의 응답을 하는 경향이 있다면 표본 수가 증가해도 표준편차

표13.2 표준편차의 계산

자료값	오차 : 자료값과 평균값의 차이(e)	분산(오차 e의 제곱의 합/n)
(x)	($x_i - \overline{x}$)	($x_i - \overline{x}$)2
8	0.2	0.04
10	2.2	4.84
8	0.2	0.04
9	1.2	1.44
1	−6.8	46.24
8	0.2	0.04
9	1.2	1.44
8	0.2	0.04
9	1.2	1.44
8	0.2	0.04
합계 : 78	0	55.60
평균 : 7.8		5.56
표준편차는 5.56의 양의 제곱근, 즉 2.36이다.		

는 일정하다. 이것은 고객만족조사에서 평균이 그리 신뢰할 만한 통계치가 아님을 시사한다. 즉, 응답자가 어떤 것을 아주 좋아하거나 싫어하는 두 그룹으로 나뉜다면 평균치는 '그저 그런' 중간값을 나타내게 될 것이기 때문이다. 담당자의 대인관계 기술은 담당자마다 아주 다를 수 있기 때문에 위와 같은 고객들의 응답유형이 나타나기 쉽다. 그러나 위의 예를 제외하고는 이런 유형이 그리 자주 나타나는 것은 아니다.

각각의 담당자를 상대로 개별적으로 분석을 해도 이 척도 자체의 주관성 때문에 표준편차가 커진다고 예측할 수 있다. 또한 고객의 우선순위를 측정할 때에도 표준편차가 커질 수 있다. 가령, 어떤 고객에게는 낮은 가격이 아주 중요하지만 다른 고객에게는 그렇지 않을 수 있다. 고객우선순위가 다양하다는 사실은 고객의 욕구에 따라 시장을 세분화하는 데 유용하게 이용될 수 있다.

중앙값

중앙값(median)은 자료를 크기에 따라 나열했을 때 한가운데에 있는 값이다. 소수의 극단적인 값이 있을 때는 평균보다 중앙값이 더 나은 대표값이 된다. 예를 들어 보자. 한 회사에서 지난 1개월 동안에만 10번의 배달지연 사고가 있었다(표 13.3). 대체로 배달은 늦어도 하루나 이틀, 기껏해야 사흘 정도 늦는다. 그러나 간혹 부품부족이나 설계결함 등의 문제로 배달이 아주 많이 지연될 수도 있다. 이런 경우에는 평균값보다 중앙값이 더 나은 대표값이 됨은 두말할 나위가 없다.

그러나 고객만족연구에서는 중앙값이 평균보다 더 유용한 경우가 거의 없다. 왜냐하면 첫째, 고객조사는 응답범위가 매우 한정된 척도를 사용하기 때문이다. 둘째, 고객조사에서는 응답이 대개 정수여서 평균으로는 감지되는 작은 변화가 중앙값에는 나타나지 않을 수도 있기 때문이다.

최빈값

최빈값(mode)은 가장 많이 언급된 값, 가장 자주 나타나는 값을 말한다. 대표값으로서의 중앙값의 장단점은 최빈값의 경우에도 동일하게 적용된다. 최빈값은 만족도 측정에서는 잘 사용되지 않지만 소수점을 문제 삼지 않는 신발, 의류 사이즈 등을 다룰 때는 아주 유용하다.

표13.3 평균과 중앙값

배달지연 기록					
배달횟수	배송날짜	지연일수	배달횟수	배송날짜	지연일수
21680	95/10/04	1	21720	95/10/13	2
21698	95/10/05	1	21721	95/10/13	2
21731	95/10/09	1	21760	95/10/18	2
21776	95/10/20	1	21784	95/10/25	3
21696	95/10/09	2	21582	95/10/26	48
지연일수 평균값 : 6.3일 지연일수 중앙값 : 2일					

응답자의 수

표 13.1의 마지막 줄은 각 문항에 응답한 응답자의 수를 센 것으로 COUNT 기능키를 이용해 얻을 수 있다. 많은 응답자들이 어떤 문항에 응답하지 않았다면 그 문항은 문제가 있는 것이다. 예를 들어, 다수의 응답자들이 대상기업의 환경관리 노력을 평가해 달라는 설문에 응답하지 않았다면 설문에 응답한 소수의 고객들이 그 기업을 매우 좋게 평가했다고 해도 그 결론은 재고되어야 한다. COUNT 기능은 어떤 기업에 대한 응답률이 매우 낮아서 그 값이 무의미한 것으로 버려질 수도 있는 시장현황조사에도 유용하다.

분할표 분석

흥미롭고 유용한 분석 중의 하나로 자료의 일정 부분을 뽑아 내거나 비교할 때 쓰이는 분할표 분석이라는 것이 있다. 이 분석은 제품 매니저와 구매 담당자의 우선순위가 어떻게 다른가를 비교할 수 있게 해 준다. 또한 어떤 시장집단에서 그들의 제품이 높게 평가되는지, 왜 높게 평가되는지를 알게 해 주고 전략수립을 위한 의사결정에 그 결론을 활용할 수 있도록 해 준다. 응답자를 적절히 분류할 수 있다면 분할표 분석은 어떤 종류의 시장집단 유형을 연구할 때도 유용하게 활용할 수 있다.

고객조사를 할 때는 가능한 한 다양한 집단을 포함시키는 것이 좋다. 왜냐하면 분할표 분석은 나중에 응답자를 어떤 집단으로 분류할지 다시 자유롭게 정할 수 있도록 해 주기 때문이다. 분할표 분석은 그저 그런 결과를 나타낼 때도 많지만 때때로 아주 흥미로운 결과를 보여 줄 때도 있다. 고객우선순위에 대한 분할표 분석은 기업이 그들의 표적시장, 특히 고객충성도에 따르는 표적시장을 파악할 수 있게 해 준다.

3. 언어척도 자료 분석

10장에서 본 언어척도나 리커트척도처럼 언어 형태로 된 척도가 설문지에 사용되었다면 그 자료는 빈도분포로 분석해야 한다. 다시 말해 얼마나 많은 사람들이 그런 대답을 했는가를 세는 것이다. 표 13.4를 보면 빈도분포의 한 예가 나와 있다. 표 안의 숫자들은 대개는 비율을 말하는데, 여기에서는 34%의 사람들이 개장시간에 대해 매우 만족하였고 27%는 대체로 만족한 수준임을 나타낸다. 이는 매우 명확한 결과지만 사실 어떤 구체적 시사점을 보여 주지는 못한다.

　모든 개별적 속성에 대해 차트를 만들고 5개의 막대기가 각 속성별 중요성이나 속성에 대한 만족도를 나타내도록 만들 수도 있다. 그러나 문제는 각 속성에 대해 하나의 대표값을 계산할 수 없다는 것이다. 가령 개장 시간의 중요도와 개장 시간에 대한 만족도를 비교할 수 없기 때문에 개선우선순위를 파악하기 위한 차이분석(gap analysis)이 불가능하다. 수치형 척도에 비해 조사결과를 가지고 활용할 수 있는 것이 제한되어 있다는 점이 언어형 척도의 단점이라고 할 수 있다.

　어떤 사람들은 언어형 척도에서 얻은 자료의 한계만을 인식하고 차라리 수치형 척도로 평균을 계산하는 것이 훨씬 낫다고 주장한다. 이들은 언어형 척도에서 얻은 자료를 수치형 자료로 바꿔 처음부터 그것이 수치형 자료였던 것처럼 사용하기도 한다. 언어형 척도를 수치형 척도를 바꿀 때 사용되는 방법 중 두 가지가 표 13.5에 나와 있다.

　그러나 수치형으로 바꾸어진 이 자료에는 한 가지 문제가 있다. 응답자가 제공한 언어적 자료를 수치형 자료로 바꿀 때 어떤 방식으로 치환할 것인가? 표에 제시된 두 가지 방법은 우리에게 동일한 결과를 제시해 주지 않는다. 모두가 1~5점으로 치환하는 방식에 동의했다고 해도 응답자가 말한 '대체로 만족'이 5점 척도상의 4점이라고 말할 수 있는 근거

표13.4 빈도분포

	매우 만족	대체로 만족	그저 그럼	대체로 불만족	매우 불만족
개장시간	34	27	6	21	12
대기시간	4	18	48	19	11
직원의 예의바름	47	31	20	2	0
직원의 지식수준	16	26	28	23	7
직원의 친절	32	24	23	10	1
직원의 용모단정	40	44	16	0	0

가 있는가? 일반적 규칙으로는 응답자의 답변을 어떤 형태로든 변화시키는 것은 연구자가 하지 말아야 할 일이다. 게다가 언어형 자료를 수치형 자료로 바꾸면 더 큰 문제가 발생한다. 그림 13.1에서 보다시피 그 결과가 통계적으로 타당하지 않게 되는 것이다.

엄밀하게 말해서 등간격 척도는 통계적으로 타당하고 평균과 같은 통계치를 계산하는 데 이용될 수 있다. 응답자의 마음속에서 각 숫자 간의 간격이 동일하고 각 숫자가 차지하는 비중도 동일하다고 간주되기 때문이다. 언어형 자료들은 범주형 자료이므로 그림 13.1에서와 같이 척도상의 각 숫자가 응답자의 마음속에서 동일한 비중을 표시하는 것이 아니다. 이런 이유로 범주형 자료를 분석할 때는 표 13.4에서와 같이 빈도분포를 사용하는 것만이 통계적으로 타당하다.

표13.5 언어척도를 수치척도로 전환하기

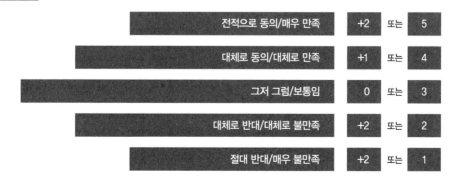

전적으로 동의/매우 만족	+2 또는	5
대체로 동의/대체로 만족	+1 또는	4
그저 그럼/보통임	0 또는	3
대체로 반대/대체로 불만족	+2 또는	2
절대 반대/매우 불만족	+2 또는	1

등간격 척도와 범주형 척도

1	2	3	4	5

등간격 척도 = 평균과 표준편차

매우 나쁨	나쁜 편임	보통임	좋은 편임	매우 좋음

범주형 척도 = 빈도분포

그림13.1 등간격 척도와 범주형 척도

성과 프로필

언어형 척도나 수치형 척도는 물론 무등급 척도나 어의차이 분별척도 결과를 제시하는 데 사용되는 한 방법으로 프로파일링이 있다. 이 방법을 사용할 때는 표의 윗부분에 척도상의 숫자를 표시하고 좌측으로는 성과기준을 표시한다. 다음에 척도상의 평균 점수를 표시하면 그림 13.2와 같은 프로파일 또는 맵이 만들어진다.

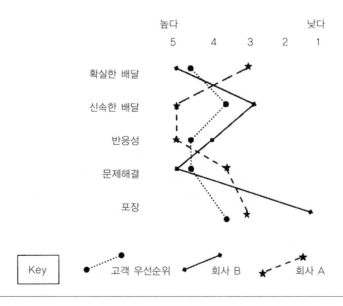

그림13.2 성과 프로필

호텔 룸 예약

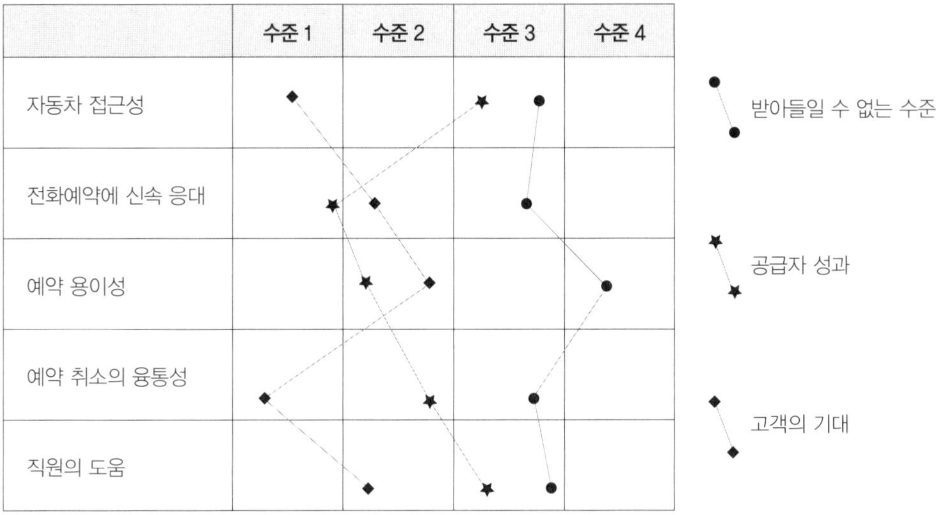

	수준 1	수준 2	수준 3	수준 4
자동차 접근성	◆		★ ●	
전화예약에 신속 응대		★ ◆	●	
예약 용이성		★	◆	●
예약 취소의 융통성	◆		◆	●
직원의 도움		◆	★	●

● 받아들일 수 없는 수준

★ 공급자 성과

◆ 고객의 기대

그림13.3 SIMALTO척도를 위한 성과 프로필

공급자의 성과 프로필이 고객의 우선순위를 더 상세하게 찾아낼수록 성과수준이 좋은 것이다. 그림 13.2를 보면 회사 A는 회사 B보다 고객의 니즈를 더 잘 충족시키고 있다. 이 방법은 무등급 척도나 어의차이 분별척도 자료를 분석하는 데 잘 맞고 또 고객의 기대와 기업의 성과를 비교하거나 여러 경쟁사와의 성과를 비교할 수 있게 준다. 그럼에도 많은 사람들이 성과프로필을 이해하는 게 어렵다고 하지만 표와 그래프를 잘 결합하면 결과를 더 잘 보여 줄 수 있다.

SIMALTO 척도의 자료를 분석하는 데도 비슷한 원리가 적용된다(그림 13.3 참조). 그러나 질문의 수가 많다면 결과가 좀 복잡해질 수 있다. 조사결과를 발표할 때 발표자료를 이해하려고 애쓰는 동료들을 상상해 보라.

4. 코딩

부록 1 설문지 A의 ABC 주식회사의 3~5번 문항과 같은 개방형 질문을 하면 방대한 양의 자료를 얻게 된다. 이 자료들로부터 어떤 결론을 끄집어 내고 결과를 간단명료하게 제시하길 원한다면 우선 이 자료들을 체계적으로 정리해야 한다. 이 목적을 위해 가장 널리 쓰이는 방법이 코딩이다. 11장에서 이미 개방형 질문과 폐쇄형 질문을 다루는 방법에 대해 설명하였다. 개방형 질문은 고객에게는 '개방된' 질문이나 사실 연구자에게는 '개방된' 질문이 아니다.

코딩의 목적은 표 13.6과 같은 식의 결과를 얻기 위한 것인데, 이 작업은 사실 면접을 마친 후에 해야 한다. 먼저 한 번에 한 문항씩 모든 응답을 읽어 본다. 읽어 보면서 각 응답의 요점을 메모하라. 그다음에 응답을 몇 가지 유형으로 묶고 각 유형에 응답한 응답자의 수를 기록한다. 시간이 꽤 걸리는 작업이지만 그만한 가치가 있다. 확신이 안 설 때는 유형의 수를 늘려라. 강조점이 다른 응답은 한 유형에 뭉뚱그려 묶지 말고 각기 다른 유형으로 독립시켜 묶는다. 가령, ABC 주식회사의 4번 문항에서 많은 응답자들이 환경문제에 대해 언급했다고 하자. 이 모두를 하나로 묶으면 분석이 너무 단순해진다. 표 13.6처럼 여러 개의 하위범주로 나누고 각 하위범주에 대한 응답횟수를 기록하는 것이 좋다. 표 13.6과 같이 한 응답자가 2개 이상의 다른 응답을 했으면 몇 개가 환경문제와 관련 있는 답인지를 세어야 한다.

개방형 질문은 ABC 주식회사의 3번과 5번 문항에서처럼 흥미로운 인용문구를 만들 때 유용하다. 인용문은 언제나 청중을 즐겁게 하므로 보고서를 쓰거나 프레젠테이션을 할 때 많이 이용된다. 개방형 질문에 대한 응답을 코딩할 때, 여러 개의 인용문을 쉽게 합칠 수

표13.6 코딩

환경문제	응답한 횟수
환경관련 법률	31
환경 지향적인 상품 레이블링	23
자사고객으로부터의 압력	22
일반고객으로부터의 압력	16
환경단체의 압력	8
ISO 14000 획득에 대한 압력	5
총 응답 수	105
총 응답자 수	68

있다. 인용문에는 사실감을 더하기 위해 출처를 명기해야 한다. 그러나 대개 응답자의 익명성을 보호해야 하는 경우가 많으므로 응답자의 이름보다는 그들의 특성을 적어 준다. 예를 들어 '35~44세의 남자. 결혼하여 두 자녀를 두고 있음' 하는 식이다.

5. 분석결과의 제시

보고서든 프레젠테이션이든 분석결과는 청중이 쉽고 빠르게 이해할 수 있는 형태로 제시하여야 한다. ABC 주식회사의 예를 이용하여 두 가지 주요 질문, 고객우선순위와 기업의 성과수준에 대한 결과를 제시해 보자.

고객우선순위

사람마다 좋아하는 프레젠테이션 양식이 다르다. 어떤 사람은 표를 좋아하고 어떤 사람은 그래프를 좋아한다. 청중이 쉽게 이해하도록 하려면 두 가지 양식을 쓰는 게 좋다.

처음에는 표 13.7과 같은 고객우선순위의 평균값을 표로 보여 주는 것이 좋다. 여러 개

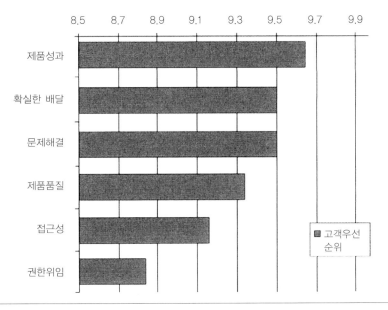

그림13.4　고객우선순위에 대한 막대그래프

표 13.7 고객우선순위표

제품성과	중요도 점수	현장영업 성과	중요도 점수
제품품질의 일관성	9.33	전화빈도	4.66
제품의 기술적 성과	9.66	담당자의 기술적 능력	7.50
다양한 제품범위	4.16	담당자의 상업화 능력	8.50
양호한 품질관리 시스템	8.00	담당자의 대인관계 기술	8.66
높은 위생수준	7.50	적절한 권한위임/자율성	8.83
품질증명 기록	6.33	접근성	9.16
배달과 서비스	**중요도 점수**	**가격정책**	**중요도 점수**
확실한 배달	9.50	최저가격	8.00
신속한 배달	8.00	가격협상	6.75
포장	6.60	**환경측면의 성과**	**중요도 점수**
주문의 용이성	5.00	환경에 대한 책임	6.83
문제발생 시 해결	9.50	재활용에 대한 고려	5.33
지속적인 제품공급	7.83	쓰레기 수거	5.50
기술적 서비스	**중요도 점수**		
혁신능력(R&D 전문가)	7.50		
디자인 전문성	8.50		
기술적 서비스에 대한 반응성	8.50		

의 평가영역이 있어도 이것을 모두 하나의 표로 만들 수 있다. 표는 전체적인 경향만을 보여 주므로 이 단계에서는 범위나 표준편차 같은 세부적인 것들을 보여 주지 않는 것이 좋다. 자세한 통계치는 부록에 붙인다.

다음에는 정확하게 같은 내용을 그래프로 제시한다. 요즘 컴퓨터는 온갖 모양의 그래프를 만들어 낼 수 있으나 역시 간단한 막대그래프가 가장 이해하기 쉽다(그림 13.4). 그러나 표 안에 있는 모든 내용을 그래프로 옮기면 그래프가 너무 빽빽해지므로 정보를 나누어야

표13.8 기업의 성과수준표

제품성과	평균점수	현장영업 성과	평균점수
제품품질의 일관성	8.23	전화빈도	9.57
제품의 기술적 성과	8.71	담당자의 기술적 능력	8.00
다양한 제품범위	7.71	담당자의 상업화 능력	9.00
양호한 품질관리 시스템	8.43	담당자의 대인관계 기술	9.83
높은 위생수준	8.57	적절한 권한위임/자율성	8.83
품질증명 기록	8.33	접근성	9.17
배달과 서비스	**평균점수**	**가격정책**	**평균점수**
확실한 배달	8.57	최저가격	8.33
신속한 배달	9.14	가격협상	7.66
포장	8.80	**환경측면의 성과**	**평균점수**
주문의 용이성	9.20	환경에 대한 책임	9.57
문제발생시 해결	8.42	재활용에 대한 고려	9.99
지속적인 제품공급	8.57	쓰레기 수거	9.99
기술적 서비스	**평균점수**		
혁신능력(R&D 전문가)	9.00		
디자인 전문성	8.66		
기술적 서비스에 대한 반응성	9.16		

한다. 먼저 고객우선순위가 높은 것부터 큰 항목만으로 그래프를 그린다. 이 그래프는 고객을 가장 당황하게 할 분야가 무엇인지를 보여 주므로 매우 중요하다.

만일 어느 한 영역의 점수가 아주 낮아서 개선우선순위로 결정되면 그 영역을 당장 체크해 보아야 한다. 고객은 높은 점수를 받은 영역에서도 불만족할 수 있다. 개선우선순위 영역은 관리가 중요한 영역, 즉 '서비스 회복 최우선 순위'라고 이름을 붙일 수 있는 영역이다. 우선적으로 또는 계속해서 바로잡아야 할 영역이 바로 그 영역이다. 그 영역에서 실수를 하거나 고객의 불평을 듣게 되면 즉석에서 문제를 해결해야 한다. 그리고 고객에게 포도주나 꽃다발을 선사하라. 고객은 문제의 내용보다는 문제가 해결되는 멋진 방법을 더 오래 기억할 것이다.

기업의 성과수준

기업의 성과에 관한 문항의 결과도 표 13.8과 같이 똑같은 방법으로 제시한다. 시장현황조사에서는 경쟁사의 점수를 보여 주지 않는 것이 좋다. 처음에는 먼저 자기 기업의 점수만 이해하도록 한다.

6. 고객만족지수

서비스 개선여부를 모니터하든가 직원을 동기화시키거나 보너스를 차등지급하기 위해 사용할 만한 고객만족의 전반적 수준을 나타내는 하나의 유용한 숫자를 만들어 보자. 이 숫자를 보통 고객만족지수(Customer Satisfaction Index : CSI)라고 부른다. 수치형 척도로는 평균을 계산할 수 있기 때문에 고객만족지수 계산과정을 설명하기 위해 10점 만점의 수치평가 척도를 사용할 것이다.

고객만족지수를 만드는 가장 간단한 방법은 모든 성과점수를 평균하는 것이다. 그러나 고객은 어떤 요소를 다른 것보다 중요시하고 고객이 중요하게 생각하는 것들은 고객만족에 더 큰 영향을 미치므로 이런 방식은 바람직하지 않다. 정확한 고객만족지수는 이를 반영해야 한다. 즉, 고객이 중요하게 생각하는 요소가 더 많이 반영되도록 구성되어야 하는 것이다. 말하자면 가중치를 반영한 만족지수를 만들어야 하는 데 이를 위해 두 단계가 필요하다

1단계 : 가중치 계산

가중치 계산을 위해 중요도 점수를 이용할 수 있다. 표 13.9에서 첫 번째 칸은 가상의 수퍼마켓 만족도 조사에서 얻은 중요도 평균점수이다. 가중치 계산을 위해 이 칸의 점수를 모두 합하면 68.6점이다. 다음에는 각 요소의 중요도를 전체 점수 대비 비율로 나타낸다. 직

표13.9 가중치 계산

	중요도 점수	가중치
위치	9.4	13.70%
상품구성	9.2	13.41%
가격수준	9.1	13.27%
상품의 품질	8.9	12.97%
매대 계산시간	8.5	12.39%
직원의 도움	8.3	12.10%
주차	7.9	11.52%
직원의 용모	7.3	10.64%
계	68.6	100%

표13.10 고객만족지수 계산

	만족도 점수	가중치	가중 점수
위치	9.2	13.70%	1.26
상품구성	7.9	13.41%	1.06
가격수준	8.8	13.27%	1.17
상품의 품질	9.1	12.97%	1.18
매대 계산시간	7.4	12.39%	0.92
직원의 도움	7.7	12.10%	0.93
주차	8.6	11.52%	0.99
직원의 용모	8.5	10.64%	0.90
가중 평균		8.41	8.41
계			84.1%

원의 용모라는 요소를 예로 들면 (7.3/68.6)×100=10.64%이다.

2단계 : 고객만족지수 계산

고객만족지수 계산 2단계는 만족도 점수를 가중치와 곱하는 것이다. 표 13.10에서 첫 번째 칸은 요소별 만족도 점수 평균이고 두 번째 칸은 표 13.9에서 계산한 요소별 가중치이다. 직원 용모라는 요소를 예로 들자면 만족도 점수는 8.5이고 가중치는 10.64%인데 이 둘을 곱하면 0.9라는 값을 얻게 된다. 이것이 가중 점수이다 이 고객의 총 만족도 지수는 가중점수를 모두 더한 8.41인데 이는 10점 만점에 8.41점이다. 이를 100점 만점에 퍼센트로 전환하면 84.1%라는 지수를 얻게 된다.

위의 예에서 만족지수 84.1은 해당 수퍼마켓이 고객을 만족시키는 데 있어 84.1%만큼 성공적이었다는 것을 의미한다. 만족도를 계산하는 수학공식의 의미를 이해하기 위해 이 수퍼마켓이 모든 고객이 아주 중요하게 생각하는 모든 요소를 충족시켜 고객들이 모든 항목에 대해 10점을 주었다고 상상해 보자. 최종적인 만족도 점수는 모든 요소에서 10점이고 가중치는 표 13.9와같다. 맨 오른쪽의 가중점수는 다르겠지만 그 합은 결국 10이 될 것이다. 이것이 만족도 공식의 원리이다. 고객이 중요하게 생각하는 모든 요소에 대한 총 고객만족도는 100%가 된다.

고객만족지수 업데이트

고객조사 설문지의 내용이 고객의 변화하는 요구에 맞추어 변하더라도 앞으로 몇 년 동안 모니터할 비교기준으로서의 만족도 지수를 제공할 수 있도록 고객만족지수는 계속 업데이트되어야 한다. 기본적으로 만족도 지수는 다음 질문에 대한 답을 제공해야 한다.

'고객이 가장 중요시하는 n개 요소에서 우리는 얼마나 고객을 잘 만족시키고 있는가?'
(n=설문지에서 고객이 가장 중요시하는 요소의 수)

나중에 고객의 우선순위가 바뀌어 설문지 내용이 바뀌더라도 만족도 지수는 다음과 같은 동일한 질문으로 측정한 결과여야 한다.

'고객이 가장 중요시하는 *n*개 요소에서 우리는 얼마나 고객을 잘 만족시키고 있는가?'

　같은 해에 다른 질문을 받은 서로 다른 고객집단들을 가진 경우에도 이런 비교가 가능해야 한다. 탐색적 연구를 바르게 수행했다면 질문 내용이 서로 다른 2개 또는 그 이상의 표본조사로부터 얻은 만족도 지수를 비교하는 것도 가능하다.

7. 해석

고객이 가장 중요하게 생각하는 것에 최선을 다하기

고객조사의 첫 번째 결과는 고객이 생각하는 요소별 중요도와 성과를 측정하고 고객이 중요하게 생각하고 있는 것에 최선을 다하고 있는지를 판단하는 것이다. 이 질문에 대한 답이 그림 13.5에 나와 있다. 고객이 생각하는 중요도와 성과를 비교해 개선우선순위를 찾아내려면 차이분석을 하면 된다. 이건 특별히 대단한 게 아니다. 성과점수가 중요도 점수보다 낮다면 문제가 있을 수 있다고 보면 된다. 이 분석의 장점은 매우 간단하고 시사점이 명확하다는 것이다. 기업 내 누구라도 이 결과를 보고 이해하고 결론을 끌어낼 수 있다.

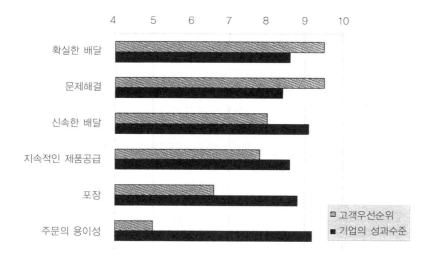

그림13.5 개선우선순위를 찾기 위한 차이 분석

중요도와 성과의 점수 차이가 가장 큰 부분이 기업이 실패하고 있는 부분이고 또 고객만족을 향상시키기 위해 기업이 가장 주목해야 할 부분이다. 이것이 이 기업의 개선우선순위 요소이다. 차이가 클수록 문제가 큰 것이다. 그러나 무엇이 개선우선순위인가를 확실하게 하려면 이외에도 다른 요소를 고려해야 한다.

개선우선순위 결정

보통 10점 척도에서 중요도와 성과 점수가 1점 이상 차이가 난다면 문제가 있다고 보고 2점 이상이면 문제가 심각하다고 해석한다. 그러나 여러 개의 개선우선순위를 갖는 것은 현실적이지 않다. 어떤 요소가 가장 중요한 개선우선순위일지를 결정하기 위해서는 다음과 같은 요인들을 모두 고려해야 한다.

요인 1 : 점수 차이 가장 기본적인 것은 중요도와 성과의 점수 차이이다. 점수 차이가 가장 큰 항목을 개선하면 고객만족을 제고할 수 있다

요인 2 : 명시 중요도 점수 차이만큼 중요한 다른 요인은 고객이 인식한 중요도, 명시 중요도(stated importance) 점수의 크기이다. 대체로 고객이 아주 중요하게 생각하는 항목을 약간만 개선해도 고객의 중요도 인식이 낮은 항목을 크게 개선한 것보다 고객만족수준을 더 높일 수 있다.

요인 3 : 내재 중요도 고객이 인식하고 말로 표현한 명시 중요도는 때때로 선택사항이 아닌, 필수적인 당연한 항목을 과장해 강조하는 경향이 있다. 예를 들어 고객에게 항공여행의 여러 요소 중 어느 것이 가장 중요한지 묻는다면 아마도 대부분 '안전성'이라는 항목에 아주 높은 점수를 줄 것이다. 안전요소가 중요하지 않다고 말하는 사람은 아무도 없을 것이다. 반면 기내 음식의 질에 대해서는 상대적으로 중요도 점수가 낮을 것이다. 물론 항공여행이 안전해야 한다는 것은 말할 필요도 없이 중요하지만 이는 개선해야 할 사항이 아니라 당연한 필수사항이다. 안전한 항공사만이 그 시장에서 살아남기 때문이다.

내재 중요도(derived importance)는 고객에게 직접 질문하기보다는 통계적으로 상관관계 등을 이용해 밝혀낼 수 있다. 이 내재 중요도를 계산하려면 전체 제품이나 서비스에 대한

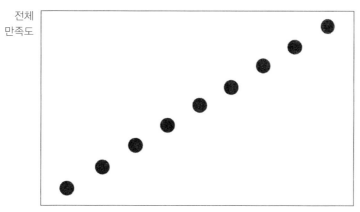

전체
만족도

직원 도움에 대한 만족도

그림13.6 정적 상관($r=+1$)

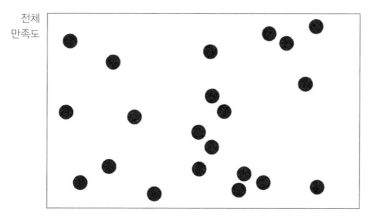

전체
만족도

매장 위치에 대한 만족도

그림13.7 제로 상관($r=0$)

만족도를 묻는 문항이 설문지에 포함되어야 한다. 각 항목에 대한 각 개인의 응답 점수와 전체 만족도 점수와의 상관계수를 계산했을 때 가장 큰 상관강도를 보이는 항목이 고객 만족을 결정하는 추정 중요도가 높은 것이다. 이 논리는 그림으로 그려 확인할 수 있다. 그림 13.6은 두 변수 간의 완벽한 상관관계를 보여 준다.

직원의 도움에 대해 매우 만족하는 고객은 기업에 대해서도 전체적으로 매우 만족하는 경향이 있다. 반대로 직원의 도움에 대해 매우 불만족하는 고객은 기업에 대한 총 만족도도 매

표13.11 명시 중요도와 내재 중요도의 비교

고객 요구	명시 중요도	내재 중요도
매장의 청결성	9.27	0.48
상품 선택	9.19	0.59
가격	9.16	0.55
상품 품질	8.84	0.50
매대 계산 소요시간	7.80	0.51
개장 시간	7.40	0.44
매장 레이아웃	7.19	0.39
직원의 도움	6.84	0.61
직원의 용모	6.12	0.38
표본 수	500	

우 낮다. 그러므로 직원의 도움 여부는 고객만족의 매우 중요한 요인으로 간주되어야 한다.

그림 13.7에 나와 있는 두 번째 예는 매장의 위치와 고객만족도 점수 간에는 상관관계가 거의 없음을 보여 준다. 매장 위치에 대해 아주 만족하는 고객 중에서도 전체적인 고객만족 점수가 아주 높은 고객이 있고 매우 낮은 고객이 있다. 또한 매장 위치에 대해 불만족 수준이 높은 고객 중에서도 전체적인 고객만족도는 높은 고객이 있고 매장 위치와 고객만족도 모두 낮은 고객도 있다. 매장 위치와 고객만족도 간의 상관관계는 매우 낮고, 이는 매장 위치가 고객만족에 별 영향을 미치지 않는 요소라는 것을 나타낸다.

내재 중요도를 활용하기 위해서는 명시 중요도와 내재 중요도에 따라 고객만족을 결정하는 각 요소의 상대적 중요성이 어떻게 다른지를 비교해 보아야 한다. 어떤 기업은 무조건 명시 중요도보다 내재 중요도를 더 중요하게 간주하기도 하지만 이는 잘못된 것이다. 고객이 말한 명시중요도도 있는 그대로 주목을 받아야 한다. 몇몇 통계기법을 잘 안다고 해서 고객보다 그들을 더 잘 안다고 생각하는 것은 말이 안 된다. 내재 중요도는 명시 중요도가 종종 간과하는, 고객만족의 중요한 요인들을 파악하기 위한 보조 지표 정도로 취급되어야 한다. 표 13.11은 이 기업에게는 직원의 도움이 고객만족의 주요 결정 요인이고 이것이 개선우선순위가 되어야 함을 보여 준다.

요인 4 : 기업 수익에 대한 효과　고객만족이 중요하긴 하지만 어떤 대가를 치르고서라도 고객만족을 높이려고 해서는 안 된다. 고객만족 향상을 위한 투자 결정은 고객만족 향상에 드는 비용과 고객만족 향상이 가져오는 이익을 함께 고려해 이루어져야 한다. 기업 수익에 대한 고객만족 향상의 효과를 분명하게 알아보려면 필요한 사항을 개선하기 위해 드는 비용 및 업무의 어려움과 잠재수익간의 관계를 파악해야 한다. 그림 13.8은 이 요소들 간의 잠재적인 관계를 그려 놓은 것이다.

　가능한 한 가장 적은 비용으로 고객만족을 크게 향상시킬 수 있는 개선우선순위를 선택함으로써 기업은 가장 많은 수익을 얻게 될 것이다. 개선이 필요한 요소들을 필요한 비용과 난도에 따라 세 범주로 나누어 비즈니스 임팩트 매트릭스를 만들어 보면 어느 요소가 가장 효율적인 개선우선순위인지를 파악할 수 있다. 그림 13.8에서 보다시피 매트릭스의 오른쪽 아랫부분에 있는 '직원의 도움'이라는 요소가 중요도와 만족도 간의 차이도 크고 개선에 드는 비용도 낮아 개선 1순위가 된다. 왼쪽 윗부분에 있는 '위치'와 같은 요소는 기

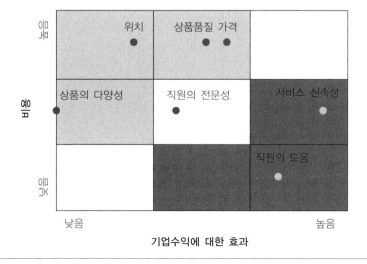

그림13.8　기업수익에 대한 효과

업수익에 대한 효과는 낮은 반면 개선에 드는 비용은 높아 개선우선순위가 낮아져야 한다. 개선을 위한 업무가 현실적으로 어렵다고 그것을 무시하면 안 되지만 일단은 쉽게 할 수 있는 개선우선순위 하나를 신속하게 선택하는 것이 중요하다. 고객과 직원 모두가 신속하게 조사결과에 따른 개선사항을 명시적으로 볼 수 있다면 아주 좋다.

요인 5 : **정책과 규제**   고객이 원하는 것에 반하는 회사의 전략이나 정부 규제처럼 기업이 통제할 수 없는 요소에 의해 고객만족 향상이 어려워지는 경우도 있다. 정부의 규제를 받는 기업의 고객관리는 그 규제에 따라 다양한 측면을 갖고 있다. 예를 들어 어떤 편의점은 고객이 편의점 위치에 대해 불만족스러워 한다고 하더라도 개별 편의점의 입장에서 할 수 있는 게 없을 수 있다. 고가전략으로 승부하려는 정책을 가지고 있는 회사라면 가격에 대한 중요도와 만족도 차이를 줄이려는 노력을 하지 않을 것이다. 기업이 통제할 수 없거나 선택할 수 없는 문제가 있을 때마다 중요도와 만족도 차이를 줄이기가 어렵게 될 것이다. 이럴 경우 고객에게 더 먼 거리를 가거나 더 높은 가격을 지불해야 하는 것에 대해 합당한 이유를 댈 수 있어야 한다.

지금까지 설명한 다섯 가지 요소를 고려해서 고객만족 최고 책임자는 해당 기업의 개선우선순위를 신속하게 결정해야 한다. 신속하게 결정하는 것이 중요하다. 일단 조사결과가 나왔는데도 행동하지 않으면 하루하루 고객만족을 향상시킬 기회를 잃는 것이고 또 그만큼 고객을 잃을 수도 있다. 조사결과 분석이 끝나자마자 최고 담당자는 관련자들과 고객조사 결과를 공유할 일정을 잡고 개선우선순위를 결정해야 한다. 또한 사내 모든 직원들에게 조사결과와 차후 계획을 알려주는 중요한 다음 단계 일정도 계획해야 한다.

경쟁사와의 비교

시장현황조사의 경우에도 비슷한 결과를 얻을 수 있다. 조사에서 각 요소의 중요도에 대한 점수는 하나지만 성과점수는 각 회사마다 다르니 여러 개가 나올 것이다. 여러 회사의 성과 점수는 그림 13.9처럼 보여 줄 수도 있고 그림 13.10처럼 해당 회사와 다른 경쟁사를 비교해 보여 줄 수도 있다. 여러분 회사가 모든 부분에서 완벽하게 다른 경쟁사보다 잘하지

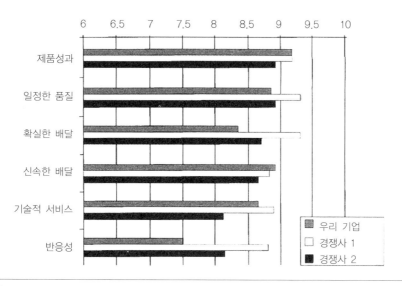

경쟁사와 비교하기 위한 막대그래프

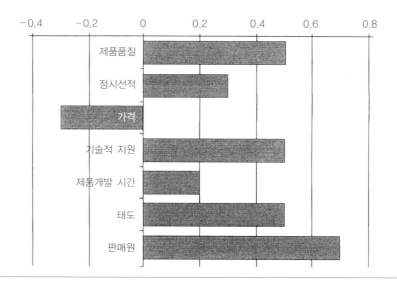

경쟁사와의 경쟁력 차이를 보여 주는 수평 막대그래프

않는 한 어떤 부분에서 잘하고 있고 어떤 부분에서 못하고 있는지를 보여 주는 그림 13.10
과 같은 수평 막대그래프가 유용하다. 이때 여러분 회사 점수를 한 경쟁사 점수와 비교할
수도 있고 여러 경쟁사의 평균 점수와 비교할 수도 있다.

표13.12 고객의 구매기준에 대한 가중치 구하기

고객의 구매기준	평균	고객의 가중치
제품	8.99	0.171
정확한 배송	8.70	0.165
가격	9.06	0.172
공급의 지속성	9.29	0.177
의사소통	8.55	0.162
기술적 서비스	8.08	0.153

표13.13 경쟁기업들의 영역별 가중치와 가중평균

경쟁요소	가중치	회사 A		회사 B		회사 C		회사 D	
		평균	가중평균	평균	가중평균	평균	가중평균	평균	가중평균
제 품	0.171	8.14	1.39	8.33	1.42	8.66	1.48	7.94	1.36
배 달	0.165	8.02	1.32	8.96	1.48	8.90	1.47	7.25	1.20
가 격	0.172	6.82	1.17	7.64	1.31	7.44	1.28	7.08	1.22
지속적 공급	0.177	7.79	1.38	8.59	1.52	8.77	1.55	7.86	1.39
의사소통	0.162	7.75	1.26	7.87	1.27	8.54	1.38	6.06	0.98
기술적 서비스	0.153	7.41	1.13	8.31	1.27	8.65	1.32	8.08	1.24
계	1.00		7.65		8.27		8.48		7.39

　　가장 좋은 방법은 아마도 그림 13.9와 같이 모든 경쟁사 점수와 하나하나 비교한 다음 경쟁사 평균점수를 기준으로 다시 그림 13.10처럼 비교하는 것이다. 그림 13.10에 있는 숫자는 공업용피복 제조업체인 밀리켄사의 조사에서 나온 실제 숫자이다. 이 회사는 고객이 중요시하는 분야에서 우월한 성과를 내고 있고 이에 따라 더 높은 가격을 받고 있다.

　　시장현황조사를 하고 나면 고객이 평가한 자사 점수와 경쟁사 점수를 비교하는 표를 만드는 것도 가능하다. 이를 위해서는 표 13.12에서처럼 고객의 중요도 평가에 근거하여 각

요소의 중요도 가중치를 만드는 것이 필요하다.

앞 절에서 설명한 것처럼 중요도 가중치는 6개의 구매기준 점수 각각을 전체를 합한 값 (52.67)으로 나누면 된다. 예를 들어 정확한 배송의 경우 8.70을 52.67로 나누어 0.165의 값을 얻을 수 있다. 모든 가중치들의 합은 1이다. 다음에는 표 13.13에 있는 것처럼 각 회사의 성과 점수에 가중치를 곱해 가중점수를 얻으면 된다. 가중치를 반영한 가중점수를 모두 더하면 그 회사가 얼마나 잘하고 있는지를 10점 만점을 기준으로 보여 주는 점수가 나오는데 이것이 고객이 생각하는 그 회사의 상대적인 성과를 나타낸다.

8. 사내(社內)보고

몇 개의 표나 그래프가 조사결과를 보여 주는 데 효과적이기는 하지만 사내보고를 위해서는 그 이상의 것이 필요하다. 조사결과를 사내에 배포하는 데 가장 효율적인 수단은 보고서이다. 보고서는 여러 직원들이 돌려가면서 볼 수 있다. 만일 공식적인 프레젠테이션을 먼저 할 수 있다면 보고서의 효과는 더욱 커진다.

보고서와 프레젠테이션

프레젠테이션을 할 때는 가능한 한 많은 청중을 동원한다. 보고서와 프레젠테이션은 서로 밀접하게 연관되어 있어야 하며 다음과 같은 양식으로 쓰여져야 한다.

- 서론
- 표집
- 연구방법
- 조사결과
- 개선우선순위

서론 서론에서는 한 쪽 이내의 분량으로 연구의 개요를 설명한다. 조사날짜와 표본의 수, 자료수집 방법 등을 간단하게 설명한다. 다음 절에서 이 내용들을 더 자세히 설명한다.

표집 8장에서 제시된 대로 고객만족조사가 신빙성을 가지려면 대표성 있는 표본을 얻어야 한다. 이 절의 목적은 자료의 신빙성을 높이는 것이다. 따라서 표집과정을 충분히 자세하게 설명한다. 무작위표집인 경우 그 과정을 설명하고, 비확률표집인 경우 객관성을 유지하기 위해 동원한 방법을 설명한다. 할당표집을 했다면 정부기관의 인구통계나 시장고객 센서스 자료를 사용하여 모집단을 어떻게 나누었는지를 구체적으로 설명한다. 필요하다면 더 자세한 내용, 가령 기업조사에서 조사대상 기업목록 같은 것을 부록으로 붙일 수 있다.

연구방법 기업이든 고객이든 적절한 표본을 선택했다는 것은 그들에게 적절한 질문을 했다는 것을 의미한다. 이는 설문지 내용을 설명하기 이전에 조사방법과 예비조사의 결과를 미리 제시해야 함을 뜻한다. 다시 한 번 강조하지만 방법론의 한 원칙 — 고객만족의 평가 기준과 기업의 성과수준 평가기준을 통일시키는 것 — 을 지켜야 한다. 또한 사용한 평가척도에 대해서도 설명해야 한다.

  이 절의 마지막 요소는 조사방법이다. 어떤 조사방법을 왜 선택했고 그것을 실제로 어떻게 수행했는지를 설명하라. 면접에 직원들을 동원했다면 그들을 어떻게 훈련시켰는지, 그리고 조사자들의 객관성을 유지하기 위해 어떤 방법을 썼는지를 설명한다. 그리고 고객들에게 처음에 어떻게 조사를 소개했는지도 설명한다(14장 참조). 설문지 전문과 고객에 대한 안내편지는 부록에 첨부하였다.

조사결과 가장 중요한 조사결과는 이 장의 앞부분에서 설명한 막대그래프를 이용해 제시해야 한다. 이때 그래프 각각에 대해 아주 간단하게 설명을 덧붙여라. 개방형 질문에 대한 응답도 코딩해서 제시하도록 한다.

  컴퓨터로 자료를 분석하면 방대한 양의 결과가 나온다. 특히 여러 다른 고객집단에 대해 분할표 분석을 하면 그렇다. 그러므로 아주 많은 결과 중에서 어떤 것을 보고해야 할지 선택해야 할 필요가 있다. 동료들의 이해에 도움이 되는 자료가 아니라면 자료를 더할 필요가 없다. 이를 판단하기 위한 방법은 어떤 자료를 추가함으로써 어떤 결론을 더 얻어내고자 하는지를 자문하는 것이다. 아주 유용한 결론을 얻을 수 있는 자료가 아니면 보고서에 포함시키지 마라. 기업에 따라 정책적으로 모든 자료를 포함해야 하는 경우가 있기는

하다. 이럴 경우에는 자세한 모든 자료를 부록으로 첨부하고 보고서에는 핵심 사안만 정리해서 포함시키도록 한다.

결과보고서를 작성할 때 보고서는 단순하고 명료해야 한다. 결과를 단순하게 만들 모든 방법을 강구하라. 한 가지 방법은 고객이 생각하는 중요도와 고객만족과의 차이에만 초점을 맞추는 방식이다. 다른 방법은 교통신호 체계처럼, 중요도와 만족도 차이가 가장 큰 항목이나 개선우선순위에는 차트에 붉은색을, 가장 중요한 항목은 아니나 개선이 필요한 항목에는 노란색을, 고객의 요구를 충족시켰거나 과하게 잘 하고 있는 항목에는 초록색을 표시하는 것이다. 그림 13.11의 보기를 참조하라.

보고서에 관한 또 다른 문제는 여러 매장을 가진 기업의 경우이다. 기업의 입장에서 전체적인 만족도를 높이는 방법은 성과가 아주 뒤처져 있는 어느 한 매장의 만족도를 높이는 것이다. 이를 알아내기 위해서는 각 매장별로 중요도와 만족도를 타당하게 측정할 수 있을 만큼의 충분히 큰 표본이 필요하다. 그런 다음 여러 매장의 성과를 비교할 수 있는 표를 만들되, 각 매장의 실명을 밝힐지, 그림 13.12처럼 익명으로 할지는 고민해 보아야 한다. 진하게 표시된 막대그래프는 전체 매장의 지표를 나타낸다.

시간에 따른 만족도 변화를 추적한 후에는 여러 매장의 개선사항을 모니터링하고 변화

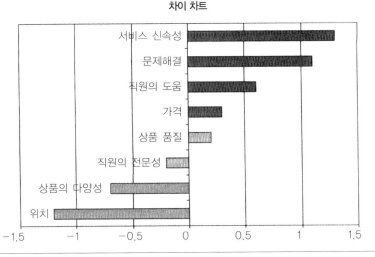

그림13.11 차이 차트

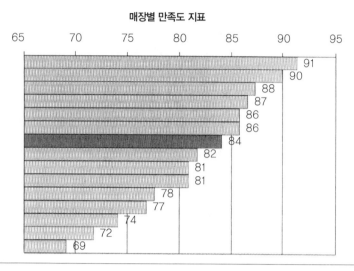

그림13.12 매장별 만족도 지표

를 논의하는 것이 매우 중요하다. 매장별로 위치나 매장 크기, 또는 고객 특성 등 그들이 통제할 수 없는 요소들이 있기 때문에 어떤 매장은 아무리 열심히 해도 다른 매장보다 좋은 성과를 올리기 어려울 수 있다. 따라서 만족도 순위에서 거의 꼴찌 수준인 매장이 만족도를 크게 개선해도 만족도가 오히려 약간 떨어진 상위 매장보다 순위가 계속 뒤처질 수 있다. 이를 보여 주는 예가 그림 13.13에 있다.

개선우선순위   연구자는 조사결과로부터 어떤 결론을 도출해 내야 한다. 고객만족조사의 경우, 그 결론은 개선우선순위를 알아 내는 것이다. 어떻게 개선우선순위를 다루어야 하는가는 연구자의 소관이 아니지만 적어도 그게 무엇인지는 말해 주어야 한다. 이 단계에서는 보고서보다 프레젠테이션에서 더 자세하게 말할 수 있다.

다시 말하자면 보고서를 명확하게 만드는 것은 매우 중요하다. 특히 개선우선순위에 대해 말할 때는 누가 그것을 수행할 책임을 져야 하는지 매우 혼돈될 수 있다. 여러 다른 부서와 팀이 서로 다른 역할과 책임을 맡고 있기 때문에 그 개선우선순위에 영향을 미칠 힘을 모두 똑같이 가지고 있지는 않을 것이기 때문이다. 또 많은 매장을 가진 유통업체의 경우 매장마다 개선우선순위가 다를 수도 있다. 효과적인 보고서가 되려면 각 부서나 매장이 책임져야 할 것이 무엇인지 명확하게 말해 줄 수 있으면 좋다. 개선우선순위를 평가하고

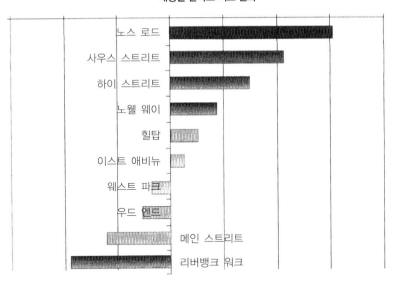

매장별 만족도 지표 변화

노스 로드
사우스 스트리트
하이 스트리트
노웰 웨이
힐탑
이스트 애비뉴
웨스트 파크
우드 엔드
메인 스트리트
리버뱅크 워크

그림13.13 **매장별 만족도 지표 변화**

고객만족을 개선하기 위해 책임져야 할 부서가 어디인지 고위직 매니저들이 한눈에 알 수 있도록 보고서를 만들어야 한다(그림 13.14 참조).

지금까지의 단계에서는 프레젠테이션이 단지 보고서의 내용을 전달하는 데 충실해야 했다. 그러나 이제 여타의 정보를 주거나 청중으로부터 질문을 받을 시간을 갖게 될 것이다. 좀 더 시간을 얻을 수 있다면(희망하기로는 반나절쯤) 이제 개선우선순위를 평가하는 토론을 하면 좋다. 소집단이라면 바로 비공식적인 토론을 할 수 있다. 집단이 너무 크면 여러 소집단으로 나누고 각 집단에 책임 있는 직원을 하나씩 배치하여 토론하게 한 후, 다시 모여서 앞으로 나아가야 할 길을 발표하게 한다. 잘만 되면 이는 기업의 모든 직원이 고객조사의 결과를 함께 이해하고 개선우선순위를 평가하기 위한 중요한 단계로 가는 첫걸음이 될 수 있다.

직원조사

고객조사를 수행하는 동안 사내직원들을 대상으로 조사를 하는 것도 좋은 방법이다. 만약 설문지가 너무 길면 직원이 생각하는 고객우선순위와 기업의 성과를 알아보기 위해 중요

| 액션 지도 : 구역 | | | | | | | | | | | | | |
| 핵심 기능 | | | | | | | | | | 매장 | | | |
고객요구 / 차이	마케팅	MD	고객 서비스	제품개발	직원	홍보	구매	설비관리	I.T	A	B	C	D
매장의 청결함	●	◐	◐	●	●	●	●	●	●	●	●	●	◐
충분한 재고	●	◐	●	●	●	●	●	●	●	●	●	●	●
제품 선택	●	◐	●	●	●	●	●	●	●	●	●	●	●
매장 레이아웃	◐	●	●	●	●	●	●	●	●	●	●	●	●
매대 계산 시간	●	●	●	●	●	●	●	●	●	●	◐	●	●
가격	◐	●	●	●	●	●	●	●	●	●	●	●	●
특별 이벤트	●	●	●	●	●	●	●	●	●	●	●	●	●
상품품질	●	◐	●	●	●	●	●	●	●	●	●	●	●
멤버십 시스템	◐	●	●	●	●	●	●	●	◐	●	●	●	●
직원의 도움	●	●	●	●	●	●	●	●	●	●	●	●	●
개장 시간	●	●	●	●	●	●	●	●	●	●	●	●	●
카페/레스토랑	●	●	●	●	●	●	●	●	●	●	●	●	◐

● 일차 PFI   ◐ 이차 PFI   ● 현행 유지

그림13.14 액션 지도

한 문항만 뽑아서 쓸 수도 있다. 이는 고객우선순위와 고객에 의한 기업평가를 직원들이 얼마나 잘 알고 있는가를 파악하는 기회가 된다. 이런 조사결과의 대부분은 직원들이 고객이 중요시하고 있는 것을 잘 모르고 있다는 것을 지적하고 있다. 이 조사결과는 그 자체로도 훌륭한 교육이 된다. 왜냐하면 직원들이 더 열심히 일하고 고객의 욕구를 충족시키기 위해 노력해야 한다는 것을 스스로 깨닫게 되기 때문이다. 더 중요한 것은 직원들의 태도 야말로 기업이 제공하는 서비스의 수준을 측정하는 중요한 요소인데, 조사를 통해 직원들이 개선우선순위를 발견하고 고객만족을 증진시키기 위해 어떻게 해야 하는지를 알 수 있게 된다는 것이다. 만일 직원들이 고객이 중요시하는 것을 모른다면 그들은 엉뚱한 영역에 힘을 쏟을 것이기 때문이다.

이에 대한 좋은 예는 타이 항공사 고객조사이다. 경영자는 고객들이 승무원의 외모 등에 신경을 쓸 것이라고 생각하고, 실제로 고객이 원하는 정기적인 대고객 정보제공이나 운행지연 시의 승객에 대한 배려 같은 것은 과소평가하였다. 이는 2장에서 논의된 서비스 차이의 좋은 본보기이다. 이런 차이를 인식하는 것은 고객만족 향상을 위한 지름길이다. 이 문제를 진단하기 위해서는 사내외를 대상으로 하여 신중한 설문조사를 수행해야 한다.

사내 직원조사에서 어떤 결론을 끌어내기를 원한다면 정확하게 조사를 수행하는 것이 중요하다. 고객조사와 마찬가지로 같은 용어를 쓰고 정확한 표집을 한다. 전수조사를 하는 것이 불가능하다면 각 부서와 각 직급을 고루 반영할 수 있도록 무작위표집을 해야 한다. 그리고 직접 고객과 접촉하는 직원 외에 간접적으로 고객과 접촉하는 사람들도 표집해야 한다. 왜냐하면 그들 모두의 행동이 고객만족에 직간접적 영향을 미치기 때문이다.

사내 직원조사에서 명심해야 할 마지막 한 가지는 자료수집 방법에 관한 것이다. 이상적으로는 고객조사와 마찬가지의 방법을 사용하면 더 좋다. 그러나 실제로 고객은 대인면접이나 전화면접을 하고 직원들에게는 자기기입식 설문지를 하게 하는 경우가 많다. 이것은 그런 대로 괜찮다. 왜냐하면 고객조사에서 자기기입식 설문지의 문제점은 응답률이 낮다는 것인데, 직원을 대상으로 하는 경우 여러 번의 독촉이 가능하므로 응답률이 높아지기 때문이다. 그러나 직원들을 대상으로 한 자기기입식 설문조사는 매우 신중하게 행해져야 한다. 설문조사의 중요성을 잘 알려줘야 하며 동료나 다른 어떤 집단에 의해 영향을 받지 않고 개별적으로 설문에 응답하도록 해야 한다.

9. 결론

○ 대부분의 기업은 표본 수가 아주 작지 않은 한 컴퓨터를 이용하여 조사자료를 분석한다.

○ 엑셀 같은 요즘의 스프레드시트는 매우 유용하다. 이것들은 표나 차트작성에 편리할 뿐만 아니라 잘 활용하면 프레젠테이션을 할 때 그대로 연결해서 쓸 수도 있다.

○ 가장 널리 이용되는 통계치는 산술평균이지만 표준편차 같은 더 정교한 테크닉들을 사용하여 자료의 타당성을 체크할 수 있다.

○ 충성도별 고객세분화는 방어해야 할 우리 기업의 취약고객과 공격해야 할 경쟁기업의 취약고객을 명확히 알게 해 준다.

○ 개방형 질문에 대한 응답을 코딩할 때는 모든 가능한 응답범위를 포괄하기 위해 응답범주를 주의 깊게 구성해야 한다.

○ 조사결과를 제시할 때는 표와 막대그래프를 같이 보여 주는 것이 가장 효과적이다.

○ CSI는 직원들에게 고객만족 향상의 목표를 알려주고 동기화시킨다.

○ 결과 보고서를 작성하고 사내 프레젠테이션을 할 때는 먼저 조사에 대한 간단한 소개를 한 후 표집, 연구방법, 분석결과, 개선우선순위 등을 설명한다.

○ 고객조사와 동시에 사내 직원조사를 하면 중요한 서비스 차이를 발견할 수 있게 된다.

14
고객조사와 PR

목표
- 고객참여를 극대화하는 방식으로 고객에게 조사를 소개할 수 있다.
- 고객조사 후 대고객 피드백의 중요성을 이해하고, 고객을 위한 조사결과 보고서를 작성하고 보고할 수 있다.
- 고객의 인식을 바꾸어야 할 필요성을 이해하고 관련기술을 개발한다.

이 장에서는 고객조사의 전 과정을 고객에 대한 회사 PR 기회로 활용하는 방법에 대해 설명한다. 첫 번째 절에서는 직원들에게 고객만족조사를 할 것임을 알리는 것부터 고객면접을 위해 약속 날짜를 정하는 것에 이르기까지 고객만족조사의 서론 부분을 설명하고자 한다.

1. 조사에 대한 소개

고객만족조사가 무엇인지를 잘 소개하면 대부분의 고객은 고객만족조사에 기꺼이 응한다.

사내에 알리기

첫 번째 할 일은 회사 내 직원들에게 무엇을 하려고 하는지를 알리는 것이다. 경영자들은 이 단계를 간과하거나 부적절하게 수행하는 경우가 많다. 그러나 회사 내 직원들은 다음과 같은 사실을 알고 있어야만 한다.

- 어디에서 조사를 하는가?
- 조사의 목적은 무엇인가?
- 조사의 형태와 조사시기는?
- 고객은 질문에 어떤 방식으로 응답하는가?

회사 내에서 팀별 브리핑이 행해지고 있다면 그 채널을 통해 직원들에게 조사에 대한 정보를 주고, 의문점이 있을 경우 질문을 할 수 있게 하는 좋은 기회를 줄 수 있다. 직원들 간의 의사소통을 위한 적절한 방법이 없을 때는 상사에게 질문을 할 수 있는 기회를 주기 위해 이메일이나 공지사항, 또는 메모 형태로라도 직원들에게 정보를 주어야 한다.

고객조사 또는 직원조사가 끝날 때까지는 직원들에게 설문지를 보여 주면 안 된다. 조사가 끝난 후에 조사결과와 조사에서 얻은 결론을 요약해 주는 것이 더 유용하다. 고객조사를 할 때 개선우선순위를 담당할 직원과는 초기단계부터 고객조사에 대해 논의하는 것이 중요하다.

장기적으로 조사가 성공하려면 제품 매니저나 자재 담당자, 판매 담당자들이 협조해 주어야 한다. 확실한 협조를 얻는 데는 두 가지 방법이 있다. 첫째는 최고 경영자를 고객조사의 강력한 지지자로 만드는 것이다. 둘째는 중요한 동료들을 고객조사의 기획단계에 참여시키는 것이다. 그래서 그들이 나중에 조사방법과 결과에 공동책임을 지도록 하는 것이다. 비록 모든 직원을 이 정도로 조사에 개입시키기는 힘들겠지만 직원들이 고객조사에 대해 긍정적인 생각을 갖도록 노력해야 한다. 이 조사가 회사와 직원 자신을 돕기 위한 것이지 그들을 위협하기 위한 수단이 아님을 알게 해야 한다. 고객조사가 회사의 경쟁력을 키우는 앞서가는 효과적 수단임을 보여 주어라. 고객조사 후에도 다시 한 번 이 점을 강조한다(17장 참조).

고객참여 요청

고객들은 기업으로부터 대개 편지 형태로 정보를 얻거나 참여요청을 받는다. 자기기입식 설문지를 사용했다면 안내편지와 함께 설문지를 동봉해야 할 것이다. 대인면접이나 전화면접을 할 때는 면접약속을 정하기 위해 미리 편지를 보낸다. 그림 14.1에 안내문에 포함시

고객조사

고객 귀하

1. 조사의 목적
   - 고객욕구/고객우선순위에 대한 이해
   - 기업의 성과수준에 대한 고객인식 파악
   - 대고객서비스 증진방안 모색

2. 조사
   - 전화 인터뷰
   - 10분 초과 금지
   - 고객이 편한 시간으로 약속 잡기

3. 조사 후 피드백
   - 조사결과의 요약
   - 중요이슈와 기업이 취해야 할 행동
   - 더 나은 서비스에 대한 약속

협조에 대한 감사의 말

그림 14.1 고객에 대한 안내편지

켜야 할 중요한 내용들을 요약해 놓았다. 안내편지는 다음 세 가지 부분을 포함해야 한다.

- 고객조사의 목적, 물론 고객에게 돌아갈 이익에 대해서도 언급한다.
- 고객조사의 수행절차
- 고객조사가 끝난 후의 행동, 고객에게 돌아갈 이익에 대해 다시 언급한다.

안내편지는 고객이 조사에 참여하도록 촉진하기 위한 일종의 판매수단이다. 무엇보다도 편지에서 고객에게 돌아갈 이익을 분명하게 그리고 여러 번 언급하는 것을 잊지 않도록 한다.

먼저 고객조사의 목적부터 시작한다. 고객에게 중요한 것이 무엇이고 고객서비스 개선을 위해 무엇을 해야 할지를 이해하는 것이 조사의 목적이라고 쓴다. 그리고 첫 번째 단락

안에 고객에게 돌아갈 이익을 적어도 2개 이상 언급한다.

둘째 단락에는 고객조사의 절차와 내용에 대해 적는다. 고객을 면접해야 한다면 면접시간이 얼마나 걸릴 것인지를 알려 준다. 고객이 편한 시간을 선택할 수 있도록 하라. 또한 조사내용이 대략 어떤 것인지도 알려 주어야 한다. 그러나 설문지를 복사해 주거나 구체적인 문항을 미리 알려 주는 것은 피해야 한다. 왜냐하면 모든 고객면접은 같은 조건에서 행해져야 되기 때문이다. 질문내용을 이미 알고 있는 고객은 면접을 하기 전에 미리 질문내용을 읽어 보고 주의 깊게 그에 대한 답변을 준비해 올 수도 있다.

세 번째 단락은 다음과 같은 두 가지 이유 때문에 매우 중요하다. 첫째, 고객에게 고객조사의 가치에 대한 확실한 증거를 제공한다. 둘째, 조사를 수행한 기업이 그 결과에 따라 적절한 행동을 취할 수 있게 한다. 믿을 수 없는 일이지만 어떤 기업은 고객조사에 많은 돈을 투자하고도 그에 따르는 적절한 행동을 취하지 않고 있다. 돈을 낭비한 것은 둘째치고라도 그런 식의 행동은 부정적인 PR로 작용한다. 많은 고객은 그들이 고객조사에 참여했던 것을 기억하므로 아무런 피드백이 오지 않으면 변한 것이 아무것도 없다고 생각할 것이기 때문이다. 이 단계에서는 고객에게 고객조사의 결과와 중요한 결론을 알려 주어야 한다. 이에 더하여 기업이 앞으로 언제부터 어떤 변화된 행동을 취할 것인지도 알려 주어야 한다.

어떤 판매원들은 고객과 개인적으로 친밀한 관계를 유지하기 위해 고객조사에 관해 개별적으로 정보를 주고 싶어할 수도 있다. 그것은 어떤 측면에서는 긍정적이지만 무엇을 말해야 할 것인지에 대해서는 간략하게 안내편지와 같은 양식을 따라야 한다. 판매원들은 고객이 조사에 참여하도록 동기화시키는 역할을 해야 할 뿐 조사할 구체적인 문항에 대해 고객에게 미리 말해서는 안 된다. 일관성을 유지하기 위해 판매원으로부터 조사에 대한 이야기를 들은 고객에게도 미리 고객조사 안내문을 보내도록 한다.

자기기입식 설문지든 대인면접이든 전화면접이든 고객의 집에서 응답이 이루어지는 한 고객조사의 절차는 같다. 고객조사 안내문과 아울러 설문지를 동봉하는 경우가 종종 있는데, 이때에도 안내편지의 양식은 그림 14.1과 같은 형태로 해야 한다. 고객조사를 위한 편지는 단지 고객에게 전해진다는 이유로 여기저기서 튀어나오는 경품안내, 군더더기 추신이 붙은 우편광고와 같은 형태로 전락해서는 안 된다. 물론 어떠한 사례를 하면 고객의 응답률이 높아지는 것은 사실이므로 사은품 제공 등을 고려할 필요가 있을 때도 있으나, 실제로 그런 사례를 하지 않고도 응답률이 상당히 높았던 우편조사의 예가 많이 있다. 조사의 목적을 분명히 하고 고객 각각의 응답의 가치와 고객에게 돌아갈 이익을 강조하면 고객의 응답률은 자연히 높아진다.

　시장조사에서는 이 조사가 단지 연구를 위한 목적으로 사용될 것이라고 말하고, 고객이 어떻게 표본으로 선택되었는지를 알려 주며, 이 조사를 행하는 연구기관이 어떻게 이 연구를 수행하게 되었는가를 소개함으로써 고객의 마음 속에서 의심을 몰아 낼 수 있다. 고위직 임원, 특히 사장이 쓴 안내편지를 보내면 효과가 크다. 컬러 프린터를 사용할 수 있으면 사장의 사진을 인쇄해서 같이 보낸다. 고객에 대한 자료가 잘 정리되어 있다면 각 고객에게 서로 다른 개별적인 편지를 보내도 좋다.

　각각의 고객에게 편지를 보내면서 고객과 회사와의 오랜 관계를 강조한다. '6년 동안 저희 ○○○의 고객이신 귀하게 저희는 ×××에 대한 고객을 특별히 요청합니다.'라든가 '지난 3개월 동안에 저희 회사의 새 자동차를 사 주신 고객 여러분께 저희 ○○○사의 직원들은 고견을 듣고자 합니다.'라는 식의 방법이 그것이다. 할당표집을 한 경우에는 면접이 거리에서 진행되든 집에서 진행되는 또는 전화로 진행되든 간에 고객을 이런 방식으로 응답하게 하는 것은 효율적이지 않다. 가령, 대인면접의 경우 표준화시킨 편지를 면접할 때 바로 제시한다.

　모든 응답자들에게 조사결과에 대한 보고를 피드백해 주어야 하므로 이를 위해 각 응답자의 이름과 주소를 적는다. 면접이 잘 끝났음을 확인하기 위해 응답자 중의 몇 명을 다시 한 번 확인면접하는 것도 관례이다.

2. 고객에 대한 피드백

고객조사 직후 응답자 모두에게 감사의 편지를 보낸다. 그때 곧 조사결과를 요약해서 보낼 것임을 알려 주도록 한다.

초기의 피드백

이 잠정적인 편지는 아주 유용한 PR 도구이다. 최종 피드백 보고서를 보낼 때까지는 어느 정도 시간이 걸리므로 우선 면접 직후에 감사편지를 보내면 고객은 기업을 인식할 기회를 한 번 더 갖게 되기 때문이다. 편지를 보낼 때 작은 감사의 선물(예를 들어, 품질 좋은 볼펜 같은 것)을 같이 보내면 좋다. 고객규모가 작은 기업일수록 특히 그렇다. 나중에 다시 고객 조사를 하고 싶을 때, 동일한 고객들로부터 여러 번 도움을 받아야 할지도 모르므로 고객이 기업에 대한 호의를 유지하도록 하는 것이 중요하다.

그러나 대부분의 조사는 익명으로 행해지므로 어떤 응답자들은 그들의 인적사항이 기업에 노출되는 면접에 대해 불평을 하기도 한다. 이런 불평에 대해서는 다른 유형의 불평과 마찬가지로 즉각적이고 개별적인 반응을 보여야 한다. 해당 회사의 직원이 직접 면접을 한다면 부정적인 코멘트를 한 고객은 아마도 자신의 코멘트에 대한 즉각적인 반응을 얻기를 기대할 것이다. 그리고 자신에 대한 개별적인 정보를 제공해야 하는지의 여부를 알기 위해 설문지를 다시 한 번 훑어볼 것이다.

자기기입식 설문지에 응답자가 원하는 것을 모두 쓰도록 마련된 빈칸이 있으면 예상되는 응답 또는 질문에 각각 답할 수 있도록 미리 정리를 해 놓아야 한다. 응답자들은 고객조사를 회사와의 의사소통 채널로 생각한다. 그래서 어떤 고객은 그 빈칸을 조사내용과 상관없는 것들로 모두 채우기도 한다. 그러한 모든 질문에 성실히 답하고 불평에도 반응을 보여야 한다. 필요하다면 제때 필요한 행동을 취해야 한다.

최종 피드백 보고서

조사결과를 한 번 분석하고 나면 개선우선순위를 결정하고 기업이 취해야 할 행동을 결정할 단계에 이른다. 이때가 고객에게 최종 피드백을 제공해야 할 시기이다. 고객을 위한 보고서의 길이는 아주 짧게, 길어야 A4용지로 4쪽을 넘지 않게 한다. 이보다 더 길면 어딘가에 치워진 채로 아마도 영원히 읽혀지지 않을 것이다. 혹시라도 보고서가 너무 짧다고 생각할지도 모를 아주 소수의 고객들을 위해서는 표지에 '더 자세한 정보가 필요하신 분은 ○○○로 연락해 주십시오.'라는 문구와 연락처를 써 넣는다.

거대한 오늘날의 시장에서 계속 고객조사를 하려면 고객에게 피드백을 제공하는 것이 중요하다. 그러나 개별적으로 고객에게 결과를 통지하는 것보다 더 비용이 적게 드는 방법이 있을 수 있는데, 바로 회사 뉴스레터나 기내잡지 또는 지역신문 등에 그 결과를 발표하

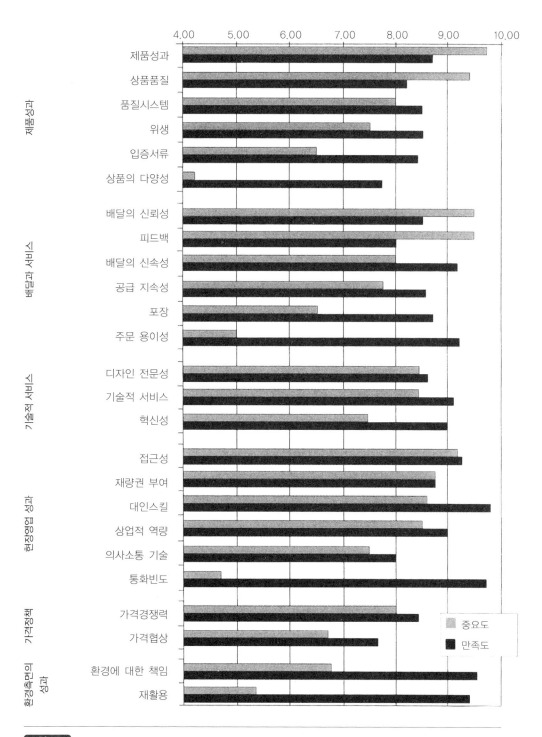

그림14.2 ABC 주식회사 조사에 대한 고객의 피드백

고객 요구 사항		만족도
1st	위치	
2nd	상품의 다양성	
3rd	가격	
4th	상품품질	
5th	계산 시간	
6th	직원의 도움	
7th	주차	
8th	직원의 용모	

그림14.3　직설적 피드백

는 것이다. 그러나 어떤 경우라도 응답자들이 그 결과가 어디에 실리는지를 알 수 있도록 해야 한다.

피드백 보고서는 다음과 같은 내용을 포함해야 한다.

서론　아주 간단하게 조사목적과 조사시기, 표본 수, 표본의 특성을 밝힌다.

결과　여기에서는 고객우선순위와 기업의 성과수준을 강조하면서 조사결과를 요약한다. 그림 14.2와 같이 만들되 고객에게 중요한 영역부터 나열하고 첫 번째 칸에 고객우선순위 점수를, 두 번째 칸에 기업의 성과수준 점수를 기록한다. 이런 식으로 만들면 아주 긴 설문지를 사용했더라도 서론과 결과를 한 페이지에 모두 담을 수 있게 된다.

고객들에게 조사결과를 알려 주는 것을 꺼리는 기업도 있다. 특히 그들의 성과수준 점수가 좋지 않을 때 그렇다. 그들은 그림 14.3과 같은 일반적인 요약을 제공하는 편이다. 그러나 다른 대부분의 경우 기업과 고객의 관계가 그런 것처럼 이때도 고객에게 자료를 있는 그대로 보여 줄 때 잃는 것보다 얻는 것이 많다. 만일 점수를 제시하지 않고 보고서를 쓰면 고객들은 그것을 무가치한 김빠진 자료로 인식할 것이다. 숫자가 없어도 그 기업의 성과수준이 낮다는 것을 그들은 명백하게 알아챌 것이다. 고객은 보고서를 덮는 순간 기업의 숨은 의도를 파악한다. 고객은 바보가 아니며 그렇게 취급되어서도 안 된다. 있는 그대로를 꼭 제시하지 않아도 좋은 단 하나의 경우는 시장현황조사에서 얻은 경쟁사와의 비교점수이다. 이것은 매우 가치 있는 자료이므로 경쟁사에 노출되지 않도록 해야 한다. 따라서 고객우선순위와 기업의 성과에 대한 조사결과는 알려 주되 경쟁사의 점수에 대해서는 고객들에게 구체적인 보고를 하지 않아도 좋다.

설문지가 ABC 주식회사의 3~5번과 같이 기타의 것을 포함하고 있을 때는 그 결과를 매우 간략하게 보고한다. 투사적인 질문이 포함되었다면 이때가 보고서 안에 유머를 넣을 수 있는 기회이다. 또한 이 피드백 단계에 와서는 10점 척도의 유용성을 분명히 알 수 있다.

우선 그림 14.2에서 보듯이 다른 어떤 척도도 10점 척도만큼 정교한 결과를 보여 주지 못한다. 또한 10점 척도만큼 고객들이 이해하기 쉬운 것도 없다. 더 중요한 것은 10점 척도에서는 고객들이 대개 5, 6점에서 10점 사이의 응답을 하기 때문에 다른 척도보다 호의적인 응답을 얻을 수 있다는 점이다. 중앙값인 7점을 얻었다 쳐도 부정적인 값이 아니므로 그 점수를 PR에 활용할 수 있다.

리커트나 SIMALTO척도의 결과를 제시하면 어떤 고객은 그 결과가 아주 형편 없이 낮다고 생각할 것이다. 단지 소수의 고객이 이런 평가를 한다고 해도 그것은 바람직하지 않다. 어떤 다국적 컴퓨터 회사가 '아주 좋음'에서 '끔찍하게 나쁨'에 이르는 5점 리커트척도를 사용했다고 하자. 충분히 예측할 수 있듯이 어떤 소수의 고객은 이 회사를 '끔찍하게 나쁘다'고 평가할 수 있다. 그 결과를 고객에게 보고하면 어떻게 되겠는가? 아마도 판매원들은 회사의 손상된 이미지 때문에 잠도 자지 못할 것이다. 만일 그 자료가 경쟁사의 손에라도 들어가게 된다면 어떻게 될까?

개선우선순위 이 절에서는 결론을 제시한다. '개선해야 할 최우선 순위'를 결정하고 그것을 이 절의 제목으로 하면 고객에게 회사와 고객조사 모두에 대한 긍정적인 이미지를 전달할 수 있다. 번호를 붙여 개선우선순위를 나열하는 것만으로도 효과가 크다.

행동 고객들에게 가장 인상적이어야 할 부분이 바로 이것이다. 여기에서는 이제까지 해 왔던 것과 이제부터 해 나가야 할 것의 두 부분으로 나누어 설명한다. 고위직이 고객만족측정 결과를 심각하게 받아들인다면 그 결과를 긴급속보로 사내에 알리고 개선우선순위와 취해야 할 행동을 결정하기 위해 모임을 주선할 것이다. 이렇게 잘 조직된 회사라면 고객용 피드백 보고서가 만들어지기 전에 이미 기업성과가 낮게 평가된 영역을 개선하기 위한 방안을 준비해 놓을 것이다.

예를 들어, 어떤 회사는 프로젝트 관리영역에서 응답자들로부터 낮은 평가를 받았다. 이 회사는 피드백 보고서에서 프로젝트 관리전담팀을 구성했으며 그 직원들을 지금 훈련시키고 있다는 정보를 제공하였다. 이런 반응은 매우 가치 있는 것으로 경영자는 그 대가로 고객충성도를 높일 수 있을 것이다.

고객에게 조사결과를 보고하는 것을 두려워하는 기업은 자신에게 개선우선순위를 제대로 평가할 능력이 있는지에 대해 회의를 품고 있는 기업이다. 고객과의 관계에서 무엇이 문제인지를 알고 있고 그것을 고치기 위해 노력할 자세가 되어 있는 기업만이 고객충성도를 얻을 수 있다는 것은 자명한 사실이다.

개선우선순위 결정과 개선을 위한 행동을 얼마나 빠르게 처리했느냐에 상관 없이 보고를 끝내지 못할 부분이 생길 수도 있을 것이다. 왜냐하면 어떤 일을 하기 위해서는 시간이 필요한 경우가 있기 때문이다. 가령, 배달분야에서 문제를 발견했다면 모니터링 시스템을 고쳐야 할 것이다. 그러나 정작 배달 모니터링 시스템의 어떤 부분이 문제인지를 알려면 상당한 시간이 필요하다. 최종 결정을 위해서는 취해야 할 행동을 선택하는 것뿐만 아니라 그 일을 하기 위해 시간이 얼마나 걸릴지를 아는 것도 중요하다.

마지막으로 고객이 회사를 잘못 평가했거나 하향평가한 영역이 있는지를 알아보자. 고객이 기업의 성과를 실제보다 낮게 평가하는 것은 드문 일이 아니다. 특히 기업이 최근에야 어떤 서비스의 개선을 실행했을 경우에는 더욱 그렇다. 앞의 예를 다시 보자. 회사의 배달 시스템이 계속 개선되어 왔고 더욱이 최근 3개월간은 배달지연이 한 건도 없었다는 증거가 있다. 그런데도 이 영역에 대한 고객의 평가가 낮다면 이럴 때 지켜야 할 원칙은 두 가지이다. 첫째, 고객에게 그들이 한 평가가 잘못되었다고 절대로 말하지 말 것. 둘째, 회사의 입장을 정당화하려고 하지 말 것이다.

차라리 매일매일 배달 모니터링 시스템을 체크해 왔음을 소개하고, 앞으로도 문제의 원인을 찾기 위해 계속 체크해 나갈 것이며, 문제가 발견되면 즉시 수정하겠다는 안내를 하는 것이 더 좋은 방법이다. 고객들은 이런 방식을 매우 긍정적으로 평가한다. 회사는 배달 시스템에 정말로 아무런 문제가 없는지를 다시 한 번 체크하는 기회를 가져야 할 것이다. 가령, 공장에서는 제 시간에 선적했지만 교통문제 때문에 늦은 적은 없는가? 문제가 없다는 확신을 갖게 되면 고객을 교육하고 그들의 인식을 바꾸는 행동을 취해야 할 것이다.

미래의 피드백   고객에게 개선우선순위를 개선하기 위해 취한 행동에 대해 다시 한 번 피드백을 제공하겠다고 약속하라. 고객 뉴스레터를 발간하고 있다면 그것은 고객과의 좋은 의사소통 채널이 될 것이다. 그런 것이 없다면 3개월 후와 6개월 후에 문제가 얼마나 개선됐는지를 알리는 편지를 써라. 그리고 나중에 새로운 고객조사를 기획할 때, 그 정보를 고객에게 알려 주어야 할 것이다.

3. 고객인식의 수정

고객조사는 기업의 성과에 대한 고객의 인식을 측정하는 것이다. 물론 같은 문제에 대해서도 고객들의 인식은 다양하다. 어떤 고객의 인식은 다른 사람보다 더 정확하다. 여기서 톰 피터(Tom Peter)의 말을 상기하자. "고객의 인식이야말로 유일한 현실이다." 인식이 정확하든 부정확하든 그 인식에 기초하여 매일매일 기업과 고객의 수많은 구매행동이 이루어진다. 6장에서 말했던 것처럼 대부분의 구매결정은 불완전한 정보하에서 이루어진다. 시간의 제약도 그 한 요소가 된다. 왜냐하면 사람들은 의사결정을 하는 그 시점에서 편안할 정도의 몇 가지만을 기억하기 때문이다.

　우리의 기억은 정확하지 않을 때가 많고 가지고 있는 정보가 늘 새로운 것으로 대치되는 것도 아니다. 사람들이 어떤 태도를 갖게 되는 데는 짧은 시간이 걸리지만 그것을 바꾸는 데는 많은 시간이 걸린다. 이런 메커니즘은 초기에 좋은 인식을 얻은 회사에 이익을 준다. 사소한 잘못은 쉽게 허용된다. 그러나 처음에 나쁜 평가를 받은 회사에 대해서는 그 인식이 상당히 오래 지속되고 부정적인 인식을 바꾸려면 상당한 노력이 필요하다.

　따라서 배달부분에서 낮은 평가를 받은 것은 지금 현재 그 부분에서 잘못하고 있음을 의미하는 것이 아니라, 고객들이 그 회사를 그런 회사로 인식하고 있을 뿐이라는 것을 나타낼 수도 있다. 아마도 과거에 그런 일이 자주 있었기 때문에 아직도 평가가 낮을 것이다. 이제 먼저 해야 할 일은 정말로 아직도 문제가 있는가를 알아보는 것이다. 고객이 틀렸다고 섣부르게 가정하지 말라. 17장에서는 벤치마킹이나 암행쇼핑 같은 보완적인 기법들이 어떻게 기업에 대한 고객의 인식, 특히 부정적인 인식을 확인하는 데 사용될 수 있는지를 보여 줄 것이다.

배달문제가 전혀 생기지 않는 수준으로 상황이 개선되었다는 증거를 갖게 되었다고 해 보자. 배달부분에서 점수가 낮은 것이 과거의 문제 때문인 것을 알게 되었다. 이때에는 배달업무를 개선할 필요는 없지만 대신에 고객과의 의사소통 개선을 위한 업무를 해야 한다. 고객에게 기업의 배달업무가 얼마나 개선되었는가를 알려 주고 그들의 인식을 바꾸도록 해야 한다. 이것은 쉬운 일이 아니다. 고객들은 문제는 잘 짚어 내지만 좋은 서비스 또는 개선된 서비스는 당연하게 여기는 경향이 있다. 고객의 인식을 바꾸는 일의 어려움을 과소평가해서는 절대로 안 된다. 이때 지켜야 할 원칙은 다음과 같다.

- 회사의 의도를 강조하라.
- 회사의 시스템을 분명하게 설명하라.
- 성공사례를 강조하라.

고객에 대한 초기 피드백 보고서에도 회사의 의도를 강조해야 하지만 판매원을 통해 언어로 회사의 의도를 다시 한 번 강조하는 것도 필요하다. 고객에게 개선을 약속하면서 동시에 어떻게 업무를 개선할 것인지도 같이 말해 주면 효과가 배가될 것이다. 또한 업무 시스템을 명확하게 설명해 주고 나서 개선방식을 말해 주면 그것만으로도 문제영역에 대한 고객의 인식이 좋아진다. 내부적으로 벤치마킹을 하고 있고 이 문제를 다루기 위한 전담개선팀을 만들었으며, 문제를 계속 체크할 것이고 그 경과를 알려 주겠다고 고객에게 말하라.

여기서 공식적인 대고객 브리핑 방식을 하나 소개한다. 이 브리핑은 사내 브리핑과 동일하지만, 단 하나 고객에게 메시지를 전달하기 위한 의사소통 채널로 판매원을 활용한다는 점이 다르다. 고객들은 브리핑의 대상이 된다는 것조차 모르면서 정보를 받게 될 것이다.

문제의 개선과정을 보고하는 것도 회사의 성공을 강조하는 한 방법이다. 인식을 바꾸려

긴급 팩스

팩스번호 : 01234 56789

배달 문제
즉시 해결 **?**

배달문제를 즉각 시정해 드립니다.
미스터 블로그 MD, ABC 주식회사

보내는 사람 _____
날짜 _____
시간 _____
문제의 내용 _____
_____

그림14.4 고객인식을 바꾸기 위한 구체적 수단

면 강력한 성공사례를 자주 언급해야 한다. 고객용 뉴스레터가 있다면 성공사례를 눈에 띄는 곳에 실어라. 표지에 내용을 싣던가 아니면 제목이라도 싣도록 하라. 고객 뉴스레터는 모든 고객에게 배부될 것이다. 그러므로 고객인식이 잘못되었다는 것을 발견한 경우, 고객조사에 응답한 고객뿐만 아니라 모든 고객을 대상으로 고객의 인식을 변화시킬 노력을 하는 것이 중요하다.

모든 고객이 뉴스레터를 읽으리라는 보장은 없다. 그러므로 고객인식 전환이 정말 필요한 경우 고객이 그냥 지나칠 수 없는, 눈에 잘 띄는 어떤 것을 소개하는 것이 필요하다. 예를 들어, 배달문제를 평가하기 위해 그림 14.4의 '긴급 팩스 양식' 같은 것을 이용한다. 이 것은 눈에 잘 띄고 판매원들에 의해 배부될 수도 있으며, 어디에나 부착할 수 있고 전화상으로도 설명될 수 있다. 각 고객에게 일정한 수(5개쯤)를 한꺼번에 주는 것이 중요하다. 왜냐하면 고객에게 일정한 간격으로 새로운 용지를 보충해 주어야 하기 때문이다. 용지가 한 번도 사용되지 않으면 그것은 배달이 문제 없이 잘 되고 있음을 의미한다. 그런 양식을 사용한다는 것은 최소한 회사가 그 문제를 얼마나 진지하게 처리하고 있는지를 고객들에게 보여 주는 것이다.

4. 결론

○ 고객조사를 고객에게 소개하기 전에 항상 직원들에게 먼저 브리핑을 하라.

○ 고객을 위한 조사안내 편지에는 고객이 받게 될 이익과 다음 내용을 포함시켜야 한다.

    – 조사목적

    – 조사할 구체적 내용

    – 조사 후의 피드백

○ 고객조사 후에 응답고객에게 감사편지 또는 작은 선물을 보내고, 다음 내용을 포함하는 피드백을 주어야 한다.

    – 조사결과

    – 개선우선순위

    – 회사가 계획 중인 행동과 이미 수행한 행동

    – 다음 피드백에 대한 안내와 다음 고객조사 날짜

○ 고객이 우리 기업의 성과에 비해 매우 낮은 평가를 했을 때는 고객의 인식을 바꾸도록 최선을 다해야 한다. 다음의 세 가지 원칙을 따르라.

    – 회사의 의도를 강조한다.

    – 회사의 시스템을 분명하게 설명한다.

    – 성공사례를 강조한다.

15
고객충성도 측정

목표
- 고객충성도를 정확하게 이해하기 위해 질문하는 방법을 이해한다.
- 고객몰입 수준의 차이를 구별할 수 있다.
- 모든 고객들의 충성도 수준을 분석하여 고객충성도 프로파일을 만들 수 있다.
- 기존고객을 유지하고 경쟁자의 고객들을 공략하기 위해 적절한 전략을 개발하고 고객들의 다양한 요구를 이해하기 위해 고객충성도를 세분화할 수 있다.

3장에서 말한 바와 같이 고객충성도에는 겉으로는 충성고객처럼 보이지만 실질적으로는 공급자에게 전혀 몰입하지 않는 습관적 충성도로부터 전적으로 몰입하는 고객까지 여러 가지 형태가 있다. 충성도란 매우 부정확한 단어이므로 고객몰입의 측면에서 생각하고 충성도를 몰입(commitment) 그대로 측정하는 것이 더 유용하다. 이 장은 각 몰입 수준을 측정하기 위해 적절한 질문들과 필요한 결과를 나타내는 방법들을 제시할 것이다.

1. 기존고객 유지

고객유지는 고객충성도 프로파일에서 가장 낮은 수준으로 기존고객이 아직 고객으로 남아있는지를 단순하게 측정하는 것이다. 고객유지율은 많은 기관이 고객충성도를 측정하고 관찰하는 데 사용하는 척도로 종종 시계열로 시간 간격을 두고 측정된다. 그림 15.1은 랭크 제록스가 최초로 개발한 방법으로 '1년 전 우리의 고객이 얼마나 오늘날까지 남아있는가?'라는 간단한 질문에 대한 답을 고객유지 평가지표로 나타낸 것이다. 이러한 기록들

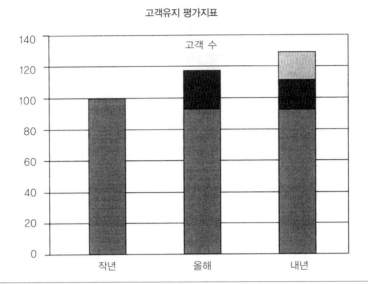

고객유지 평가지표

그림15.1 시간대별 고객유지지표

은 전체적인 고객유지 상황을 나타내며 매해 새로운 고객들과 그들을 계속 유지하는 과정 여부를 보여 준다. 도표는 올해(Year 1)의 고객유지율이 96%(작년 100명의 고객 중 96명이 남아 있음)이고, 내년(Year 2)에는 유지율이 96.67%(올해 120명 고객 중 116명이 남아 있음)로 증가했음을 보여 준다.

물론, 고객관리 의사결정은 이미 일어난 것을 보여 주는 자료보다 미래를 예측해 줄 정보에 기초하는 것이 더 좋다. 따라서 시계열로 시간 간격을 두고 측정된 고객유지 평가지표는 예상되는 미래고객유지에 대한 정보에 의해 보강되어야 한다. 그리고 이것은 '당신은 앞으로 1년 동안 ABC의 고객으로 남아 있을 것이라고 생각하십니까?'와 같은 기본적 질문을 고객에게 물어봄으로써 가장 잘 얻을 수 있다.

그런데 우선 명백하게 해당 기업에서 제공하는 상품과 서비스에 적합하도록 시간척도를 조정할 필요가 있다. 제공하는 상품과 서비스의 형태가 고객이 자주 변심할 수 있는 업종이라면 시간 간격을 짧게 잡아야 하고, 고객-공급자 관계가 매우 안정적인 특징을 가지는 업종이라면 시간 간격을 길게 잡아도 좋을 것이다. 때로는 시간을 특정할 필요가 없는 경우도 있는데, 예를 들어 음식점에 대한 충성도를 묻기 위한 의도의 질문으로 '당신은

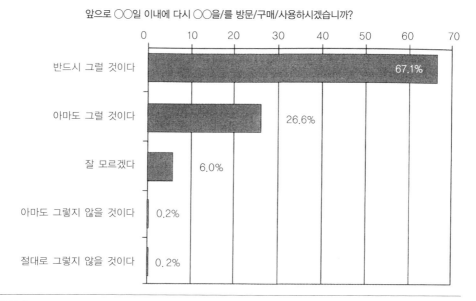

앞으로 ○○일 이내에 다시 ○○을/를 방문/구매/사용하시겠습니까?

그림15.2 예상되는 고객유지율

ABC 음식점을 재방문하시겠습니까?'라는 질문이면 충분하다.

위의 두 가지 질문은 개방형 질문으로 물어보고 '매우 그렇다'에서 '전혀 그렇지 않다'라는 5점 척도의 폐쇄형 답변으로 대답하게 하는 것이 가장 좋다. 그다음 빈도분포와 같은 결과를 분석하고 그림 15.2와 같이 단순한 막대그래프로 질문에 대한 응답을 나타낼 수 있다.

2. 지갑점유율

몰입도가 높은 고객들은 선호하는 공급자나 브랜드에 그들의 각 소비 분야별 지출의 많은 부분을 할당한다. **지갑점유율**(share of wallet)은 어느 제품 카테고리에 대한 고객의 총 지출 중 어느 특정 브랜드에 지출하는 비중을 말한다. 만일 고객이 여러분 기업에 더 몰입해 간다면 고객의 평균소비액이나 매장매출액이 올라가는 것을 예견할 수 있을 것이다. 즉, 고객몰입도는 고객유지와 마찬가지로 매장매출액으로부터도 추정할 수 있다.

그림 15.3은 평균 매장 규모 또는 고객의 평균소비를 나타낸다. 이것은 고객이 특정 제품/서비스 분야에서 소비욕구를 충족시키기 위해 많은 공급자를 이용하는, 경쟁이 치열한

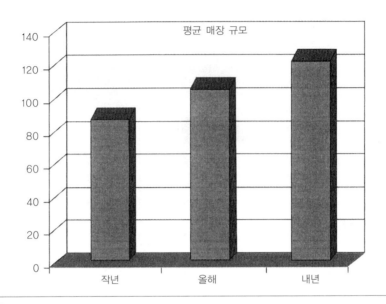

그림15.3   평균 매장 규모/고객 소비

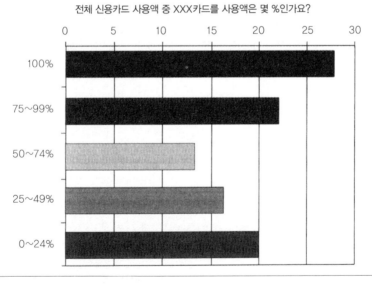

그림15.4   지갑점유율(정교한 질문)

환경에서 매우 유용할 수 있다. 특정 고객의 평균소비의 증가는 기업이 제공하는 제품/서비스가 매력적이며 따라서 충성도가 증가하였음을 나타낸다. 이 평가지표는 개별고객들

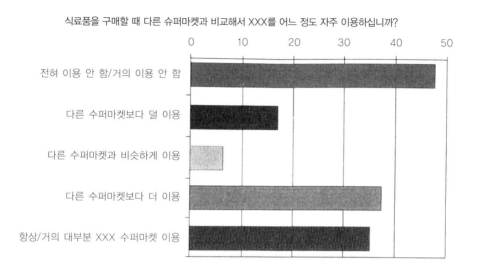

식료품을 구매할 때 다른 슈퍼마켓과 비교해서 XXX를 어느 정도 자주 이용하십니까?

그림15.5 지갑점유율(일반 질문)

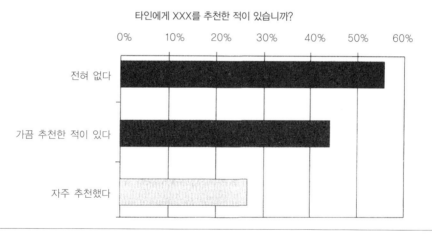

타인에게 XXX를 추천한 적이 있습니까?

그림15.6 추천행동

이 알려져 있지 않아 더 전통적인 고객유지 평가지표를 추적하기 불가능한 소매유통과 같은 분야에서 유용한 측정법이다.

그러나 특정 고객이 어떤 소비분야의 지출 중 극히 일부분만 여러분의 제품과 서비스에 지출한다고 하더라도 고객당 평균소비는 증가할 수 있고, 이 고객의 지갑점유율은 그들의 몰입정도를 나타내는 것이다. 어떤 시장에서는 고객에게 이것을 어떤 제품/서비스 시장에서는 '전체 신용카드 사용액 중 XXX카드 사용액은 몇 퍼센트인가요?'(그림 15.4)와 같이 자세히 물어보는 것이 가능하다.

고객들은 종종 정확한 기억을 하지 못하거나 경쟁 공급자들에게 그들이 소비한 비율을 알지 못한다. 그런 상황에서는 '식료품을 구매할 때 다른 슈퍼마켓과 비교해서 XXX를 어느 정도 자주 이용하십니까?'(그림 15.5)라는 좀 더 일반적인 질문을 해야 한다.

3. 추천

추천은 고객의 몰입정도를 판단하는 또 다른 훌륭한 평가지표이다. 추천에 대한 질문은 오랜 기간에 걸쳐 고객 조사 질문에 종종 포함되어져 왔다. 그러나 그 결과는 충성도/몰입도를 측정하는 보다 의미있는 부분으로 해석되기보다 단지 추천 여부만을 판단하는 것으로 해석되어 왔다. 추천에 대해 질문하는 방법은 여러 가지이다. 아마도 가장 보편적인 것은 특정 공급자를 추천하겠느냐는 추천의도를 질문하는 것이다. 하지만 이 질문은, 전에도 특정 공급자를 추천한 적이 없고 미래에도 추천하고자 하는 의도가 없으면서 쉽게 '그렇게 하겠다.'는 긍정적인 답변을 할 수 있기 때문에 바람직하지 않은 질문이라고 볼 수 있다. 더 바람직한 질문은 응답자들이 '미래에 특정 공급자를 추천할 가능성이 있습니까?'라고 물어보는 것이다. 그러나 가장 의미있는 질문은 '타인에게 XXX를 추천한 적이 있습니까?'(그림 15.6)라고 그들이 실제로 추천한 적이 있는지를 묻는 것이다.

4. 대안 접근성

지금까지 설명한 질문은 고객이 얼마나 특정 공급자나 상표에 몰입되어 있으며 얼마나 감정적으로 애착을 가지고 있는지에 관한 것이었다. 그러나 다른 좀 더 실제적인 요소들이 현실세계에서 고객의 실제 충성도에 더 강력한 영향을 줄 수 있을 것이다. 공급자에 대한 몰입 수준이 어느 정도이든 일부 시장에서는 소비자들은 다른 시장에서보다 공급자들을 더 쉽게 바꾸곤 한다. 극단적인 예로 독점시장이 있다. 고객들이 공급자에게 전혀 몰입하지 않은 상태라 하더라도, 독점체제가 유지되는 한 고객유지는 보장된다. 자유경쟁시장에서

조차 종종 고객의 마음을 바꿀 수 없는 장벽이 존재한다. 이것은 공급자를 바꾸는 데 금전 적 비용이 발생하거나 많은 노력과 번거로움이 수반되는 경우이다. 우리가 연구한 결과에 따르면, 이러한 상황에서 고객은 새로운 대안 공급자를 선택하기보다 종종 기존공급자의 낮은 성과 수준(예를 들어 높은 불만족 수준)을 감내하곤 한다. 반면 수퍼마켓, 대중음식점, 또는 주유소에서 제공하는 상품/서비스의 가치 패키지에 대한 고객들의 인식이 나빠진다 면 소비자들은 대안적 공급자에게로 쉽게 돌아선다. 이런 산업에서는 고객은 여러 가지로 형편없는 공급자의 성과를 결코 오래 참아주지 않는다. 대체상품/서비스에 대한 접근성을 파악하기 위한 질문이 그림 15.7에 제시되어 있고 질문에 따른 비교 결과도 나와 있다.

5. 대안의 매력도

고객들이 공급자를 바꾸는 것이 쉽든 어렵든, 고객들이 다른 대안 상품/서비스들을 얼마 나 매력적으로 생각하는지 이해하는 것은 중요하다. 이 주제에 대해 질문하기 전에 고객들 이 지각하는 대체 상품/서비스의 범위에 대해 생각해 보도록 고객들을 격려하는 것이 필 요하다. 따라서 다음과 같이 질문할 수 있다.

• 상품/서비스 구매를 위해 XX 방문 시 대안으로 고려하는 다른 장소는 어디입니까?

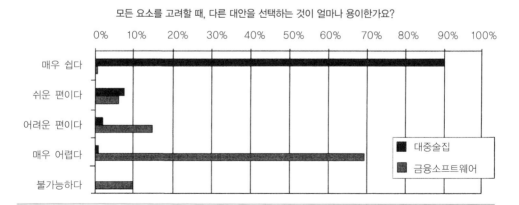

그림15.7 대안 접근성

여러분이 이용하시는 ○○은/는 다른 공급자와 비교해 어떻습니까?

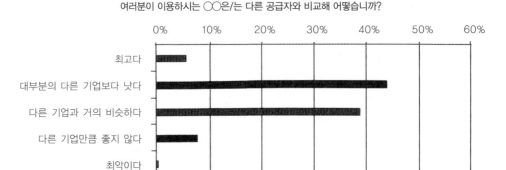

그림15.8 대안의 매력도

- 매주 식품점을 살 때, 방문을 고려하는 다른 식품점들은 어디입니까?
- 상품이나 서비스를 구매할 때, 다른 어떤 판매자들을 고려하십니까?

응답자가 모든 공급자를 가능한 대안으로 고려한다면, 여러분의 기업을 다른 대안들과 비교하는 질문을 하는 것이 단순한 접근방법이다. 매우 몰입도가 높은 고객들은 여러분이 '최고'라고 답할 것이다. 그림 15.8은 이러한 결과를 보여 준다.

고객들은 종종 다른 공급자들을 거의 알지 못한다. 독점적 환경에서는 대안 공급자들이

만일 처음부터 공급자를 새로이 선택해야 한다면 XX를 선택하시겠습니까?

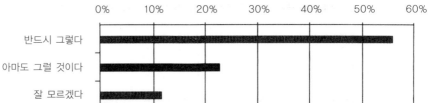

그림15.9 현재 공급자에 대한 몰입

없을 뿐더러 자유시장경제 환경에서조차 고객에게 맞는 대안 공급자가 없다고 느낄 수도 있다(예를 들어, 지방정부에서 운영하는 시내 주거단지 거주자 등). 그런 경우에 대안 공급자들과 비교하는 데 초점을 맞추는 질문은 그 의미를 상실한다. 따라서 더 좋은 몰입도 측정방법은 고객들이 처음 의사결정을 할 때로 돌아간다면 현재의 공급자를 다시 선택할 것인지를 묻는 것이다. 가능한 질문들은 다음과 같다.

- 만일 처음부터 공급자를 새로이 선택해야 한다면 XXX를 선택하시겠습니까?
- 만일 당신이 처음 공급자를 선택했거나/상품을 구매했거나/계약서에 사인을 했던 시간으로 되돌아갈 수 있다면, 당신은 XXX를 다시 선택할 것인가요?

결과는 그림 15.9에 제시되어 있다.

6. 충성도 프로파일

이미 살펴본 바와 같이 충성도는 단순히 한 가지 질문만으로는 충분하게 측정될 수 없는

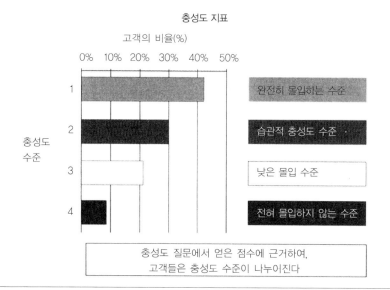

그림 15.10　충성도 프로파일

표 15.1 충성도 질문에 대한 점수 할당

충성도		
응답범주		점수
확실히 선택	최고임	5
아마도 선택	다른 것보다 더 나음	4
확신할 수 없음	비슷비슷함	3
아마도 선택하지 않음	다른 것보다 별로임	2
절대로 선택하지 않음	최악임	1

표 15.2 몰입수준 설정

충성도 프로파일	
몰입수준	점수
완전히 몰입하는 수준	10
습관적 몰입 수준	8
낮은 몰입 수준	6
전혀 몰입하지 않는 수준	5 이하

복잡한 주제이다. 이 장에서 서술된 바에 따르면 충성도의 다양한 측면을 알아내기 위해 몇 개의 질문(최소한 두 가지 이상, 서너 가지 적당함)을 선정할 필요가 있다. 그 질문에 대한 답을 합친다면 여러분 기업에 대해 고객들이 느끼는 몰입의 정도를 알아내고 이를 **충성도 프로파일**(그림 15.10)의 형태로 나타낼 수 있다.

충성도 프로파일을 만들기 위해 충성도 질문들에 대해 점수를 할당하고 각 몰입도 수준에 필요한 점수를 만들 필요가 있다. 충성도 프로파일에서 높은 몰입 수준을 달성하는 것이 상당히 어렵도록 만들어야 한다. 예를 들어, 어떤 회사가 단지 두 가지 충성도 수준을 묻는 질문—기대하는 고객유지 관련 질문과 공급자들의 매력을 묻는 질문—을 했다고 가정하자. 이 질문들에 대한 충성도 프로파일은 표 15.1과 표 15.2에 제시되어 있다.

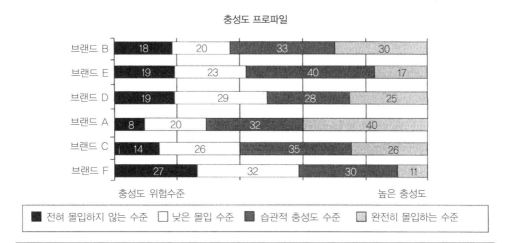

그림15.11 충성도 프로파일 비교

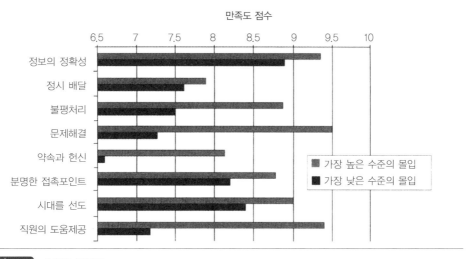

그림15.12 충성도 세분화

만일 여러분 기업에 몇 개의 회사가 있거나, 회사에 몇 개의 브랜드가 있다면 그들의 각
각의 충성도 프로파일을 비교하는 것도 흥미로운 일이다. 이러한 비교는 그림 15.11에 보
인 형태의 차트를 활용하는 것이 좋을 것이다.

7. 충성도 세분화

충성도 프로파일을 설정했다면 서로 다른 몰입수준에 따른 고객의 태도를 비교할 수 있다. 가장 몰입도가 높은 고객은 무엇에 가장 만족하고 있으며 가장 몰입도가 낮은 고객은 왜 덜 만족하는가를 비교하는 것은 매우 유용하다. 최고와 최저 수준 몰입고객의 만족도 점수를 비교함으로써 그림 15.12와 같은 샘플 결과가 얻어진다.

이러한 정보는 가장 충성도가 높은 고객을 지키고 가장 불만족스러운 고객들로부터 비롯되는 고객감소를 방어하는 데 사용할 수 있다. 그림 15.12에는 가장 몰입도가 높은 고객들이 가장 불만족하는 부분인 '정시배달'에 대한 회사의 서비스를 개선함으로써 가장 몰입도가 높은 고객의 충성도를 높이는 것을 보여 준다. 고객감소의 원인을 이해하기 위해 당신은 스스로에게 다음과 같은 질문을 해야 한다. '다른 요인들과 비교하여 어떤 요인들이 우리의 고객 중 일부를 굉장히 불만족스럽게 하는 것인가?' 해답을 찾으려면 당신은 가장 몰입도가 높은 고객들과 가장 비몰입적인 고객들 간의 만족도 점수 차이가 가장 큰 요인을 밝혀내야 한다. 몰입도가 높은 고객들은 '문제 해결'에 매우 만족하지만 비몰입적인 고객들은 훨씬 덜 만족하는 것을 그림 15.12는 명확하게 보여 주고 있다. '직원의 도움제공' 항목에 대해서도 차이가 비슷하게 큰 것을 발견할 수 있고 '약속과 헌신' 항목에서도 차이가 비교적 큰 것을 알 수 있다. 이들 영역에서 어떤 고객들은 훨씬 낮은 수준의 서비스를 받고 있거나 그렇다고 인식하고 있다. 이러한 점을 고려하여 고객감소를 대응한다면 효율적일 것이다.

만일 시장현황조사를 수행한다면 충성도 수준에 따라 경쟁자의 고객들도 세분화할 수 있다. 이 결과를 활용해 공략할 만한 고객집단을 구별해 그들을 공격하기 위한 목표를 설정할 수 있고 또 자사고객 중 취약집단을 구별해 그들을 방어하기 위한 전략을 도입할 수 있다. 이러한 접근방법은 각각의 하위집단을 분석하기 위해 표본이 충분히 많아야 하기 때문에 해당 고객이 상당히 많은 시장에 가장 적합하다.

이 절의 앞부분에서 논의되었던 원리들을 시장현황조사로 확장하면 당신과 당신 경쟁자들의 고객에 대한 충성도 수준별 고객세분화를 밝혀내는 것을 가능하게 할 것이다.

결과들을 내부적으로 전파할 때 표 15.3처럼 몰입 수준에 따라 서술적인 명칭을 부여하

표15.3 시장현황조사에서 충성도 수준별 고객세분화

	우리 고객	경쟁사 고객
충실 고객	충성도가 높고, 우리 기업의 성과를 높이 평가하고 경쟁사에 관심이 없는 고객	충성도가 높고 경쟁사를 높이 평가하며 우리 기업에 관심이 없는 고객
공략 가능 고객	겉으로는 충성고객이지만 다만 습관적인 고객이거나 경쟁사에도 관심을 가지고 있는 고객	경쟁사 제품을 반복 구매하지만 충성도가 높지 않고 우리 기업에도 관심이 있는 고객
변심 가능 고객	충성도가 높지 않고, 상대 기업에 적극적인 관심이 있는 고객	경쟁사에 대한 충성도는 거의 없고 우리 기업의 서비스 개선을 받아들일 용의가 있는 고객
이탈 고객	상대 기업에 강한 선호를 보이는 고객	경쟁사 보다 우리의 서비스가 우수하다고 평가하고 있는 경쟁사의 고객

는 것도 필요하다.

고객충성도를 구축하기 위해 고객만족 측정 자료를 이용하는 기본적 원리는 다음 장에 더 자세히 소개된다. 간단히 요약하면 그 내용에는 '고객이 가장 우선시하는 것에 최선을 다하라.'는 것이다. 특히 당신 회사의 성과가 낮게 평가되는 부분에서 고객이 최우선시하는 것에 집중하는 것을 의미한다. 충성도별 고객 세분화를 사용하는 것은 기본원리를 변화시키지 않지만 당신이 더 효과적으로 수행하고 정확히 공략하도록 도와준다. 충성도가 별로 없는 당신의 고객들은 당신의 기관이 제공하는 이익에 대한 불분명하고 잘못된 인식을 가지고 있기 때문에 '변심'하려는 고객이 될 수 있다. 마찬가지로 '충실 고객'들은 당신에게 가장 큰 이익을 주는 고객집단이므로 그들과의 관계를 더 강화하기 위한 고객유지 전략을 절대로 소홀히 해서는 안 된다.

그러한 전략의 성공은 당신의 시스템의 고객관계 관리가 얼마나 정교한지에 달려 있다. 만일 당신이 광고와 같은 대중마케팅 기술에 의지해야 한다면 당신은 충성도별 고객세분화로부터는 이익을 얻을 수 없을 것이다. 이상적으로 여러 가지 방법으로 서로 다른 고객집단을 목표로 하고 그들과 의사소통을 가능하게 하는 잘 개발된 고객 데이터베이스를 필요로 할 것이다.

시장순위(현황)조사로부터 얻는 데이터에 기초한 충성도별 고객 세분화는 시장 점유율

표15.4 충성도 수준별 고객 세분화에 근거한 전략

	우리 고객	경쟁사 고객
충실 고객	충성도에 대한 보상, 남들에게 추천해 줄 것을 권장하고 서비스 회복 요소에 항상 집중함.	공략 대상으로 삼지 않음
공략 가능 고객	개선우선순위(PFIs)에 집중하고 충성도를 높이기 위한 의사소통 캠페인과 충성도 전략을 수립.	경쟁사가 당신 기업이 훌륭하게 수행하는 서비스 분야에 고객의 욕구를 충족시키는 데 실패하고 있다면 공략할 가치가 있음.
변심 가능 고객	이 집단을 고객으로 유지시키기 위해 비용과 이익의 객관적인 평가를 수행. 인지 차이를 줄이는 데 집중함.	급소를 노려라. 특히 그들이 중요시 여기는 부문이 당신 회사의 장점일 경우 그러함.
이탈 고객	손실을 줄여라. 우리 고객이 떠나는 것을 최소화하라.	습관적 변심자는 피하고, 나머지는 쉽게 공략 가능함.

의 변동을 예측하는 데 매우 유용할 것이다. 충성도별 고객 세분화는 어느 부분에서 기존의 고객을 잃을 위험이 가장 높은가를 밝혀내고 수치화하는 것은 물론 예상 가능한 이익을 예측하고 목표로 삼는 것을 도와줄 수 있을 것이다(표 15.4). 외부로부터 얻은 데이터베이스를 통해 세분화하고 공략할 수 있는 능력은 소비자시장에서 언제나 개선되고 있지만, 잘 개발된 기업 내부의 데이터베이스는 역시 큰 도움이 된다.

충성도 세분화는 자원할당에 기초한 경영 결정을 통해 매우 탄탄한 기초를 제공할 수 있다. 대부분 기관들은 한 번에 모든 것에 집중할 수 있는 자원들을 가지고 있지 않다. 그들은 대개 우선순위 선택을 해야 한다. 예를 들어 고객들의 최우선 순위가 낮은 가격이라면 '떠나갈 수 있는 고객들'을 유지하는 데 큰 노력을 할 필요가 없다. 차라리 더 우수한 서비스를 요구하지만 경쟁사 서비스에는 만족하지 못하는 경쟁사 고객을 공략하는 노력을 하는 것이 더 낫다. 충성도 수준별 고객 세분화를 통해서 얻은 통찰력으로 경쟁사의 '변심하려는 고객'과 '떠나가는 이탈 고객'을 데려오는 데 어떠한 시도도 그 효율성을 상당히 개선시킬 수 있을 것이다. 왜냐하면 당신은 현재 경쟁 공급자들이 그러한 고객에게 큰 불만족을 주고 있는가를 정확히 알고 있기 때문이다. 이러한 모든 것을 함께 고려하면 당신 기업은 당신의 경쟁자들과 비교해서 고객만족 측정과 충성도 수준별 고객 세분화에 있어서 더

우위에 서는 것이다.

8. 결론

○ 충성도는 단순한 개념이 아니라 기업에 대한 다양한 고객 몰입수준을 포함하는 복잡한 개념이다.

○ 따라서 고객충성도를 이해하기 위해서는 고객 몰입의 전 범위를 포괄하는 많은 질문을 하는 것이 필요하다.

○ 충성도를 묻는 질문에 대한 대답은, 미래에 관찰될 수 있고 기업 간, 상표 간, 매장 간에 비교를 할 수 있는 충성도 프로파일과 함께 분석되어야 한다.

○ 서로 다른 충성도 수준별 세분집단의 만족도 점수를 비교하여 당신의 고객들을 유지하고(이탈을 막고), 시장현황조사를 거쳐, 경쟁사 고객의 '공략 가능 고객'들을 공격하는 데 사용될 수 있는 적절한 전략들을 개발할 수 있다.

16
모델 설정과 미래 예측

목표
- 고객만족 체인 내에서 어떻게 변수 간의 관계를 측정하고 분석하고 모델을 만들어 가는가를 이해한다.
- 고객만족 향상을 통해 기업의 수익 증가 잠재력을 측정할 수 있다.

1. 서론

미래 예측을 위해 사용되는 방법은 트렌드 외삽법과 시나리오 모델링 두 가지뿐이다. 트렌드 외삽법은 과거의 데이터를 기반으로 추세선을 계산하고 그 추세선대로 미래를 전망하는 기법이다. 예를 들어 과거 성인의 키에 대한 데이터를 모아서 오랜 세월 신장이 평균적으로 어떤 비율로 커져 왔는지를 추정한 다음 미래의 신장이 어느 정도가 될지를 전망하는 방식이다.

이는 아주 원시적인 예측 방식이다. 이런 예측보다는 모델을 설정하는 것이 훨씬 낫다. 모델은 여러 변수 간의 관계를 포함하는 데 한 가지 또는 그 이상의 변수의 변화가 다른 관련요소의 변화에 영향을 미친다는 것, 나아가 비슷한 상황에서는 이런 일이 반복되리라는 것을 가정한다. 예를 들어 발아실험에서 여러 씨앗 세트를 다른 상황에 놓아 둔다. 즉, 하나는 새로운 배양토에 심고, 다른 하나는 좀 더 많은 햇볕을 쬐게 하고, 다른 하나는 매일 화학비료를 주는 것 등이다. 한 세트는 아무 처치도 하지 않고 예전에 하던 방식대로 키워야 한다. 그러면 아무 처치도 안 한 씨앗과 비교해 새로운 처치가 씨앗발아에 가져오는 효과를 측정할 수 있다. 이와 같은 방식으로 새로운 농업방식이 가져오는 수확의 증가량을 측정할 수 있고 가장 성공적이고 효율적인 방식을 찾아낼 수 있다. 이 논리를 좀 더 확장해 씨앗을 심고 그것을 그냥 놔두면 어떤 일이 발생할 것인가를 생각해 보자. 아마도 그것은 시들어 버리거나 죽어 버릴 것이다. 기업의 매출도 마찬가지이다.

연구의 세계에서라면 고객을 다음과 같이 3개의 동질적 집단으로 나눌 수 있었을 것이다. 고객집단 A를 위해서는 고객만족 수준을 높이려고 열심히 일하고 자원을 많이 투자하고, 집단 C에 대해서는 고객만족 수준을 낮출 무언가를 한다. 통제집단인 집단 B에게는 아무 처치도 하지 않는다. 5년 동안 이 실험을 한다면 상당히 신뢰할 만한 통계적 결과를 얻을 수 있을 것이다. 이런 실험은 시간에 따라 변하는 새로운 경쟁관계나 전국적인 마케팅 캠페인, 경제상황, 유행, 기후 등과 같이 고객 충성도에 영향을 주는 요소들이 어느 한 집단보다 다른 집단에 더 영향을 미친다는 것을 보여 준다. 따라서 5년 후 어느 고객집단에서의 변화는 해당 기간 동안 세 집단 내의 서로 다른 고객만족 수준에 기인한 것이라고 해석할 수 있다.

회사 경영자에게 이런 실험이 가능할지 물어보라. 그러면 당신은 아마도 당장 새로운 직장을 찾아보아야 할 것이다. 상식적으로 고객을 나쁘게 대우한다면 그들은 어딘가 다른 곳으로 가버릴 것이므로 C집단에게처럼 만족을 떨어뜨리게 만드는 짓은 지지를 받지 못할 것이다. 대부분의 경영자들은 고객을 무시하면 고객과의 친밀감을 형성할 수 없다고 믿고 있다. 최근의 한 연구에 따르면 고객의 2/3는 단지 기업 내 아무하고도 알고 지내지 않는다는 이유로 거래처를 바꿔버린다고 한다. 실제로 많은 기업이 이런 방식으로 기업을 운영한다. 고객집단 A가 가장 충성스럽고 가장 많은 수익을 가져온다면 왜 모든 고객을 집단 A를 대하듯이 하지 않는가? 이 책에서 계속 지적했듯이 그것이 그리 쉬운 일이 아니기 때문이다. 가장 먼저 할 일은 고객이 무엇을 원하는지를 알아내고 기업이 그것을 위해 집중하고 있고 업무를 체계화하고 있다는 것을 보여 주기 위해 진지하게 노력하는 것이다. 그런데 실제로 많은 기업이 고객이 원하는 것을 알려고조차 하지 않는다. 이 장의 나머지 부분은 고객만족에 대한 투자수익의 증거를 밝혀내는 기법들을 설명하는 데 할애한다.

2. 통계적 모델 만들기

위에서 설명한 실험을 수행하는 것은 보이는 것처럼 불가능한 것은 아니다. 대부분의 소비자시장과 기업시장은 지역분배거점 네트워크를 통해 고객에게 봉사하고 그들 중 일부는 다른 지점에 비해 더 높은 고객만족수준을 달성한다. 산업시장에서도 어떤 매장은 다른 매장과 다른 방식으로 운영된다. 만족수준에 따라 매장이나 고객집단을 묶어 보면 그 차이를 가져오는 요소를 발견할 수 있고 투자에 대한 잠재수익도 계산할 수 있을 것이다.

매출량이나 시장점유율, 매출액, 수익, 직원유지율 등 일상적인 경영 성과지표는 이미 모아져 있을 것이다. 또한 지점 수준에서 고객이나 직원만족도 조사도 시행했다면 이 모든 결과들은 상관관계분석을 통해 분석될 수 있다.

상관관계 분석기법은 2개 이상 변수들 간의 상호 관련 정도를 파악하기 위해 사용된다. 이는 통계적 모델이나 'what if' 시나리오를 만들 때 기본이 되며, 단순히 시간의 흐름이나 계절성에 기반한 추세분석의 차원을 넘어서 미래 트렌드를 예측하기 위한 첫 번째 단계이다. 이 분석의 목표는 과거 데이터(식기세척기 사용빈도나 주가지수 같은)에 기반해 장기적 방향을 추정하는 것이고 또 그 트렌드가 왜 서로 다른지를 설명할 경제사이클 중의 영향요소들, 가령 인플레이션, 이자율, 실업률 등을 찾아내는 것이다. 설명변수들을 찾아낼 수 있고 그 변화방향을 예측할 수 있으면 유용한 예측모델을 만들어낸 것이다.

본서의 저자 중 한 명인 짐 알렉산더는 자동차 시장에서의 시장기획과 예측을 위해 일하는 동안 영국에서의 자동차와 밴, 트럭시장을 위한 모델을 하나 개발해 냈는데, 이는 나중에 매우 정확한 것으로 증명되었다. 과거의 매출액 자료와 일련의 경제지표들(GDP, 소비지출, 주택가격, 이자율 등)을 이용해 그는 자동차 시장이 어떻게 다른 변수들의 변화에 반응하는지를 발견해 냈다. 초기의 다른 연구에서는 광고에 대한 투자수익률 계산을 위해 날씨가 사이다의 일간 매출액에 미치는 영향을 분리해 낸 모델을 만든 적도 있다. 이제 어떻게 이 기법을 고객만족에 적용할 수 있는지를 설명하고자 한다.

3. 미래예측

예를 들어 설명하기 위해 고객만족과 매장의 수익성 조사결과를 단순하게 만들어 표 16.1

매장	수익률(%)	CSI	재선택 가능성 매우 높음(%)	재선택 가능성 높은 편임(%)
1	13	84	73	17
2	22	92	84	10
3	1	73	28	32
4	14	80	62	25
5	−2	70	18	32
6	15	86	80	15
7	−22	55	1	24
8	−6	65	10	30
9	5	75	38	33
10	11	83	68	20
11	−13	60	2	28
12	19	90	83	12
13	7	78	50	30
14	예측치	53	0	18
15		76	40	30
16		85	70	22
17		56	0	15
18		95	95	3
19		45	0	12

표16.1　미래예측을 위한 데이터 예

에 제시하였다.

　여기 19개 매장에 대한 고객만족조사결과와 13개 매장에 대한 수익률 자료가 있다. 13개 매장의 고객만족 수준과 충성도, 수익률과의 관계를 사용하면 6개 매장의 수익률에 대한 자료를 예측할 수 있다. 상관관계분석에 대한 설명은 다른 장에 이미 있으니 여기서는 생략한다. 변수들 간의 관계를 표현할 수식을 만들려면 자료를 곱하거나 제곱하거나 나누거나 평균하는 정도의 계산이면 충분하다. 이 예의 경우 수식은 다음과 같다.

　　수익 = −86.7971 + (1.108081*CSI) + (0.046173*V.Likely) + (0.216552*Q.Likely)

　위 공식을 사용해 19개 매장의 수익 추정치를 구하고 13개 매장의 실제 자료와 일치하는 정도를 체크해 보라. 만일 두 자료가 상당히 일치한다면 예측력이 매우 좋은 것이다. 그림 16.1은 19개 매장의 추정치(예측치)와 실제값을 보여 준다.

그림 16.1은 원칙을 보여 주기 위해 다소 이상적인 예를 그린 것이다. 실제로는 여러 다른 요소들이 수익률에 영향을 주고 그림을 다소 다르게 만들 수 있다. 다른 요소들이 반영되고 그 효과를 교정할 수 있다면 여러분의 실제 자료를 가지고 이런 계산을 해 봐도 좋다.

공식을 만드는 데 더 실제적인 자료를 넣을 수 있다면 더 좋다. 200개 자동차 딜러에 대한 조사는 딜러와의 커뮤니케이션에 만족한 고객들일수록 다른 사람들에게 차를 더 추천하고 충성고객으로 남아 있을 확률이 높다는 것을 보여 준다. 고객과 친밀한 관계를 맺은 딜러일수록 더 성공적인 성과를 내고 있다. 이 결과는 고객과의 개별적 관계를 더욱 강조하는 전국적 딜러십 마케팅 논의 자료에서 나온 것이다. 영국에서 행해진 이 선구적인 결과는 바로 세계 각지에서 받아들여지고 있다.

마찬가지로 직원만족도와 직원의 이직률, 고객만족도. 고객몰입도, 고객유지율과의 관계도 모델로 만들어질 수 있다.

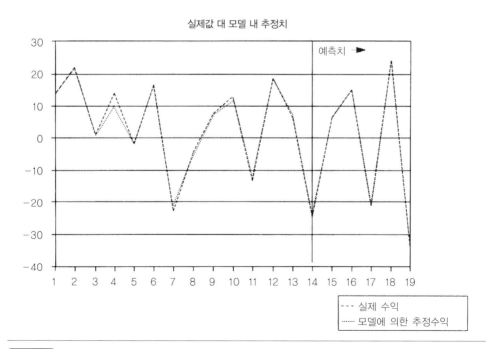

그림16.1 실제값 대 모델 내 추정치

표 16.2 고객에 대한 투자수익

연간 소비	총생애 소비 (10년간)	전반적 만족도	총연간 소비	10년간 총생애소비	해당 브랜드 소비율 (또는 충성도)	새로운 만족도 (1단계 향상)	새로운 소비율/충성도	새로운 연간 소비	새로운 총생애 소비	증가액	수익 증가율 (20%)	만족도 제고를 위한 총비용	투자 수익률
200000	2000000	8	230000	2300000	87.0%	9	92%	211600	2116000	116000	23200	7000	231%
100000	1000000	7	140000	1400000	71.4%	8	86%	120400	1204000	204000	40800	10000	308%
50000	500000	9	5500	550000	90.9%	10	96%	52800	528000	28000	5600	5000	12%
25000	250000	5	90000	900000	27.8%	6	48%	43200	432000	182000	36400	21000	73%
72000	720000	4	360000	3600000	20.0%	5	28%	100800	1008000	288000	57600	30000	92%
15000	150000	6	30000	300000	50.0%	7	72%	21600	216000	66000	13200	15000	-12%
15000	150000	2	300000	3000000	5.0%	3	7%	21000	210000	60000	12000	60000	-80%
60000	600000	4	300000	3000000	20.0%	5	28%	84000	840000	240000	48000	30000	60%
120000	1200000	8	140000	1400000	85.7%	9	92%	128800	1288000	88000	17600	7000	151%
90000	900000	6	190000	1900000	47.4%	7	72%	136800	1368000	468000	93600	15000	524%
10000	100000	6	22000	220000	45.5%	7	72%	15840	158400	58400	11680	15000	-22%

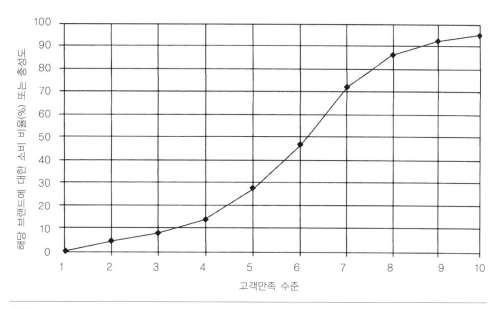

그림16.2 고객몰입곡선

고객만족에 대한 투자의 잠재적 수익을 완전하게 평가하기 위해서는 개별적인 고객만족수준에 대한 자료를 분석하는 것이 필요하다. 수익의 크기는 각 고객의 가치와 초기의 만족수준에 따라 다르기 때문이다. 고객수가 상대적으로 적은 산업재시장에서는 특히 이것이 중요한데, 표 16.2에 한 예를 제시하였다. 소비재시장에서는 소비자를 소비지출액 크기와 만족수준에 따라 집단으로 묶는 작업이 먼저 필요할 것이다.

특정 공급자에 대한 소비자의 실제지출은 첫째 칸에 나와 있다. 그가 10년 동안 고객이라고 가정하면 총 소비액은 두 번째 칸과 같다. 네 번째와 다섯 번째 칸은 유사한 제품에 대해 소비자가 지출하는 연간총액과 10년간의 총액이다. 그다음 칸은 이 공급자가 해당 제품에 대한 소비자의 지출 중 87%(2,000,000/2,300,000)를 점유하고 있음을 나타낸다. 이 자료가 없다면 충성도 자료를 사용해 소비율을 추정해도 된다. 이제 직원훈련과 새로운 커뮤니케이션 방법, 직원의 활동 등을 통해 고객만족 수준을 한 단계 올렸다고 가정하자. 그림 16.2에서 보듯이 고객의 몰입곡선은 상승하고 고객은 그 기업에 더 많은 소비를 하게 될 것이다. 이 고객몰입곡선을 실제 자료를 사용해 가능한 한 제대로 그려 놓으면 더 좋은 추정도구가 될 수 있다.

그다음에는 새로운 소비지출액을 계산하고 수익 증가와 연결시켜 보라. 예를 들어 고객만족 수준을 8에서 9로 한 단계 향상시키는 데 드는 투자비용은 수준을 5에서 6으로 향상시키는 데 드는 비용보다 대체로 적다. 만족도가 매우 낮은 고객의 만족수준을 높이는 것은 비용이 많이 들기 때문이다. 만족수준이 2인 소비자를 3으로 끌어올리는 비용은 새로운 고객을 유치하는 비용보다 더 든다. 그러나 10점 만점에 만족수준이 4 이하인 소비자를 많이 갖게 될 가능성은 높지 않다. 그렇게 만족하지 않는 고객은 이미 다른 공급자를 선택했을 것이기 때문이다.

그러므로 어떤 고객들을 유지할 것인가 말 것인가에 대해 개별적으로 결정을 내려야 한다. 필요한 투자의 수준을 결정하는 것은 기업의 특성과 무엇이 옳고 그른지에 따라 다르다. 개선우선순위가 주로 직원문제와 연결되어 있다면 직원채용과 훈련, 근무행동, 내외부 고객과의 커뮤니케이션, 그리고 보상시스템을 검토해야 한다. 반면 개선우선순위가 품질이나 기업역량, 가격경쟁력과 연관이 있다면 다른 해결책이 필요하다. 보기에서는 연간 매출액의 3%를 투자하는 것으로 가정했는데 이는 해마다 달라질 수 있다. 많은 회사가 확실하지도 않은 신규고객 획득을 위해 매출액의 10%만큼이나 많은 액수를 쓰고 있는 것을 감안하면 3%는 과도한 게 아니다. 현실에서 대량 마케팅은 가고 관계마케팅의 시대가 오고 있기 때문에 많은 경우 자금공급은 액수를 증가시키는 문제가 아니라 어디의 자금을 어디로 투자할 것인가를 배분하는 문제이다. 불과 3%를 투자하는 수준에서조차 투자수익은 중요하지만 진정 무엇을 성취할 수 있는가를 보기 위해 여러분 회사의 자료와 가정을 가지고 이 템플릿을 다시 채워 보길 바란다. 새로운 비즈니스는 모든 고객에게 영향을 미친다. 투자된 액수가 반드시 고객의 가치로 바로 연결될 필요는 없지만 투자수익의 확실성에는 효과가 있을 것이다.

현재의 고객을 좀 더 완벽하게 만족시킨다면 이익과 수익증가뿐만 아니라 좋은 구전(만족도 수준이 9 또는 10인 고객으로부터)과 나쁜 악성고객 감소라는 또 다른 혜택을 얻게 된다. 만족수준이 높아지면 고객유지율이 증가하고 수익을 증가시킬 고객의 집단규모가 증가한다는 것을 기억하라. 또한 직원들이 고객전문가가 돼 고객을 더 잘 이해하게 됨으로써 이직률이 낮아지고 성실해지고 생산성이 증가해 수익이 높아지는 효과도 있다.

1,500개 기업의 자료를 분석한 영국 무역산업국의 1999년 보고서에 따르면 상위 25%의

기업은 하위 25% 기업에 비해 수익률이 다섯 배나 높다. 상위기업의 배달정확성은 98%이고 하위기업의 배달정확성은 85%이다. 상위기업은 직원훈련에 하위기업보다 10배나 많은 돈을 쓰며 직원 결근률은 75%나 낮다. 이 결과는 산업별로 크게 다르지 않다. 이 결과는 고객만족수준이 높은 기업들은 산업특성과 관계없이 여러 요소들에서 두루 잘하고 있다는 우리의 고객만족 벤치마크 데이터베이스 분석 결과들과 일치한다. 영국 산업연맹은 모든 산업체가 최고수준의 기업만큼 경쟁력을 향상시키면 영국에서만도 3,000억 파운드의 수익을 창출해 낼 수 있다고 주장하고 있다.

4. 결론

◦ 고객만족 체인에서의 변수 간의 관계는 측정과 분석이 가능하고 모델로 발전시킬 수 있다.
◦ 여러 가지 방법으로 수익을 증가시킬 수 있는 잠재력은 명백하게 제시 가능하다.
◦ 고객만족과 직원만족 영역에서 가장 성공적인 기업들이 대체로 수익도 가장 좋다.

17
이익을 극대화하는 고객조사

- 고객조사를 얼마만에 한 번씩 할 것인지를 결정할 수 있는 능력을 기른다.
- 자기기입식 설문지를 이용한 판매시점에서의 모니터링의 역할을 이해한다.
- 경영정보를 제공하고 의사결정을 개선시키기 위해 고객만족측정과 기타 보완적인 테크닉을 조합하여 이용할 수 있는 능력을 기른다.

1. 고객조사의 횟수

많은 회사는 고객만족측정을 위한 조사를 1년마다 한 번씩 하는 것이 논리적이라고 생각한다. 그러나 사실 365일이 가장 적당한 간격이라고 믿을 만한 아무런 근거가 없다.

예산이 제한되어 있다면 조사횟수를 줄이고 신중하게 조사하는 것이 더 좋을 수도 있다. 가령, 설문에 답할 시간과 이유를 가진 고객을 대상으로 자기기입식 설문지를 이용하여 매년 조사를 하는 것보다는 대표성 있는 표본을 대상으로 쉬운 설문지를 사용하여 전화면접 또는 대인면접을 2년마다 한 번씩 하는 게 더 낫다. 신중하게 계획된 고객조사일수록 자주 하지 않아도 좋다는 것이 기본원칙이다. 그러나 그 외에도 조사횟수에 영향을 미치는 다른 요인들이 있다. 고객만족수준이 낮고 고객충성도가 높지 않은 시장에서는 조사횟수를 늘려야 한다. 반면 고객만족수준이 안정적인 시장에서는 조사를 자주 할 필요가 없다.

고객만족수준의 변동은 경쟁이 심하거나 구매 사이클이 짧을 때, 그리고 어떤 사회적 변화의 시기에 커진다. 또한 고객과 기업의 관계는 사옥이전이나 제품변화 같은 기업 내부

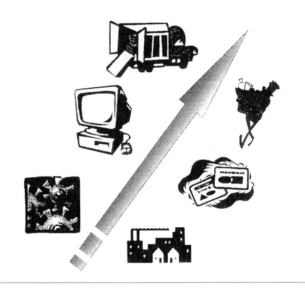

자주 해야 하는 경우

구매사이클이 짧을 때
신규기업인 경우
사내외의 변화가 심한 시기
경쟁이 심한 경우

자주하지 않아도 되는 경우

안정적인 성숙기의 시장
구매빈도가 낮은 경우

그림 17.1 고객조사의 횟수

의 변화, 기술과 법률의 변화, 경쟁사의 행동에 따라 달라진다. 위와 같은 변화가 발생하면 적어도 1년에 한 번 또는 더 자주 고객조사를 해야 한다. 페더럴 익스프레스사는 미약한 고객의견 변화들을 체크하기 위해 101점 척도를 이용하여 매일매일 전화로 고객조사를 실시했던 적도 있다.

변화가 별로 없는 시장에서는 고객도 잘 변하지 않고 조사도 자주 할 필요가 없다. 성숙한 산업사회나 장기적인 구매 사이클을 가지고 있는 제품시장, 경쟁이 심하지 않은 시장이 이에 해당한다. 따라서 회사마다 고객조사의 횟수가 다르다. 예를 들어, 지방 행정기관의 경우 경쟁이 심하거나 자주 계약만료가 다가오는 레저 서비스 부분에 대해서는 조사를 더 자주 하고, 도서관이나 주거문제에 대해서는 가끔씩 조사를 해도 된다. 주요설비 제조업체나 부동산 중개업체와 같이 고객과 자주 접촉하지는 않지만 고객의 몰입정도가 큰 회사의 경우에는 거래 직후에 바로 고객조사를 해야 한다. 이때는 고객만족의 요소가 복잡하기 때문에 간단한 자기기입식 설문조사보다는 좀 더 잘 계획된 조사가 필요하다. 많은 회사는 고객 모두를 전수조사하기도 한다. 이런 거래에서는 고객과의 관계가 피상적이지 않기 때문에 대개는 무기명 조사가 아닌 경우가 많다.

고객 담당자는 문제가 생기면 즉각 처리할 준비를 하고 있어야 한다. 조사결과는 보다 체계적인 분석을 위해 일정한 간격으로 정리되어야 한다. 그 간격은 거래횟수에 따라 다르다. 왜냐하면 분석을 위해서는 대개 50개 정도의 표본이 필요하기 때문이다.

2. 여러 가지 고객조사 방법의 이용

호텔처럼 고객과의 접촉이 잦은 회사들은 지속적으로 고객만족을 모니터하고 싶어 한다. 대개 이런 조사는 고객이 호텔에서 묵는 동안 방에 놓여진 자기기입식 설문지를 통해 이루어진다. 이런 유형의 조사는 다음과 같은 세 가지 문제점을 가지고 있다.

첫째, 설문지의 길이가 아주 짧아야 한다. 게다가 고객들은 아주 짧은 시간 내에 별 생각 없이 그 짧은 설문지에 답한다. 둘째, 더 심각한 문제로 고객들은 설문에 답하는 그 순간의 기분에 따라 응답을 하므로 진정한 고객우선순위를 알 수 없게 된다. 진정한 고객우선순위에 대한 정보가 없이는 '고객이 가장 중요시하는 영역에서 가장 잘 하고 있는가?'라는 중요한 질문에 답할 수가 없다. 셋째, 아마도 이것이 가장 심각한 문제점일 텐데 표집과정에 문제가 있다는 점이다. 그 호텔을 선택한 고객만이 응답자가 될 수 있기 때문에 사실상 표집과정이 없다고 할 수도 있다. 이런 형태의 고객조사를 실시해도 표본의 대표성을 얻을 수 있는 유일한 기관은 전수조사(센서스)를 확실하게 할 수 있는 기관, 예를 들어 훈련기관 같은 곳뿐일 것이다. 훈련기관에서는 각 교육과정이 끝날 때 평가서를 완성하기 위해 교육자들에게 필요한 질문을 할 수 있다.

자기기입식 설문지를 사용하는 대개의 기업은 설문에 응답할 이유를 가진 고객들로부터만 자료를 얻을 수 있다. 이런 설문지에 응답하는 고객은 대개 선물을 바라는 고객이거나 불평할 것이 있는 고객이다. 또한 불만족한 고객은 설문지를 끝까지 작성하는 비율도 낮다. 한 연구결과에 따르면 여러 번 불평하는 고객은 사소한 문제들에 대해서, 가끔은 중요한 문제에 대해서도 사실 노력을 별로 하지 않는다고 한다. 이런 설문지는 하나의 불평토로 채널, 그리고 심각한 문제의 조기경보로서 유용한 역할을 하지만 고객만족의 측정수단으로서는 한계가 있다.

개선우선순위를 알아내기 위한 신뢰할 만한 고객만족측정 자료를 제공하려면 주기적으로(호텔의 경우에는 매년 한 번씩) 포괄적인 고객조사를 해야 한다. 먼저 포커스그룹을 이용한 탐색조사를 통해 고객이 호텔을 선택하고 평가할 때 어떤 것을 중시하는지를 알아 낸다. 그 탐색조사는 고객들이 자신의 우선순위에 반하는 호텔의 성과를 객관적으로 잘 인식할 수 있도록 하는 고객 위주의 본조사용 설문지를 만드는 데 기초가 된다. 또한 경쟁사의 성과에 대한 고객의 인식도 알 수 있게 해 준다. 그리고 다른 여러 고객집단(가령, 회의에 참석하기 위한 기업고객과 일반 가족고객—단골고객, 가끔 오는 고객, 첫 번째 방문고객 등)을 대표하는 고객을 무작위로 표집하는 것도 가능하게 할 것이다.

자기 호텔의 상황에 자신만만하다 할지라도 고객에 대한 면접은 고객이 집이나 직장에 있을 때 전화로 하는 게 좋다. 호텔현장에서의 조사는 고객이 호텔에 있던 당시의 상황에 따라 크게 영향을 받기 때문이다. 그때의 응답은 거리상으로나 시간상으로 호텔과 좀 떨어져서 생각할 때의 응답과 많이 다를 수도 있다. 이런 조사에서 얻은 응답은 경쟁사와 비교하고자 할 때 더 신뢰할 만한 자료가 되며, 고객이 실제로 호텔을 선택할 때 마음속에 가지고 있는 생각을 더 정확하게 나타낸다. 요약하자면 전술상의 고객조사와 전략적인 고객조사를 구별할 수 있어야 한다는 것이다.

전술상의 고객조사는 지속적으로 고객서비스를 관리하는 고객서비스 담당 매니저에게 특히 유용하다. 이 조사는 구매시점에서 간단한 설문조사 형식으로 행해지고 결과는 주단위나 기껏해야 월단위로 모아진다. 암행쇼핑 같은 다른 방법과 병행하면 이러한 조사를 통해 서비스가 정해진 길을 제대로 가고 있는지 아닌지를 서비스 담당 매니저에게 알려 줄 수 있고 어떤 문제가 반복적으로 나타나고 있는지도 미리 감지할 수 있다. 전술적인 고객조사는 관련업무 담당자의 통제하에 있는 요인들을 기초로 수행되어야 한다. 그 통제 밖에 있는 질문들을 포함하는 것에 대해서는 어떠한 기준도 없다.

전략적인 고객조사는 고위직 경영자가 회사의 성과수준과 방향을 재고할 수 있도록, 그래서 고객에게 중요한 모든 것을 인식할 수 있도록 돕는 역할을 한다. 이를 때때로 기초조사라고 부르기도 하는데, 서비스 담당자에게 앞으로 주목해야 할 이슈와 고객 추적조사를 통하여 모니터해야 할 주제들을 정해 주는 데 이용된다.

3. 고객만족측정을 위한 기타 지표

고객만족을 생산하는 기업의 능력을 평가하는 사람은 궁극적으로는 고객이지만 기업의 성
과를 재는 다른 지표를 가지고 고객조사를 보완하는 것도 도움이 된다. 고객서비스에 관한
책과 논문들이 이미 많이 발간되어 왔는데, 그 안에는 회사에서 내부적으로 만들어진 여러
유형의 지표에 대한 아이디어가 가득하다. 여기에서는 사내 벤치마킹, 암행쇼핑, 고객불
평, 고객유지 자료의 네 가지를 설명해 보고자 한다.

사내 벤치마킹

벤치마킹은 여러 책과 논문에서 잘 설명된 광범위한 주제이다. 여기에서는 벤치마킹이 무
엇인지, 어떻게 그것을 수행하는지에 대해서는 말하지 않고 단순히 벤치마킹을 고객만족
측정에 어떤 보조수단으로 활용할 수 있는지를 설명하고자 한다.

   고객조사는 기업의 성과수준에 대한 고객의 인식을 측정한다. 그러나 고객의 인식은 실

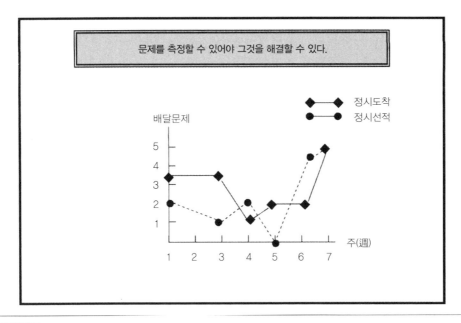

그림17.2   사내 벤치마킹

제 그 기업의 성과를 객관적으로 정확하게 반영하는 것은 아니다. 14장에서 설명했듯이 고객들은 최근에 개선된 부분을 잘 인식하지 못하며 그들의 태도도 아주 느리게 변화한다. 그러므로 고객으로부터 말도 안 되게 낮은 평가를 받았을 때, 특히 최근에 많이 개선된 분야에서 그렇게 평가받았을 때 해당 기업직원들이 속상해 하는 것도 무리가 아니다. 따라서 특정분야, 가령 배달분야에서 매우 낮은 평가를 받았다면 그 기업이 정말 배달지연 같은 문제를 많이 일으키고 있거나 아니면 고객들이 인식을 잘못하고 있거나 둘 중의 하나이다. 고객조사는 '배달에 문제가 있다.'라는 것만을 말해 줄 뿐 그것이 진짜 문제인지, 고객의 오해인지는 말해 주지 못한다.

그러므로 문제를 평가하기 전에 배달업무에 관한 정확한 자료를 얻을 필요가 있는데, 사내 벤치마킹이 이것을 가능하게 한다. 벤치마킹 지표들은 고객의 입장에서 고안되어야 한다. 그림 17.2에서는 배달부분에 대한 고객의 인식을 명확히 하기 위해 2개의 성과지표(정시도착 지표와 정시선적 지표)를 모니터하였다. 전형적인 배달부분의 지표, 정시선적 지표만을 보면 교통문제 때문에 늦게 물건을 받은 고객의 문제를 잘 알아 내지 못할 수 있다. 그림 17.2는 지난 3주차와 5주차에 공급자가 주문받은 물품을 제시간에 배달하는 데 실패한 것 때문에 문제가 발생했음을 보여 준다. 반면 1주와 2주, 4주차에는 정시 선적을 못한 것이 문제인데 이는 아마도 운송 하도급업자의 문제 때문일 가능성이 크다.

최근에 매우 비슷한 문제를 겪은 적이 있는 로열 메일사가 고객만족측정 세미나에서 이 문제를 언급하였다. 고객조사에서 하루만에 배달되는 특급우편에 대한 고객의 인식은 그 회사가 자체적으로 벤치마킹한 결과보다 더 좋지 않았다. 잠시 동안은 이 문제가 기업과 고객 간의 의사소통 차이로만 취급되었으나 고객의 인식이 개선되지 않자 회사는 이 문제를 다시 연구하기 시작하였다. 로열 메일사는 일군의 고객들에게 일일이 편지를 보내 그들이 편지를 부친 시각과 상대가 편지를 받은 시각을 체크하였다. 그 결과 하루 이내에 배달된 건수는 고객조사에서 나타난 것과 비슷한 전체의 65%에 불과하였다. 로열 메일사의 자체조사에서는 94%가 정시에 배달된 것으로 나타났는데! 문제를 정확히 알게 되면 그것을 풀기가 훨씬 쉽다.

로열 메일사와 같은 경험은 드문 예가 아니다. 많은 기업은 고객의 인식이 기업이 벤치마킹한 결과보다 나쁘다는 것을 발견하고 있다. 고객이 틀렸다고 단정하기 전에 암행쇼핑과 같은 다른 방법을 통해 문제를 풀어 가도록 해야 한다.

기업은 고객만족측정 결과를 벤치마킹 프로그램을 짜는 데도 이용해야 한다. 만약 '고객이 가장 중요시하는 영역에서 최선을 다함으로써' 성공했다면, 현재 벤치마킹되고 있는 영역이 과연 검토할 만한 적절한 영역인지를 고려하여야 한다. 실제로 '고객이 가장 중요시하는 것을 벤치마킹'해야 한다.

암행쇼핑

유통시장에서 가장 흔히 쓰이는 암행쇼핑은 연구자가 고객이 되어 물건을 구매하기 위한

표17.1 레스토랑 암행쇼핑을 위한 평가지

특 성	점 수	의 견 란
고객을 위한 외부 신호체계		
레스토랑의 외양		
주차시설		
안내 데스크		
환영정도		
대기시간		
주방의 청결도		
전채요리의 질		
주요리의 질		
디저트의 질		
우호적 서비스		
서비스 효율		
고객제안 촉진		
화장실의 청결도		
정확한 계산		
가격의 적정성		

탐색부터 실제 소비(가령, 레스토랑에서 식사를 한다든가 하는)에 이르기까지의 전 과정을 경험해 보는 것이다. 현장관찰 훈련을 받은 경험 있는 연구자라면 표 17.1의 평가서를 작성하기도 전에 이미 기업의 성과에 대해 머릿속에 그림을 그릴 수 있을 것이다.

유통시장같이 정신 없이 바쁜 환경에서는 내부적인 벤치마킹이 불가능하므로 암행쇼핑을 통해 고객조사의 결과를 이해하기 위한 자료를 얻을 수 있다. 벤치마킹과 달리 암행쇼핑을 이용하면 직원들의 친절함 같은 주관적인 척도에 관해서도 정기적인 측정을 할 수 있다. 암행쇼핑은 유통시장에서 주로 이용되지만 기업 간 거래시장에서도 활용될 수 있다. 이 테크닉은 좀더 정확하게 말하면 암행조사라고 할 수 있는데, 다른 기업의 행동을 평가하고 특히 경쟁사와 비교하는 데 유용하게 쓸 수 있다. 이때 고객의 질문에 대한 반응, 가격정책, 대고객 전화응대 방식, 고객의 문제해결 방식, 다른 고객배려 행동 같은 것들이 성과를 평가하는 기준영역이 될 수 있다.

암행조사는 반드시 외부기관에 위임해야 하는 것은 아니지만 신뢰할 만한 결과를 얻으려면 매우 신중하게 수행되어야 한다. 연구자는 잘 훈련된 사람이어야 하고 조사는 실제상황과 똑같은 방식으로 행해져야 한다. 가령, 주택융자를 상담할 때는 대개 부부가 같이 다니므로 암행조사를 할 때도 2명의 연구자가 필요하다. 그리고 결과를 설명하기 전에 먼저 암행조사 방법에 대해 설명해야 한다.

고객인식조사와 암행쇼핑의 두 방법을 잘 결합한 예가 로열 메일사 고객서비스센터의 경우이다. 이 센터의 임무는 고객의 질문에 답하고 고객의 불평을 해결해 주는 것이었다. 이 센터는 그들의 업무성과, 가령 접촉의 용이성, 반응의 신속성, 직원의 지식정도와 친절성 같은 것에 대한 고객의 인식을 측정하기 위해 서비스센터 이용고객의 일부와 매달 접촉하였다. 고객인식조사의 결과는 본부센터, 각 지부의 성과점수와 거의 비슷하였다. 다음에는 고객인식조사에 포함되었던 영역의 고객서비스 표준을 맞추기 위해 객관적이고 지속적인 피드백을 줄 수 있는 암행쇼핑 방법을 이용하여 앞의 결과를 재확인하였다.

고객불평

고객불평은 고객만족수준이 떨어지고 있다는 신호이다. 그러나 고객만족 정도를 알아 내기 위해 단지 고객불평에만 의존한다는 것은 어리석은 일이다. 왜냐하면 많은 연구에서 고객들이 가족이나 동료, 친구에게는 불만을 말하지만 회사에는 그 내용을 잘 말하지 않는다는 사실을 밝혀 냈기 때문이다. 이 사실은 고객이 쉽게 불평을 말할 수 있는 상황을 회사가 만들어야 한다는 것을 시사한다.

버진에어웨이 항공사는 고객으로부터의 피드백을 다양한 방법으로 조장하여 고객과의 의사소통을 극대화하는 정책을 마련하였다. 이 방법들로는 기내와 공항에 고객의 소리를 듣기 위한 양식을 비치하고, 방문객을 위한 책자를 제공하고 편지를 쓰는 것, 직원들에게 언어로 직접 상호작용하게 하는 것 등이 있다. 그 결과 그 회사는 고객으로부터 1993년에만 18,000건의 피드백을 받았다. 델 컴퓨터사처럼(9장 참조) 버진항공사도 고위 경영진들에게 고객과의 의사소통을 독려하였다. 리처드 브랜슨(Richard Branson) 자신을 포함한 고위직 직원들이 고객불평의 상당부분을 직접 취급하였다.

고객만족측정에 관한 한 긍정적인 것이든 부정적인 것이든 고객과의 의사소통을 극대화하는 것이 매우 필요하다. 왜냐하면 그 의사소통이 고객조사나 탐색적 연구에 포함되어야 할 중요한 영역을 시사해 주기 때문이다. 그러므로 고객만족측정팀이 그 의사소통 과정에 익숙해지는 것을 돕기 위해 고객불평의 내용을 기록하거나 나아가 분석하는 것도 좋은 방법이다.

고객유지지표

시장이 경쟁적이거나 제품구매 사이클이 길지 않은 경우에 고객유지지표는 고객만족에 대한 회사의 지속적인 능력을 측정하는 분명하고 신뢰할 만한 지표가 된다. 특별히 잘 들어맞는 2개의 지표는 고객충성도, 고객소비 지출액과 각각 관련된 것이다.

첫 번째 것은 랭크 제록스(Rank Xerox)사에 의해 개발된 직접적인 고객유지지표로 '1년 전 고객 중 아직도 우리 고객인 사람의 비율'이다. 이 기록은 전체적인 고객유지지표의 수준을 나타내 줄 뿐만 아니라 새로운 고객이 늘어나 그림 17.3과 같이 그 유지지표가 매해 어떻게 달라지는지도 보여 준다. 첫해의 고객유지율은 96%이다. 이는 이전 해 고객 100명 중에 96명이 그 해에도 여전히 고객으로 남아 있음을 의미한다. 다음 해의 고객유지율은 96.67%로 증가했다(120명 중 116명이 잔류).

두 번째 지표는 고객들이 일정기간 동안 일정제품을 소비한 평균액수이다. 이는 경쟁적

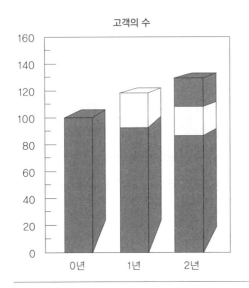

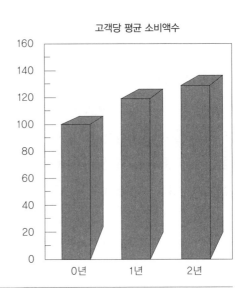

그림17.3 고객유지지표

인 시장에서 특히 유효한 지표이다. 어떤 제품에 대한 고객들의 평균 소비액수가 커진다는 것은 점점 더 많은 고객들이 그 제품에 끌리고 있음을 의미하고 결국에는 고객충성도가 증가할 것임을 나타낸다. 또한, 이 지표는 첫 번째의 지표로는 측정할 수 없는 시장, 즉 개별 고객에 대한 정보가 없는 시장에서도 유용하다.

고객유지지표는 기업이 시장에서 어떤 성과를 거두고 있는지를 보여 주기 때문에 매우 중요하다. 고객조사에서 얻은 고객만족 점수는 일정하거나 증가하는데 고객유지지표는 감소하고 있다면, 이는 그 기업이 경쟁력에서 문제점을 가지고 있음을 나타낸다. 가령, 그 기업의 서비스가 나빠지지는 않았지만 경쟁사의 서비스가 훨씬 빠른 속도로 좋아지고 있어서 해당 기업의 시장점유율이 낮아지고 있음을 나타내는 것이다. 반면에 매일매일 특별히 잘못하고 있는 것은 없지만 시장 자체가 축소되고 있는 경우, 경쟁사의 존재와 상관 없이 고객을 잃게 될 수도 있다.

분명히 고객만족 척도만으로는 기업의 전략적인 문제를 완전히 해결할 수 없다. 따라서 기업의 성과를 측정하기 위한 다른 보완적인 지표들이 필요하다. 그러나 고객유지 자료가 고객만족 척도를 대체할 수 있다고는 생각하지 말아야 한다. 그 지표들은 기업이 고객충성도를 얼마나 성공적으로 유지하고 있는지를 보여 주기는 하지만, 왜 고객이 늘어나거나 줄

어드는지를 설명해 주지는 못하기 때문이다.

4. 결론

○ 피상적인 조사를 자주 하는 것보다 심층적인 조사를 가끔 하는 것이 더 낫다.

○ 고객조사의 적절한 횟수는 기업의 특성에 따라 다르다. 변화의 시기에 직면했거나 경쟁이 심한 시장의 기업, 구매빈도가 잦은 제품을 취급하는 기업은 안정적인 시장에 있는 기업보다 고객조사를 더 자주 해야 한다.

○ 고객과 자주 접촉하는 기업은 판매시점에서 간단한 자기기입식 설문지를 이용하여 고객만족을 지속적으로 평가하는 것이 타당하다. 그러나 이런 전술적 고객조사는 대표적인 표본을 대상으로 하는 전략적 고객조사의 정기적인 실시를 통해 점검을 받아야 한다.

○ 내부적 벤치마킹은 조사결과의 해석을 도와줄 때, 특히 기업에 대한 낮은 평가가 실제 어떤 문제 때문인지 또는 고객의 잘못된 인식 때문인지를 알아내고자 할 때 도움이 될 수 있다. 그러나 이때 내부적 벤치마킹의 결과를 타당화하는 데 필요한 모든 단계가 제대로 행해져야만 한다.

○ 암행쇼핑도 위와 같은 목적을 위해 사용될 수 있는데, 특히 아주 바쁜 유통업체에서 유용하다. 이외에 암행 고객조사도 유용하다.

○ 고객의 불평은 고객의견의 지속적인 지표이자 탐색연구의 주제로서 유용하므로 잘 기록해 놓아야 한다.

○ 고객유지지표는 고객조사 점수가 시장에서 받아들여질 만한 성과수준을 나타내는지를 체크하는 결정적인 지표가 된다. 그러나 이 자료는 어떤 기업이 왜 고객을 유지하거나 잃게 되는지를 설명해 주지 못하기 때문에 고객만족의 측정도구로는 그리 유용하지 않다.

5. 고객만족측정의 이익

이제까지 고객만족측정의 이익을 설명해 왔다. 다시 한 번 중요한 점을 정리해 보자.

1. 고객이 가장 중요시하는 영역에서 최선을 다하는 것은 상품시장에서는 비교우위를

얻고 공공 서비스 시장에서는 해당 기관이 성공할 수 있는 가장 확실한 길이다. 이 책에서 설명한 고객만족측정은 이런 측면에서 기업의 성과를 측정하는 유일한 방법이다. 기업의 성과를 측정할 수 없다면 그것을 관리하는 것도 불가능하다.

2. 신규고객을 유치하는 데 힘을 쏟기보다 기존고객을 유지하는 데 투자하는 것이 기업의 이익을 증가시킨다. 고객유지지표가 높을수록 이익이 증가할 확률이 높아진다. 이는 고객만족 정도에 따른 차등급여 체제를 도입했던 랭크 제록스사가 오래 전부터 인식해 온 사실이다. 기업은 고객조사 결과와 고객유지지표에 기초하여 고객만족지수를 계산한다. 경영자의 급여는 고객만족지수를 높이는 데 성공했는가 아닌가에 따라 50%까지 증가하거나 감소될 수도 있다.

3. 고객조사는 모든 직원이 고객만족의 이익에 초점을 두도록 만드는 강력한 도구이다. 잘만 되면 모든 직원들이 고객만족을 위해 일하고 그렇게 일하는 것에서 다시 스스로 자긍심을 찾게 되는 바람직한 순환상태를 만들 수 있다. 그러나 고객조사가 이런 측면에서 효과를 발휘하려면 직원들이 고객조사 결과를 신뢰할 수 있도록 해야 한다. 이를 위해 필요한 것은 직원들에게 계속 적절한 정보제공, 전문적인 조사방법 사용, 그리고 대표성 있는 표본사용이다.

4. 이 책에서 설명한 고객만족측정은 기업이 개선우선순위를 정확하게 파악하고 고객만족을 가장 크게 높일 수 있는 영역에 자원을 집중적으로 투자하도록 도와준다.

5. 고객욕구와 고객우선순위를 철저히 이해하면 경영에 관한 대부분의 의사결정에 도움이 된다. 고객욕구를 더 많이 충족시킨 기업은 다른 회사보다 더 높은 가격(미국 PIMS 데이터베이스에 따르면 평균 9% 정도 높은 가격)을 매길 수 있을 것이다. 왜냐하면 대개의 고객은 그들의 욕구에 잘 맞는 제품이나 서비스에 대해 기꺼이 더 많이 지불하려 하기 때문이다.

6. 고객만족은 최종 목표를 위한 한 수단이지 최종 목표 자체가 아니다. 진짜 최종 목표는 고객유지이다. 고객유지 영역에서 성공하고 있는지, 향상되고 있는지를 측정할 때는 충성도보다 고객의 헌신 정도를 측정하는 게 더 낫다.

7. 앞서가는 회사들은 기업에 효과적인 새로운 전략을 제공할 수 있는 서비스-수익 체인모델을 구축하기 위해 고객만족과 고객헌신 지표들을 사용하기 시작하고 있다.

8. 많은 기업은 고객만족–수익 체인을 통해 수익을 추적할 수 있다. 고객을 오래 유지할수록 수익이 증가하고 기업에 대한 고객헌신도를 높일수록 고객유지율이 증가한다. 고객충성도의 정확한 척도는 CSM 조사로부터 얻어낼 수 있다. CSM 조사는 고객만족과 충성도 간의 자세한 관계를 보여 주기 때문에 고객충성도와 고객만족과도 관계를 파악하는 것도 가능하다. 경쟁사와 비교해 고객이 요구하고 충족시킨 가치 패키지를 파악함으로써 고객이 가장 원하는 것에 최선을 다할 수 있고 이를 기초로 고객만족이라는 결과를 얻을 수 있다. 고객이 가장 원하는 것에 최선을 다하라는 말은 종종 직원들이 고객의 니즈를 충족시켜야 한다는 의미로만 치부되기 쉽다. 그러나 보다 중요한 것은 고객지향적인 기업문화이다. 고객만족과 직원만족 간에 강한 정적 상관이 있음을 보여 주는 많은 사례가 있다. 행복한 직원이 고객을 행복하게 만든다. 다른 여러 체인들과 마찬가지로 고객만족–수익 체인은 상대적으로 연결이 약한 부분에서도 그 연결강도가 꽤 강력하다. 수익을 내려면 고객만족–수익 체인의 각 연결고리별 관계와 관련 강도를 파악하고 이를 기업의 성공을 가져올 (고객만족이나 직원만족 또는 모두를 위한) 개선우선순위를 정하는 데 이용하라.

부록 1

고객만족조사 설문지 예

이 부록에 있는 설문지는 서문이나 지문 작성을 하는 방법부터 전화조사나 자기기입식 조사처럼 다양한 자료수집 방법별로 설문지가 어떻게 달라야 하는지에 이르기까지 설문지 설계의 개괄적 방법을 보여 주기 위해 만든 것이다. 이 설문지들은 모든 기업에 적용될 수 있는 특별한 용어들을 보여 주는 것은 아니고 특히 중요도나 만족도를 측정해야 할 고객요구목록을 보여 주기 위한 것도 아니다. 7장을 읽었다면 이미 알겠지만 설문지의 질문들은 탐색조사와 각 기업의 고객이 중요시하는 것에 근거해 각각 다르게 만들어져야 한다.

설문지 A는 고객만족측정을 위해 개별면접방식을 사용하는 B2B회사를 위한 전형적 예이다. 설문지 B와 C는 동일한 내용을 조사하기 위해 사용된 전화조사용 설문지와 우편조사용 설문지이다. 이는 자료수집 방법별로 설문지가 어떻게 다르게 개발되어야 하는지를 보여 준다. 특히 아주 긴 설문지나 정성적 자료수집이 필요한 경우 대면 면접방식에 대한 좋은 예가 될 것이다. 설문지 D도 동일한 내용의 설문지인데 내부고객이 외부고객을 이해하고 있는 정도를 측정하기 위한 것이다.

이 설문지들의 구조와 형식은 참고는 하되 그대로 복사해 사용하지는 않기 바란다. 그리고 고객의 요구목록을 작성할 때는 각 기업의 특별한 목록을 확인하기 위해 스스로 탐색적 조사를 하길 권한다.

[설문지 A]

개별 면접

• ABC 주식회사

날짜 _____ 면접자 _____

응답자 이름 _____

소속회사 _____

직위 _____

부서 _____

장소 _____

회사의 사업내용

_____

_____

_____

_____

응답자의 회사 내 역할

_____

_____

_____

_____

1. 고객에게 중요한 것은 무엇인가?

오늘 우리는 귀사가 사용하는 제품과 제품구매 과정에 대해 이야기해 보려고 합니다. 그 ○○○제품 납품업체들을 모두 평가해야 하는 업무를 맡으셨다고 가정해 주세요. 어떤 선입견도 갖지 말고 시작해 주시길 부탁드립니다.

1.1 잠재적 납품업체 명단을 말씀해 주세요

아무런 보기를 주지 않은 경우	보기를 준 경우
1. _____	1. _____
2. _____	2. _____
3. _____	3. _____
4. _____	4. _____
5. _____	5. _____

1.2 작성하신 납품업체 목록에 기초해 각 회사를 어떻게 서로 평가해야 할지를 생각해 주세요. 귀하가 그들에게 원하시는 내용을 적어 주시고 그들이 얼마나 거기서 잘할 수 있는지 평가해야 합니다. 어떤 내용들을 가지고 평가하시겠습니까?

1. _____	4. _____
2. _____	5. _____
3. _____	6. _____

위에서 적어 주신 것 중 귀하에게는 어떤 내용이 가장 중요합니까?

1. _____

1.3 지금부터는 납품업체들을 평가하기 위해 더 자세한 평가기준들을 보여드리겠습니다. 이 각각이 귀하에게 얼마나 중요한지를 점수로 평가해 주세요. 아주 중요하면 10점, 전혀 중요하지 않으면 1점을 주시면 됩니다. 점수를 주실 때 가장 중요한 것이 몇 번인가를 한 번 훑어보시고 그 기준과 비교해 각 항목의 점수를 주시면 도움이 될 겁니다.

중요도		
	고객 요구목록	점수
a	**제품성과**	
1	제품품질의 일관성	
2	제품의 기술적 성능	
3	제품 카테고리의 포괄성	
4	납품업체의 품질관리 시스템	
5	납품업체의 위생표준	
6	기타 서류(예 : 건강 & 안전 관련)	
b	**배달과 서비스 성과**	
1	배달의 정확성(약속을 지키는가?)	
2	배달의 신속성	
3	배송용 포장	
4	주문의 용이성	
5	문제 발생 시의 적절한 대응	
6	공급의 안정적 지속가능성	
c	**기술적 서비스 성과**	
1	혁신역량(R&D 전문성)	
2	디자인 역량	
3	기술적 A/S 서비스	
d	**현장영업 성과**	
1	방문 빈도	
2	대표자의 기술역량	
3	대표자의 사업역량	
4	대표자의 대인 기술	
5	대표자의 재량권	
6	대표자 접근성(필요할 때 늘 접촉 가능한가?)	
e	**가격성과**	
1	경쟁력 있는 가격	
2	가격협상 가능성	
f	**환경적 성과**	
1	환경에 대한 책임	
2	재활용 역량	

2. 성과

이제 ABC사가 얼마나 각 분야에서 잘하고 있는지를 다른 경쟁사와 비교해 평가해 주세요. 아주 잘하고 있으면 10점, 아주 못하고 있으면 1점을 주시면 됩니다.

공급자 성과					
요구목록		점수			
a	제품성과	ABC사	경쟁사 1	경쟁사 2	경쟁사 3
1	제품품질의 일관성				
2	제품의 기술적 성능				
3	제품 카테고리의 포괄성				
4	납품업체의 품질관리 시스템				
5	납품업체의 위생표준				
6	기타 서류(예 : 건강 & 안전 관련)				
b	배달과 서비스 성과				
1	배달의 정확성(약속을 지키는가?)				
2	배달의 신속성				
3	배송용 포장				
4	주문의 용이성				
5	문제 발생 시의 적절한 대응				
6	공급의 안정적 지속가능성				
c	기술적 서비스 성과				
1	혁신역량(R&D 전문성)				
2	디자인 역량				
3	기술적 A/S 서비스				
d	현장영업 성과				
1	방문 빈도				
2	대표자의 기술역량				
3	대표자의 사업역량				
4	대표자의 대인 기술				
5	대표자의 재량권				
6	대표자 접근성(필요할 때 늘 접촉 가능한가?)				
e	가격성과				
1	경쟁력 있는 가격				
2	가격협상 가능성				
f	환경적 성과				
1	환경에 대한 책임				
2	재활용 역량				
만일 위 항목 중 5점 이하의 점수를 준 항목이 있다면, 그 이유는?					
항목번호					

3. 납품업체 이미지

면접 초기에 여러 납품업체들을 이야기하셨는데요. 각 납품업체를 생각할 때 머리에 떠오르는 이미지에 대해 잠시 생각해 주세요. 그리고 그들이 어떻게 다른지를 구별해 보세요. 예를 하나 들어드리겠습니다.

자동차 중에 BMW와 재규어와 볼보는 서로 크게 다르지 않습니다. 모두 다 품질이 우수하고 기술력도 좋고 성공한 브랜드이죠. 그러나 다른 점도 있습니다

BMW는 종종 공격적이고 과시적이고 다이나믹한 이미지를 가지고 있습니다. **재규어**는 사람들이 알아주어야만 하는 성공의 상징이죠. 하지만 크게 화려하지 않고 덜 격렬한 이미지입니다. **볼보**는 매우 단단하고 믿을 만한 이미지이지만 과시적이기보다는 신중하고 안전한 이미지를 가지고 있습니다

🚗 ABC사는 어떤 차의 이미지와 가장 비슷한가요?

_____

🚗 그렇게 응답하신 이유는?

_____

_____

_____

_____

🚗 그렇다면 경쟁사 1은 어떻습니까? 어떤 차 이미지와 가까운가요?

_____

_____

_____

🚗 그 이유는?

_____

_____

_____

4. 산업 트렌드

지금 관련 산업분야에서의 주요 트렌드는 무엇입니까? 그 트렌드가 ABC사 같은 납품업체에게 어떤 영향을 줄까요? (먼저 응답 후 아래 보기도 활용 가능)

보기 ....

1. 환경 관리/ 재활용/ 폐기물 활용
2. e-커머스
3. 파트너십 소싱
4. JIT 배달 / 위탁판매 재고
5. 신제품/신기술 트렌드

_____

_____

_____

5. 개선 우선순위

귀하가 ABC사의 대표라고 생각해 주세요. 단기간에 개선해야 할 가장 중요한 것은 무엇일까요? 장기적인 우선순위는요?

단기적 개선우선순위

_____

_____

장기적 개선우선순위

_____

_____

지금까지 논의한 것과 관련해 다른 하실 말씀이 있으신가요?

_____

_____

_____

조사에 협조해 주셔서 대단히 감사합니다.
응답해 주신 사항이 매우 유용한 도움이 되었습니다.

[설문지 B]

전화면접

• ABC 주식회사

날짜 _____ 면접자 _____

응답자 이름 _____

소속회사 _____

직위 _____

부서 _____

장소 _____

소개

안녕하세요? ○○○님

저는 ABC사를 대신해 전화를 드린 리더십 팩토사의 짐 알렉산더입니다. ABC사의 스미스 씨가 고객만족조사를 위해 저희가 전화드릴 거라고 미리 안내해 드렸을텐데 연락받으셨나 요?

몇 가지 질문에 대해 응답하시는 데 10분쯤 걸릴텐데 지금 시간이 괜찮으십니까? 아니면 편하신 다른 시간을 정해 전화드릴까요?

지금 응답해 주신 내용은 원하신다면 익명이 보장될 것입니다. 단 ABC사가 고객만족을 위해 수집한 다른 정보와 함께 연합해 사용될 수 있습니다.

먼저 ABC사와 거래하실 때 귀하께 중요한 내용이 무엇인지부터 시작하겠습니다

1.고객에게 중요한 것은 무엇인가?

고객으로서 귀하께서 중요하게 생각하는 것이 무엇인지에 대한 질문부터 드리겠습니다. 귀사의 ○○제품 납품업체 전체를 평가하신다고 생각하고 어떤 선입견도 갖지 말고 응답해 주세요

1.1 잠재적 납품업체 명단을 말씀해 주세요

아무런 보기를 주지 않은 경우   보기를 준 경우

1. _____   1. _____

2. _____   2. _____

3. _____   3. _____

4. _____   4. _____

5. _____   5. _____

1.2 작성하신 납품업체 목록에 기초해 각 회사를 어떻게 서로 평가해야 할지를 생각해 주세요. 귀하가 그들에게 원하시는 내용을 적어 주시고 그들이 얼마나 거기서 잘할 수 있는지 평가해야 합니다. 어떤 내용들을 가지고 평가하시겠습니까?

1. _____   4. _____

2. _____   5. _____

3. _____   6. _____

위에서 적어 주신 것 중 귀하에게는 어떤 내용이 가장 중요합니까?

1. _____

1.3 지금부터는 납품업체들을 평가하기 위해 더 자세한 평가기준들을 보여드리겠습니다. 이 각각이 귀하에게 얼마나 중요한지를 점수로 평가해 주세요. 아주 중요하면 10점, 전혀 중요하지 않으면 1점을 주시면 됩니다. 점수를 주실 때 가장 중요한 것이 몇 번인가를 한 번 훑어보시고 그 기준과 비교해 각 항목의 점수를 주시면 도움이 될 겁니다.

중요도		
	고객 요구목록	점수
a	**제품성과**	
1	제품품질의 일관성	
2	제품의 기술적 성능	
3	납품업체의 품질관리 시스템	
4	납품업체의 위생표준	
b	**배달과 서비스 성과**	
1	배달의 정확성(약속을 지키는가?)	
2	배달의 신속성	
3	문제발생 시의 적절한 대응	
4	공급의 안정적 지속가능성	
c	**기술적 서비스 성과**	
1	혁신역량(R&D 전문성)	
2	디자인 역량	
3	기술적 A/S 서비스	
d	**현장영업 성과**	
1	방문 빈도	
2	대표자의 기술역량	
3	대표자의 대인 기술	
4	대표자의 재량권	
5	대표자 접근성(필요할 때 늘 접촉 가능한가?)	
e	**가격성과**	
1	경쟁력 있는 가격	
f	**환경적 성과**	
1	환경에 대한 책임	

2. 성과

이제 ABC사가 얼마나 각 분야에서 잘하고 있는지를 다른 경쟁사와 비교해 평가해 주세요. 아주 잘하고 있으면 10점, 아주 못하고 있으면 1점을 주시면 됩니다.

공급자 성과					
요구목록		점수			
a	제품성과	ABC사	경쟁사 1	경쟁사 2	경쟁사 3
1	제품품질의 일관성				
2	제품의 기술적 성능				
3	납품업체의 품질관리 시스템				
4	납품업체의 위생표준				
b	배달과 서비스 성과				
1	배달의 정확성(약속을 지키는가?)				
2	배달의 신속성				
3	문제발생 시의 적절한 대응				
4	공급의 안정적 지속가능성				
c	기술적 서비스 성과				
1	혁신역량(R&D 전문성)				
2	디자인 역량				
3	기술적 A/S 서비스				
d	현장영업 성과				
1	대표자의 기술역량				
2	대표자의 사업역량				
3	대표자의 대인 기술				
4	대표자의 재량권				
5	대표자 접근성(필요할 때 늘 접촉 가능한가?)				
e	가격성과				
1	경쟁력 있는 가격				
f	환경적 성과				
1	환경에 대한 책임				
만일 위 항목 중 5점 이하의 점수를 준 항목이 있다면, 그 이유는?					
항목번호					

3. 산업 트렌드

요즘 관련 산업분야에서의 주요 트렌드는 무엇입니까? 그 트렌드가 ABC사 같은 납품업체에게 어떤 영향을 줄까요? (먼저 응답 후 아래 보기도 활용 가능)

보기 ···········

1. 환경 관리/ 재활용/ 페기물 활용
2. e-커머스
3. 파트너십 소싱
4. JIT 배달 / 위탁판매 재고
5. 신제품/신기술 트렌드

_____

_____

_____

_____

_____

지금까지 논의한 것과 관련해 다른 하실 말씀이 있으신가요?

_____

_____

_____

_____

_____

조사에 협조해 주셔서 대단히 감사합니다.
응답해 주신 사항이 매우 유용한 도움이 되었습니다.

[설문지 C]

자기기입식 설문지

• ABC 주식회사

안내문

본 조사의 목적은 납품업체로서의 ABC사에 대해 귀하가 기대하는 것이 무엇인지 파악하고 지금까지 받아 오신 서비스에 대해 얼마나 만족 또는 불만족하시는지를 알아보기 위한 것입니다. 설문지의 모든 항목에 솔직한 응답을 부탁드립니다. 이를 위해 독립적이고 전문적인 제3기관인 리더십 팩토사가 이 조사를 수행하고 있습니다. 저희는 응답자의 익명성과 응답자 보호를 위한 모든 규정을 준수합니다

설문지는 A와 B파트 두 부분으로 나누어져 있습니다. 두 부분 모두 같은 내용을 포함하지만 A파트는 각 항목이 귀하에게 **얼마나 중요한가를**, B파트는 각 항목에 대한 ABC의 성과에 대해 귀하께서 **얼마나 만족하시는지를** 여쭤보게 될 것입니다. 설문지에 응답을 끝내신 후 동봉된 봉투에 넣어 리더십 팩토사로 ◯월 ◯일까지 보내 주시길 부탁드립니다

A파트에 대한 응답 안내

이 섹션에서는 제시된 각 항목이 귀하에게 **얼마나 중요한지를** 표시해 주세요. 어떤 항목들은 다른 항목보다 더 중요할 텐데 저희는 귀하께서 생각하시는 그 우선순위를 알고 싶습니다. 중요도를 평가하시기 전에 먼저 모든 항목을 다 읽어 보신 다음 가장 중요하다고 생각하시는 항목에 먼저 10점 만점을 기준으로 점수를 주세요. 그다음에 나머지 항목들의 중요도를 평가해 해당 번호에 ◯표를 해 주세요.

1	2	3	4	5	6	7	8	9	10

↑ 전혀 중요하지 않음   ↑ 매우 중요함

1부터 10 사이의 어느 번호에 표시를 하셔도 좋습니다. 2개 이상의 질문에 같은 점수를 주셔도 됩니다. 귀사와 관계 없는 항목이 있거나 경험하신 적 없는 항목들이 있다면 N/A(해당 없음)칸에 표시해 주세요

A 파트

ABC사의 고객사로서 다음 각 항목이 귀하께 **얼마나 중요합니까?**

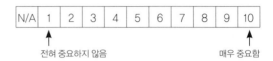

		N/A	1	2	3	4	5	6	7	8	9	10
1	제품품질의 일관성											
2	제품의 기술적 성능											
3	납품업체의 품질관리 시스템											
4	납품업체의 위생표준											
5	배달의 정확성(정시배달)											
6	배달의 신속성											
7	문제발생 시의 적절한 대응											
8	공급의 안정적 지속가능성											
9	혁신역량(R&D 전문성)											
10	디자인 역량											
11	기술적 A/S 서비스											
12	대표자의 기술역량											
13	대표자의 사업역량											
14	대표자의 대인 기술											
15	대표자의 재량권											
16	대표자 접근성(필요할 때 늘 접촉 가능한가?)											
17	경쟁력 있는 가격											
18	환경에 대한 책임											

추가 코멘트

B 파트

귀하께서는 ABC사의 성과에 대해 얼마나 **만족 또는 불만족**하십니까? 귀하의 만족도를 가장 잘 나타내는 숫자에 ○표 해 주십시오. 1점부터 10점 사이의 어떤 숫자에나 표시하실 수 있습니다. 해당 없는 문항에 대해서는 N/A에 표시하십시오.

N/A	1	2	3	4	5	6	7	8	9	10

전혀 중요하지 않음   매우 중요함

		N/A	1	2	3	4	5	6	7	8	9	10
1	제품품질의 일관성											
2	제품의 기술적 성능											
3	납품업체의 품질관리 시스템											
4	납품업체의 위생표준											
5	배달의 정확성(정시배달)											
6	배달의 신속성											
7	문제발생시의 적절한 대응											
8	공급의 안정적 지속가능성											
9	혁신역량(R&D 전문성)											
10	디자인 역량											
11	기술적 A/S 서비스											
12	대표자의 기술역량											
13	대표자의 사업역량											
14	대표자의 대인 기술											
15	대표자의 재량권											
16	대표자 접근성(필요할 때 늘 접촉 가능한가?)											
17	경쟁력 있는 가격											
18	환경에 대한 책임											

추가 코멘트

3. 개선우선순위

귀하가 ABC사의 대표라고 생각해 주세요. 단기간에 개선해야 할 가장 중요한 것은 무엇일까요? 장기적인 우선순위는요?

단기적 개선우선순위

_____

_____

_____

장기적 개선우선순위

_____

_____

_____

지금까지 논의한 것과 관련해 다른 하실 말씀이 있으신가요?

_____

_____

_____

마지막으로 응답자의 인적사항 정보 부탁드립니다. 익명을 원하시면 표시하지 않으셔도 됩니다.

이름 _____

직위 _____

회사 _____

설문지에 응답해 주셔서 대단히 감사합니다. 설문지를 동봉해 드린 봉투에 넣어 0월 0일까지 보내주십시오. 만일 봉투를 잃어버리셨다면 다음 주소로 보내주십시오. (주소 기입)

[설문지 D]

사내직원용 설문지

• ABC 주식회사

안내문

저는 ABC사의 대표로서 우리 ABC사에 대한 고객의 기대와 만족도에 대한 직원 여러분의 생각을 파악하고자 합니다. 설문지의 모든 항목에 솔직한 응답을 부탁드립니다. 이를 위해 독립적이고 전문적인 제3기관인 리더십 팩토사가 이 조사를 수행하고 있습니다. 조사회사는 응답자의 익명성과 비밀을 보장합니다. 설문지에 응답을 끝내신 후 동봉된 봉투에 넣어 리더십 팩토사로 ◯월 ◯일까지 직접 보내 주시길 부탁드립니다

설문지는 A와 B파트 두 부분으로 나누어져 있습니다. 두 부분 모두 같은 내용을 포함하지만 A파트는 각 항목이 고객사에 **얼마나 중요한지**, B파트는 각 항목에 대한 ABC의 성과에 고객사가 **얼마나 만족하는지**에 대한 여러분의 생각을 여쭤보게 될 것입니다.

A파트에 대한 응답 안내

이 섹션에서는 제시된 각 항목이 고객사에 **얼마나 중요하다고** 생각하시는지를 표시해 주세요. 어떤 항목들은 다른 항목보다 더 중요할 텐데 저희는 고객사의 우선순위에 대한 귀하의 생각을 알고 싶습니다. 중요도를 평가하시기 전에 먼저 모든 항목을 다 읽어 보신 다음 가장 중요하다고 생각하시는 항목에 먼저 10점 만점을 기준으로 점수를 주세요. 그다음에 나머지 항목들의 중요도를 평가해 해당 번호에 ◯표를 해 주세요.

| 1 | 2 | 3 | 4 | 5 | 6 | 7 | 8 | 9 | 10 |

전혀 중요하지 않음　　　　　　　　　　　　　　　　　　　　　　매우 중요함

1부터 10 사이의 어느 번호에 표시를 하셔도 좋습니다. 2개 이상의 질문에 같은 점수를 주셔도 됩니다. 고객사와 관계없는 항목이 있거나 귀하께서 경험하신 적 없는 항목들이 있다면 N/A(해당 없음)칸에 표시해 주세요.

A 파트

ABC사의 고객사로서 다음 각 항목이 귀하께 **얼마나 중요합니까?**

		N/A	1	2	3	4	5	6	7	8	9	10
1	제품품질의 일관성											
2	제품의 기술적 성능											
3	납품업체의 품질관리 시스템											
4	납품업체의 위생표준											
5	배달의 정확성(정시배달)											
6	배달의 신속성											
7	문제 발생 시의 적절한 대응											
8	공급의 안정적 지속가능성											
9	혁신역량(R&D 전문성)											
10	디자인 역량											
11	기술적 A/S 서비스											
12	대표자의 기술역량											
13	대표자의 사업역량											
14	대표자의 대인 기술											
15	대표자의 재량권											
16	대표자 접근성(필요할 때 늘 접촉 가능한가?)											
17	경쟁력있는 가격											
18	환경에 대한 책임											

추가 코멘트

B 파트

귀하께서는 ABC사의 성과에 대해 얼마나 **만족 또는 불만족**하십니까? 귀하의 만족도를 가장 잘 나타내는 숫자에 ◯표 해 주십시오. 1점부터 10점 사이의 어떤 숫자에나 표시하실 수 있습니다. 해당 없는 문항에 대해서는 N/A에 표시하십시오.

N/A	1	2	3	4	5	6	7	8	9	10

전혀 중요하지 않음 ↑　　　　　　　　　　　　　　　↑ 매우 중요함

		N/A	1	2	3	4	5	6	7	8	9	10
1	제품품질의 일관성											
2	제품의 기술적 성능											
3	납품업체의 품질관리 시스템											
4	납품업체의 위생표준											
5	배달의 정확성(정시배달)											
6	배달의 신속성											
7	문제 발생 시의 적절한 대응											
8	공급의 안정적 지속가능성											
9	혁신역량(R&D 전문성)											
10	디자인 역량											
11	기술적 A/S 서비스											
12	대표자의 기술역량											
13	대표자의 사업역량											
14	대표자의 대인 기술											
15	대표자의 재량권											
16	대표자 접근성(필요할 때 늘 접촉 가능한가?)											
17	경쟁력있는 가격											
18	환경에 대한 책임											

추가 코멘트

3. 개선우선순위

귀하가 ABC사의 대표라고 생각해 주세요. 단기간에 개선해야 할 가장 중요한 것은 무엇일까요? 장기적인 우선순위는요?

단기적 개선우선순위

_____

_____

_____

장기적 개선우선순위

_____

_____

_____

지금까지 논의한 것과 관련해 다른 하실 말씀이 있으신가요?

_____

_____

_____

마지막으로 응답자의 인적사항 정보 부탁드립니다. 익명을 원하시면 표시하지 않으셔도 됩니다.

이름 _____

직위 _____

설문지에 응답해 주셔서 대단히 감사합니다. 설문지를 동봉해 드린 봉투에 넣어 ○월 ○일까지 보내 주십시오. 만일 봉투를 잃어버리셨다면 다음 주소로 보내 주십시오.(주소 기입)

부록 2

SERVQUAL

서비스 품질에 대한 고객의 인지를 측정하기 위해 고안된 모델 SERVQUAL은 1980년대에 파라슈라만(Parasuraman), 자이사믈(Zeithaml), 베리(Berry) 등 3명의 미국 교수들에 의해 개발되었다. 그들은 12개의 표적집단에 기초하여 22개의 평가기준들로 구성된 서비스의 질을 평가하기 위해 표적집단 구성원들에 의해 가장 보편적으로 사용되는 하나의 설문지를 개발하였다. 계속된 연구를 통해 연구자들은 22개의 평가기준을 서비스 사업에 대한 고객의 인지도를 결정할 수 있는 5개의 서비스 차원으로 분류하였다. 그 평가차원은 다음과 같다.

유형성 : 실제적인 시설, 장비, 인원
신뢰성 : 믿을 수 있고 정확하게 약속된 서비스를 수행하는 능력
반응성 : 고객을 기꺼이 도우려는 자세와 서비스를 즉각적으로 제공하는 능력
확실성 : 직원의 지식, 예의와 고객에게 믿음과 확신을 줄 수 있는 직원들의 능력
공감성 : 회사가 고객에게 보이는 개별적인 관심

1988년에 다른 대학교수 그룬누스(Gronroos)는 이상의 다섯 가지 차원 외에 한 가지 중요한 차원을 더 첨가하였는데, 이는 문제를 바로잡을 수 있는 능력인 '회복성'이다.

최근에 다른 연구자들은 부가적인 평가기준을 제안하여 15개의 차원까지 개발하였으나 대부분의 실사용자들은 다섯 가지의 SERVQUAL 차원과 더불어 중요한 '회복성' 차원의

사용정도에 만족하고 있다.

파라슈라만 등은 또한 자신들의 연구를 서비스 차이 모델의 기초로 사용하였다. 그들은 서비스 품질을 고객이 기대하는 서비스수준과 실제로 경험한 서비스 차이의 함수로 정의하였다. 2장에서 언급한 전체적인 서비스 차이는 수 개의 특정한 서비스 차이 중 하나 또는 그 이상으로 구성된다. 고객만족을 측정할 때 '차이(gap)' 연구는 고객의 기대수준에 대한 탐구뿐 아니라 그들의 경험의 탐구도 필요하다는 것을 강조하고 있다.

일군의 시장조사 기관은 고객만족측정을 위한 방법론으로 SERVQUAL을 채택하였다. 그러나 이 접근방법에 대한 비판적 견해들이 있다. 예를 들면, 크로닌과 테일러(Cronin & Taylor, 1992)와 같은 학자들은 고객만족측정에서는 기대치를 측정하는 것으로 충분하다고 주장하였다. 크로닌, 테일러, 티스(Cronin, Taylor & Teas, 1993)는 SERVQUAL이 서비스나 기관에 대해서 고객들이 가지고 있는 만족도를 측정하기보다는 거래 후의 만족도를 측정하는 데 더 적합하다고 제시하였다. 티스(1993)는 '특정거래의 질'과 '관계의 질'의 차이점을 집중적으로 탐구하였다. 이 책에서 '지속적인 추적'과 '베이스라인'이라는 용어가 이 차이를 구분하는 데 사용되었다.

내 자신의 견해로는 SERVQUAL의 근본적인 문제점은 이것이 서비스 제공만을 다룰 뿐 생산자건 분배자건 간에 어떤 종류의 제품을 제공하는 사업분야에는 적합하지 않다는 것이다.

파라슈라만 등은 "상품의 질은 내구성, 결함의 개수와 같은 지표로 객관적으로 측정될 수 있으나 그러한 객관적인 지표들이 서비스 측정에는 적용될 수 없다."는 견해를 피력하였다. 따라서 그들은 "이처럼 객관적인 평가기준이 없는 경우에 어떤 회사의 서비스를 평가하는 적절한 방법은 고객이 느끼는 서비스의 질을 측정하는 것이다."라고 말하였다. 그러나 내 생각에는 제품의 질에 대한 고객들의 평가도 객관적인 측정보다는 주관적인 느낌에 기초한다.

또한 5개 차원 22개 문항으로 구성되는 SERVQUAL 접근법은 너무 융통성 없는 접근법이다. 그리고 서비스 제공자들 사이에서도 고객만족측정을 위한 기준이 은행, 미용실, 치과병원, 교육 담당자 등의 다양한 분야의 고객들에게 똑같이 적용되는 22개 요소로 표준화될 수 없다는 의견이 지배적이다.

이 책에서 주장하는 접근법은 고객들이 의견을 제출할 수 있게 하는 것이다. 7장에서는 귀하의 고객에게 가장 문제가 되는 것은 무엇인가를 밝혀 내는 탐색조사 기법을 설명하고 있다. 귀하의 설문지는 이러한 요소들을 포함하고 질문은 고객이 사용하는 언어를 반영하고 있으므로 의미가 있다. 그러나 SERVQUAL에 대한 비판적 시각에도 불구하고 고객조사를 수행하려는 계획을 세우는 사람은 누구든지 SERVQUAL 모델을 연구할 필요가 있다. 특히 서비스 관련부서 담당자들은 말할 나위도 없다.

SERVQUAL 설문지는 다음 페이지에 나와 있다. 첫 번째 부분은 고객의 기대치를 다루고 있고, 다음으로 중요도의 가중치를 계산하고자 하는 사람들에게 필수적인 다섯 가지 서비스 차원의 상대적 중요도를 비교한 부분이 이어지며, 세 번째 부분은 특정한 서비스 공급자로부터 고객들이 받게 되는 느낌을 다루고 있다. 귀하는 이 설문지 문항의 공란에 귀하의 고유한 사업영역을 넣음으로써 회사와 관련된 설문지로 각색할 수 있다. 예를 들어, 첫 번째 지시에 있는 시작문장의 경우 '해당 서비스에 대한 소비자로서의 경험에 기초하여 뛰어난 질의 서비스를 제공하는 어떤 보험회사에 대하여 생각해 보십시오.'라고 할 수 있다.

SERVQUAL 설문지를 철저히 읽기 전에 앞에서 언급했던 바와 같이 22개의 요소가 5개의 차원으로 분류됨을 상기해 보자.

유형성 질문 : 1~4

신뢰성 질문 : 5~9

반응성 질문 : 10~13

확실성 질문 : 14~17

공감성 질문 : 18~22

SERVQUAL(서비스 품질평가) 설문지의 예

안내문 : ○○○ 서비스 분야 고객으로서의 경험에 기초하여 그 분야에서 매우 우수한 서비스를 제공해 온 ○○○회사를 생각해 보시기 바랍니다. 여러분께서는 기꺼이 동업자가 될 만한 우수한 기업을 머릿속에 떠올려 주십시오. 다음에 그 회사들이 아래의 특성들을 얼마나 가지고 있다고 생각하시는지를 표시해 주십시오. 우수한 회사가 되기 위해 해당 항목이 꼭 필요할 거라고 생각하시면 7번에, 전혀 필요하지 않을 거라고 생각하시면 1번에 동그라미를 쳐 주십시오. 만일 그 중간이라고 생각하시면 2번에서 6번 중에 동그라미를 쳐 주십시오. 여기에는 옳고 그른 답이 없습니다. 저희가 알고자 하는 것은 우수한 서비스를 제공해 온 회사들에 대한 여러분의 느낌입니다.

	절대 그렇지 않다						정말 그렇다
	1	2	3	4	5	6	7
1. 우수한 ○○○회사는 현대적인 설비를 가지고 있을 것이다.							
2. 우수한 ○○○회사의 물리적인 시설들은 눈에 잘 띌 것이다.							
3. 우수한 ○○○회사의 직원들은 단정한 외모를 가지고 있을 것이다.							
4. 우수한 ○○○회사의 팸플릿 같은 서비스 관련자료는 시각적으로 사람들의 흥미를 끌 것이다.							
5. 우수한 ○○○회사는 그들이 어느 시기에 무엇을 하기로 약속했으면 반드시 그것을 지킬 것이다.							
6. 우수한 ○○○회사는 고객이 어떤 문제를 겪고 있으면 그 문제를 해결하기 위해 진지한 관심을 가질 것이다.							
7. 우수한 ○○○회사는 처음부터 제대로 된 서비스를 할 것이다.							
8. 우수한 ○○○회사는 약속한 시간에 제대로 서비스를 할 것이다.							
9. 우수한 ○○○회사는 실수를 용납하지 않을 것이다.							
10. 우수한 ○○○회사의 직원들은 고객에게 서비스를 할 정확한 시간을 말해 줄 것이다.							
11. 우수한 회사의 직원은 고객에게 신속하게 서비스를 제공할 것이다.							

	절대 그렇지 않다					정말 그렇다	
	1	2	3	4	5	6	7
12. 우수한 ○○○회사의 직원들은 항상 고객을 도울 준비를 하고 있을 것이다.							
13. 우수한 ○○○회사의 직원들은 너무 바빠 고객의 요구를 들을 시간이 없다는 식의 반응을 보이지 않을 것이다.							
14. 우수한 ○○○회사의 직원들의 행동은 고객에게 신뢰감을 심어 줄 것이다.							
15. 우수한 ○○○회사의 고객들은 그 회사와의 거래에서 안전감을 느낄 것이다.							
16. 우수한 ○○○회사의 직원들은 고객에게 항상 예의바르게 대할 것이다.							
17. 우수한 ○○○회사의 직원들은 고객의 질문에 대답할 충분한 지식을 가지고 있을 것이다.							
18. 우수한 ○○○회사는 고객 개개인에게 관심을 기울일 것이다.							
19. 우수한 ○○○회사는 고객이 편리한 시간에 회사와 접촉할 수 있도록 할 것이다.							
20. 우수한 ○○○회사는 직원들로 하여금 고객 개개인에게 주의를 기울이게 할 것이다.							
21. 우수한 ○○○회사는 고객의 이익을 항상 고려할 것이다.							
22. 우수한 ○○○회사의 직원들은 고객의 특별한 욕구들을 이해할 것이다.							

안내문 : 아래 항목은 ○○○회사가 제공하는 다섯 종류의 서비스와 그 서비스의 특징입니다. 저희는 귀하께서 ○○○회사의 서비스 품질을 평가하실 때 각 항목이 얼마나 중요하다고 생각하시는지를 알고자 합니다. 각 항목의 중요성에 따라 100점을 다섯 항목에 할당해 주십시오. 중요성이 크다고 생각하는 항목에 더 많은 점수를 주시기 바랍니다. 다섯 항목에 대한 점수의 합이 100점이어야 한다는 것을 잊지 마십시오.

   1. 물리적 시설, 설비, 인사 및 의사소통 자료   _____점

   2. 약속한 서비스를 정확하고 확실하게 수행하는 능력   _____점

3. 고객을 돕고 신속하게 서비스하려는 의지 _____ 점

4. 직원들의 예의와 지식수준 및 고객에게 확신을 심어 주는 능력 _____ 점

5. 고객에 대한 배려와 개별적인 관심 _____ 점

총 합계 _____ 100점

안내문 : 다음 문항들은 XYZ 회사에 대한 여러분의 느낌에 관한 것입니다. 그 회사가 각 특성을 얼마나 가지고 있다고 생각하시는지 여러분께서 느끼시는 정도를 표시해 주십시오. 1점은 XYZ 회사가 그 특성을 전혀 가지고 있지 않다고 느끼는 것이고, 7점은 그 특성을 많이 가지고 있다고 느끼는 것입니다. 여기서 옳고 그른 답은 없습니다. 저희가 알고자 하는 것은 XYZ 회사에 대한 여러분의 인식입니다.

	절대 그렇지 않다					정말 그렇다	
	1	2	3	4	5	6	7
1. _____ 회사는 현대적인 설비를 가지고 있다.							
2. _____ 회사의 물리적인 시설들은 눈에 잘 띈다.							
3. _____ 회사의 종업원들은 단정한 외모를 가지고 있다.							
4. _____ 회사의 팸플릿 같은 서비스 관련자료는 시각적으로 사람들의 흥미를 끈다							
5. _____ 회사는 그들이 어느 시기에 무엇을 하기로 약속했으면 반드시 그것을 지킨다.							
6. _____ 회사는 고객이 어떤 문제를 가지고 있으면 그 문제를 해결하기 위해 진지한 관심을 갖는다.							
7. _____ 회사는 처음부터 제대로 된 서비스를 한다.							
8. _____ 회사는 약속한 시간에 제대로 서비스를 한다.							
9. _____ 회사는 실수를 용납하지 않는다.							
10. _____ 회사의 종업원들은 고객에게 서비스를 할 정확한 시간을 말해 준다.							
11. _____ 회사는 고객에 대한 서비스를 고무한다.							

	절대 그렇지 않다					정말 그렇다
	1	2	3	4	5	6	7
12. ＿＿＿ 회사의 종업원들은 항상 고객을 도울 준비를 하고 있다.							
13. ＿＿＿ 회사의 종업원들은 너무 바빠 고객의 요구를 들을 시간이 없다는 식의 반응을 보이지 않는다.							
14. ＿＿＿ 회사 종업원들의 행동은 고객에게 신뢰감을 심어 준다.							
15. ＿＿＿ 회사의 고객들은 그 회사와의 거래에서 안전감을 느낀다.							
16. ＿＿＿ 회사의 종업원들은 고객에게 항상 예의바르게 대한다.							
17. ＿＿＿ 회사의 종업원들은 고객의 질문에 대답할 충분한 지식을 가지 고 있다.							
18. ＿＿＿ 회사는 고객 개개인에게 관심을 기울인다.							
19. ＿＿＿ 회사는 고객이 편리한 시간에 회사와 접촉할 수 있도록 하고 있다.							
20. ＿＿＿ 회사는 종업원들이 고객 개개인에게 주의를 기울이도록 한다.							
21. ＿＿＿ 회사는 고객의 이익을 항상 고려한다.							
22. ＿＿＿ 회사의 종업원들은 고객의 특별한 욕구들을 이해한다.							

SERVQUAL에 관한 참고자료

SERVQUAL에 대한 학술논문이나 비판적 시각에 관심이 있는 사람들은 다음 자료를 참고하면 좋을 것이다.

Cronin, J. J. and Taylor, S. A. (1992) 'Measuring service quality: a reexamination and extension', *Journal of Marketing*. Vol 56(July 1992), pp. 55-68.

Cronin, J. J. and Taylor, S. A. (1994) 'SERVPERF versus SERVQUAL: reconciling performance-based and perceptions-minus-expectations measurement of service quality', *Journal of Marketing*, Vol 58(January 1994), pp. 125-131.

Parasuraman, A., Zeithaml, V. A. and Berry, L. L. (1985) 'A conceptual model of service quality and its implications for future research', *Journal of Marketing*, Vol 49(Fall 1985), pp. 41-50.

Parasuraman, A., Zeithaml, V. A. and Berry, L. L. (1988) 'SERVQUAL: a multiple item scale for measuring consumer perceptions of service quality', *Journal of Retailing*, Vol 64, No 1(Spring 1988), pp. 14-40.

Parasuraman, A., Zeithaml, V. A. and Berry, L. L. (1991) 'Refinement and reassessment of the SERVQUAL scale', *Journal of Retailing*, Vol 67, No 4(Winter 1991), pp. 42-50.

Parasuraman, A., Zeithaml, V. A. and Berry, L. L. (1994) 'Reassessment of expectations as a comparison standard in measuring service quality: implications for further research', *Journal of Marketing*, Vol 58(January 1994), pp. 111-124.

Teas, R. K. (1993) 'Expectations, performance evaluation and consumers' perceptions of quality', *Journal of Marketing*, Vol. 57(October 1993), pp. 18-34.

부록 3

용어정의

가중치 부여(weighting)
서로 중요도가 다른 한 세트 내의 각 요소에 수적인 계수(가중치)를 부여하는 과정

개방형 질문(open question)
여러 가지 응답이 가능하여 미리 응답을 부호화하지 않은 질문. 응답이 말로 기록되고 나중에 부호화된다.

개별면접(personal interview)
면접자와 응답자가 일대일로 의사소통하는 것

개선우선순위(PFIs)
성과를 높이면 고객만족 증가에 가장 큰 기여를 할 영역들

고객만족(customer satisfaction)
고객이 기대한 것에 비해 기업의 토털제품의 성과가 어느 정도인지를 나타내는 척도

고객만족지수(CSI)
보통 %로 표시되는 고객의 전반적인 만족수준을 나타내는 단일값. 가중치를 부여한 성과점수 평균을 계산하기 전에 중요도 가중치를 이용하여 성과점수를 수정하면 지수의 정확성이 향상된다.

고객유지지표(customer retention indicator)
현재 고객의 거래유지 성공률에 기초한 고객충성도 측정척도

고객인식조사(customer perception survey)
기관이나 회사가 제공하는 제품에 대한 고객만족도를 현재 고객을 대상으로 측정한 것

고객피라미드(customer pyramid)
고객충성도 차이에 따라 고객의 유형을 나눈 분류체계

기관고객시장(organizational markets)
고객이 기관인 시장인데 산업재시장이라고도 한다. 기관은 보통 기업이나 때로 병원 같은
공공기관, 자선단체 같은 비영리기관, 정부기관이다. 개인이 기관을 위해 주문을 낸다.

기초조사(baseline survey)
고객의 우선순위나 기업의 성과 같은 핵심지표를 얻거나 최근 자료로 바꾸기 위해 주기적
으로 고객조사를 실시하는 것

내부 벤치마킹(internal benchmarking)
배달 신뢰도와 같은 서비스 성과측면을 수량화하고 모니터하기 위해 내부적으로 수집하고
사용하는 자료

리커트척도(likert scale)
응답자가 일련의 문장에 동의하는 정도를 나타내도록 하는 언어화된 평가척도 유형. ‘동
의/비동의’ 척도로도 불린다.

모집단(population)
조사할 목적으로 표본을 뽑아 내는 개인과 기관집단 전체. ‘조사 모집단’ 또는 ‘표적 모집
단’으로도 알려져 있다.

무작위조사(random survey)
‘확률표본조사’라고도 한다. 표적집단에서 각 개인이 표본에 포함될 확률이 동일하고 그

확률이 알려져 있다.

범위(range)
관찰값 중 가장 큰 것과 가장 작은 것 간의 차이

분산(variance)
일련의 숫자들이 흩어진 정도를 나타내는 통계적 척도. 표준편차는 분산의 양의 제곱근이다.

비례적 표본(proportionate sample)
서로 다른 계층에서 같은 표집률을 적용하여 모은 표본

비무작위표본(non-random sample)
무작위(확률)표본이 아닌 표본유형

비비례적 표본(disproportionate sample)
서로 다른 계층에서 다양한 표집률을 적용하여 모은 표본

산술평균(arithmetic mean)
합계를 관찰사례 수로 나눈 것. '무응답'이나 '모르겠다'는 응답은 이 계산에서 제외한다.

순위척도(ordinal scale)
첫째, 둘째, 셋째 등과 같이 어떤 속성의 크기에 따라 순위를 매기는 것이며, 척도의 점수 차이는 아무 의미가 없다.

설문지(questionnaire)
세심하게 작성된 구조화된 질문목록. 보통 응답을 완성하는 방법과 응답을 기록하는 방법이 포함된다.

성과 프로필(performance profile)
리커트나 어의분별척도 같은 언어적 평가척도에 의한 결과를 표시하는 방법. 성과영역을 세로축에, 응답을 가로축에 나타내는 격자무늬지도를 만든다. 고객의 응답은 숫자화된 값으로 변환된 것이어야 한다(즉, '정말 그렇다'는 5점, '전혀 그렇지 않다'는 1점 등). 평균점

수가 그림이나 지도 위에 점으로 찍힌다(그림 13.2 참조).

세분집단(segment)

실제적 또는 잠재적인 경제적 관심사, 예를 들면 제품용도, 제품 사용량, 사용제품 유형 등에 대한 특성을 공유한 시장의 한 부분 또는 모집단의 한 부분

센서스(census)

표적집단 모두를 조사하는 것

소비재시장(consumer markets)

자기 자신이나 가족, 친구의 소비를 위해 개인이 구매하는 시장

수치(평가)척도(numerical rating scale)

그림이나 언어적 척도와 구분되는 숫자로 나타낸 척도

시장현황조사(market standing survey)

어떤 제품이나 서비스의 구매자 모두를 대상으로 같은 제품과 서비스의 다른 공급자에 비해 해당 공급자의 위치가 어떠한지를 확인하기 위한 조사

암행쇼핑(mystery shopping)

기업 대 기업 시장에서 '암행 고객조사'라고도 불린다. 보통 고객처럼 가장한 연구자가 정보를 수집하는 것

양적 연구(quantitative research)

응답을 수치화하기 위한 측정과정이 포함되는 연구

어의차이 분별척도(semantic differential scale)

연속선상의 양 극단이 반대되는 형용사로 묘사된 태도측정 방법의 한 유형. 이 척도 사이에 홀수의 점을 부여하고 응답자는 이 양 극단 사이에서 자신의 의견을 잘 나타내는 한 점을 선택한다.

예비조사(piloting)

본조사를 소규모로 그대로 실시해 보는 것. 본조사에서 부딪힐 문제를 사전에 알기 위해, 본조사의 설계 시 도움을 받기 위해 한다.

응답률(response rate)

조사에서 얻은 완성된 면접이나 설문지 수로, %로 표현된다. 거부율을 평가할 수는 있지만 할당표집에서는 응답률을 계산할 수 없다.

응답자(respondent)

시장조사에서는 공식적으로 '정보 제공자'라고 불린다. 조사결과에 기여하는 정보를 제공하는 누구라도 응답자가 된다. 응답자는 보통 개인이지만 그룹이나 기관이 될 수도 있다.

응답자극(prompting)

면접자가 질문에 대한 가능한 대답을 할 수 있도록 힌트를 주는 면접기술. 응답자극에 대한 지시방법은 명확히 주어져야 한다.

의사결정단위(DMU)

구매의사결정에 참여하는 개인들의 (공식적 또는 비공식적) 그룹

인지 부조화(cognitive dissonance)

선택하지 않은 대안이 좋은 특성을 가지고 있음을 알았을 때 소비자가 의심을 갖게 되는 심적 상태

자기기입식 설문지(self-completion questionnaire)

면접자가 개입하지 않고 설문지 각 단계를 세심하게 작성된 지시문에 따라 응답자가 직접 기입한다. 무응답으로 왜곡된 조사결과를 초래할 수 있다.

전화면접(telephone interview)

응답자와 면접자가 전화로 의사소통하는 것

접촉기록(contact sheet)

면접자가 한 접촉이나 시도했던 접촉에 대한 기록

제품(product)

판매되는 대상. 유형상품은 물론 무형상품도 포함된다.

중앙값(median)

일련의 숫자들을 반은 이보다 크고 반은 이보다 작은 수로 나눈 가운데 값

질적 연구(qualitative research)

측정하기 위한 시도를 하지 않기 때문에 양적 방법과 구분되는 연구방법. 대신 정보는 집단토론이나 심층면접 같은 보다 융통성 있는 덜 구조화된 방법으로 수집된다. 탐색적인 연구단계에서 자주 사용된다.

집락표집(clustered sampling)

상업적인 일대일 면접에서 널리 사용되는 방법으로 비용을 감소시키는 표집방법. 단순무작위표집은 응답자가 지리적으로 널리 퍼져 있을 때 일일이 찾아다니는 데 비용이 많이 들 수 있으므로 가까운 지역에 밀집한 응답자를 면접하는 것이다. 이 방법은 표집 오차가 커질 우려가 있기 때문에 소수의 큰 집락으로 하기보다는 작은 집락을 많이 하는 것이 좋다.

최빈값(mode)

자료 중에서 가장 자주 나타나는 값

추적조사(tracking)

동일한 설문지를 이용하여 반복조사하는 것. 계속 조사하거나 일정한 간격을 두고 응답자의 인식에 변화가 있는지를 확인하기 위한 것

충성도(loyalty)

고객이 공급자에 대해 갖고 있는 긍정적인 감정의 정도

층화(stratification)

서로 배타적이고 확인 가능한 하위그룹으로 표적 모집단을 나누는 수단. 예를 들면, 산업재시장의 규모별로 모든 계층을 조사에 포함시키는 것. 각 표집단위 내에서는 무작위표집이 이루어질 수 있다.

코딩(부호화)(coding)

보통 탐색단계의 면접에서 개방형 질문에 대한 응답을 범주화하여 설문지 설계에 직접 이용한다. 본조사에서 개방형 질문이 포함되어 있으면 분석을 할 수 있도록 자료처리 과정에서 부호화한다.

탐색(probing)

면접자가 응답자로부터 대답을 얻기 위해 사용하는 자극으로, 원래 대답을 상세하게 하기 위해 고무하거나 추가로 자세한 것을 얻기 위한 것. 탐색은 질적 조사에서 널리 쓰이고 구조화된 설문지에서는 개방형 질문과 함께 연결되어 쓰인다. 탐색방법은 면접자에게 명확히 제시되어야 한다.

토털제품(total product)

고객이 특정한 구매를 했을 때 회사나 기관이 제공하는 이익의 전 범위를 포괄하는 것. 핵심제품 외에 보증이나 빠른 배달 등의 부가되는 가치를 포함하는 것

투사기법(projective techniques)

응답자의 신념이나 태도를 찾기 위해 질적 연구에서 사용되는 면접기법

판단표집(judgement sampling)

'유의표집'이라고도 불린다. 다루는 주제에 기여할 수 있다고 간주되어 신중히 표본을 선택하는 모든 비무작위표집

편의표집(convenience sample)

단지 편리하기 때문에 표본을 선택하는 표집. 이런 표집은 편향이 있기 쉽다.

평가척도(rating scale)

질문에 답할 때 응답자가 사용하는 척도. 선택안이 3개 이하이면 보통 이 용어를 사용하지 않는다.

평균(average)

산술평균을 바로잡은 용어

폐쇄형 질문(closed question)

제한된 수의 부호화된 논리적 대답이 미리 마련되어 있는 질문

포커스그룹(focus group)

특정 주제에 대한 태도나 감정을 탐색하려는 목적으로 6~8명의 사람들이 깊이 있는 토론을 하도록 운영자가 이끌어가는 질적 연구방법

표준편차(standard deviation)

어떤 빈도분포에도 적용할 수 있는 자료가 퍼지거나 흩어진 정도에 대한 통계적인 척도

표집(sampling)

모집단의 특성을 조사하는 데 시간, 노력, 화폐 등의 비용을 줄이기 위해 표적 모집단의 일부분 또는 하위집단을 선택하는 과정

표집간격(sampling interval)

무작위로 순서가 매겨진 표집프레임에서 체계적 표집을 할 때 표집크기를 이용하여 조사 응답자를 뽑는 간격

표집크기(sampling fraction)

표본크기(n)를 표적 모집단의 크기(N)로 나눈 것(k)이 표집크기 또는 표집률이다. 동일한 표집률이 모든 표본층에 적용되면 비례표집이 된다. 기업조사에서는 특히 각 표본층마다 서로 다른 표본율이 적용되는 비비례적 표집이 많다.

표집프레임(sampling frame)

표집이 되는 표적 모집단을 구성하고 있는 표집단위를 확인하는 수단. 보통 표집대상이 되는 개인이나 기관목록

할당표집(quota sample)

무작위표집이나 의도표집이 아닌 형태로 소비재시장에서 널리 쓰인다. 표적 모집단에 있는 비율과 동일한 비율로 표본에 포함시키기 위해 특정한 종류의 사람별로 할당을 하는 방법이다.

SIMALTO척도(simalto scales)

때때로 '완전히 서술적인 언어척도'라고도 불리는데, SIMALTO는 'Simultaneous Multi Attribute Level Trade Off'의 약자이다. 이 척도는 제공된 서비스수준에 대한 고객의 기대와 인식을 구체화하기 위해 정밀한 언어척도를 사용한다.

부록 4

추가 정보

SPECIALIST SOFTWARE

Keypoint from Cambridge Software
Publishing
124 Cambridge Science Park
Milton Road
Cambridge CB4 0ZS

Tel: 01223 425558
www.camsp.com/keypoint

SNAP from
Snap Surveys
Greener House
66-68 Haymarket
London SW1Y 4RF

Tel: 020 7747 8900
www.snapsurveys.com

SPSS from SPSS (UK) Ltd
1st Floor
St. Andrew's House
West Street
Woking
Surrey GU21 1EB

Tel: 0845 345 0936
www.spss.co.uk

FOCUS GROUP STUDIOS

Provincial

Bristol Focus
165 Luckwell road
Ashton
Bristol BS3 3HB
www.bristolfocus.co.uk

4 Discussion
Crown House
Manchester Road
Wilmslow
Cheshire SK9 1BE
Tel: 01260 299634

Chatterbox – Nottingham
Van Gaver House
48–50 Bridgford Road
West Bridgford Road
Nottingham NG2 6AP

Tel: 0115 981 6445

Manor Research Studios
143 Bower Street
Oldham OL1 3PN
Tel: 0161 665 0965

Profile in View
5 St Andrew's Court
Wellington Street
Thame
Oxfordshire OX9 3WT
Tel: 01844 215672

Quota View
93-95 Terenure Road East
Dublin
Ireland IE6
Tel: +353 (0) 1492 5540

Roundhay Research
452 Street Lane
Moortown
Leeds
West Yorkshire LS17 6RB

Tel: 01132 665 440

The Scottish View
Citywall House
32 Eastwood Avenue
Glasgow G41 3NS

Tel: 0141 533 3306

Seen & Sound (Newcastle)
28 Osbourne Road
Jesmond
Newcastle-upon-Tyne
Tyne and Wear NE2 2AJ

Tel: 0191 270 6920

Seen & Sound (Reading)
Reading RG1 1HG

Tel: 0118 958 8552

The View on Scotland
21 Murrayfield Avenue
Edinburgh EH12 6AU

Tel: 0131 332 7809

West Midlands Viewing Facility
86 Aldridge Road
Perry Bar
Birmingham B42 2TP

Tel: 0121 344 4848

London & Suburbs

2CV Viewing
34 Rose Street
Covent Garden
London WC2 9EB

Tel: 020 7655 9900

Esprit Studios Ltd
Supreme House
Regent Office Park
Finchley Central
London N3 2TL

Tel: 020 8346 4499

Marketlink Studios
37 Warple Way
London W3 0RX

Tel: 020 8740 5550

The Research House Ltd
124 Wigmore Street
London W1U 3RY

Tel: 020 7935 4979

Spectrum
23 The Green
Southgate
London N14 6EN

Tel: 020 8882 2448

Summit Studios
2-4 Spring Bridge Mews
Off Spring Bridge Road
Ealing
London W5 2AB

Tel: 020 8840 2200

Surrey Research Centre
Hillcrest House
51 Woodcote Road
Wallington
Surrey SM6 0LT

Tel: 020 8647 9151

The White Rooms
1st Floor Hart House
6 London Road
St. Albans AL1 1NG

Tel: 01727 798399

The Treehouse
Olympia Mews
Queensway
London W2 3SA

Tel: 020 7243 2229

데이터베이스 제공자

Dudley Jenkins	Tel: 020 7871 9000; www.djb.co.uk
TLS Data	Tel: 01892 544400; www.tlsdata.co.uk
Eagle Direct Marketing	Tel: 0117 902 0073; www.eagledirectmarketing.co.uk
Electric Marketing	Tel: 020 7419 7999; www.electricmarketing.co.uk
Data HQ	Tel: 01277 355015; www.datahq.co.uk

부록 5

참고문헌

Christopher, M. (1992) *The Customer Service Planner*, Butterworth-Heinemann: CIM Marketing Practitioner Series.

Cochran, W. G. *Sampling Techniques*, John Wiley.

ESOMAR (1993) 'The ideal product, the ideal customer, the ideal company. New perspectives in customer satisfaction research', ESOMAR conference papers, ISBN 92-831-1193-1.

Fornell, Claes *et al* (2005) *The American Customer Satisfaction Index at Ten Years: implications for the economy, stock returns and management*, Stephen M Ross School of Business, University of Michigan.

Gale, Bradley T. (February 1994) 'Customer satisfaction – relative to competitors – is where it's at', *Marketing and Research Today*.

Gordon, Wendy and Langmaid, Roy (1998) *Qualitative Market Research*, Gower.

Gould, Graham (1995) 'Why it is customer loyalty that counts (and how to measure it)', *Managing Service Quality*, vol. 5, no. 1.

Green, J.L. (1997) '*SIMALTO – a technique for improved product design and marketing*', ESOMAR, Oslo.

Gruca, Thomas S. and Rego, Lopo L. (2003) *Customer Satisfaction, Cash Flow and Shareholder Value*, Marketing Science Institute.

Hague, Paul (1993) *Interviewing*, Kogan Page.

Hague, Paul (1993) *Questionnaire Design*, Kogan Page.

Hague, Paul and Harris, Paul (1993) *Sampling and Statistics*, Kogan Page.

Hallowell, Roger (1996) 'The relationships of customer satisfaction, customer loyalty and profitability: an empirical study', *International Journal of Service Industry Management*, vol. 7, no. 4.

Heskett, James L., Jones, Thomas O., Loveman, Gary W., Sasser Jr., Earl and Schlesinger, Leonard A. (1994) 'Putting the service-profit chain to work', *Harvard Business Review*, March–April.

Heskett, James L., Sasser Jr., Earl and Schlesinger, Leonard A. (1997) *The Service-Profit Chain*, The Free Press, New York.

Heskett, James L., Sasser Jr., Earl, Schlesinger, Leonard A. (2003) *The Value-Profit Chain*, The Free Press, New York.

Hill, Brierley and MacDougall (2003) *How to Measure Customer Satisfaction*, Gower, Aldershot

Jones, Thomas O. and Sasser Jr., Earl (1995) 'Why satisfied customers defect', *Harvard Business Review*, November–December.

Kish, L. *Survey Sampling*, John Wiley.

Kreuger, Richard A. (1989) *Focus Groups: a practical guide for small businesses*, Sage Publications.

Market Research Society, *Guide to Sources of Samples for Telephone Research*.

Oliver, R. (1997) *Satisfaction: a behavioural perspective on the consumer*, McGraw-Hill, New York.

Oppenheim, A. N. (1970) *Questionnaire Design and Attitude Measurement*, Heinemann.

Parasuraman, A., Zeithaml, V. and Berry, L. (1986) 'SERVQUAL: a multiple item scale for measuring customer perceptions of service quality research', Marketing Sciences Institute.

Parasuraman, A., Zeithaml, V. and Berry, L. (1990) *Achieving Service Quality: Balancing perceptions and expectations*, The Free Press.

Peters, T. (1985) *A Passion for Excellence*, Wm. Collins.

Reichheld, Frederick F. (1996) 'Learning from customer defections', *Harvard Business Review*, March–April.

Reichheld, Frederick F. and Sasser Jr., W. Earl (1990) 'Zero defections: quality comes to services', *Harvard Business Review*, September–October.

Rucci, Anthony J., Kirn, Steven P. and Quinn, Richard T. (1998) 'The employee customer profit chain at Sears', *Harvard Business Review*, January–February.

Rust, Roland T. and Zahorik, Anthony J. (1993) 'Customer satisfaction, customer retention and market share', *Journal of Retailing*, vol. 69, no. 2, Summer.

Schneider & White (2004) *Service Quality: Research Perspectives*, Sage Publications.

Stone, Claire Louise and Banks, J. Maria (1997) 'The use of customer and employee-based performance measures in The Times Top 500 companies', *The TQM Magazine*, vol. 9, no. 2.

Taylor, Christopher (ed.) *Managing Service Quality: an academic journal on customer service*, MCB. Details from the editor (Tel: 01522 79422).

Taylor, Christopher (1995) 'The case for customer satisfaction measurement', *Managing Service Quality*, vol. 5, no. 1.

White & Schneider (2000) Climbing the Advocacy Ladder: the impact of disconfirmation of service expectations on customer behavioural intentions, *Journal of Services Research* 2(3).

Wolfe, A. (ed.) (1984) *Standardised Questions: a review for market research executives*, Market Research Society, 15 Northburgh Street, London EC1V 0AH (Tel: 0171 490 4911).

Zeithaml & Bitner (2000) *Services Marketing: integrating customer focus across the firm*, McGraw-Hill, Boston.

찾아보기